Dr. Joachim Sonntag

Nano-
und
Biotechnologie

Werkzeuge des Transhumanismus

für interessierte Laien und Wissenschaftler

2. aktualisierte und erweiterte Auflage

Erschienen im Selbstverlag des Autors

www.sonntag-physik.de

Alle Rechte vorbehalten.
Copyright © 2023 Joachim Sonntag
Autor & Herausgeber
Deutschland

ISBN: 9783738631876

Herstellung und Verlag: BoD – Books on Demand, Norderstedt

Bibliografische Information der Deutschen Nationalbibliothek: Die Deutsche Nationalbibliothek verzeichnet diese Publikation in der Deutschen Nationalbibliografie; detaillierte bibliografische Daten sind im Internet über dnb.dnb.de abrufbar.

Dieses Buch ist Professsor Dr. Sucharit Bhakdi, Dr. Wolfgang Wodarg, David Icke und den vielen aufrechten und mutigen Bürgern, Ärzten, Wissenschaftlern, Lehrern, Polizisten und Richtern gewidmet, die schon frühzeitig aufgeklärt und aktiven Widerstand gegen die inszenierte Corona-Tyrannei geleistet haben, inszeniert durch eine global agierende Elite, die die Corona-Pandemie seit langem vorbereitet hat, angefangen 2001 mit dem Planspiel[1] „Dark Winter" und später forgesetzt durch „Global Mercury", „Atlantic Storm", „Clade X" bis hin zum „EVENT 201", das am 18. Oktober 2019 in den USA stattgefunden hatte und wo die letzten internationalen Absprachen zur geplanten Corona-Pandemie erfolgt sind.

Cover:

Vorderseite: August 2019, idyllischer Strand bei Heringsdorf auf der Insel Usedom.
Rückseite: 09.05.2021, Massenansturm zur Impfaktion im Messezentrum in Freiburg/Breisgau, nachdem der Astrazeneca- Impfstoff für Impfwillige freigegeben worden ist.

Über den Autor

Dr. Joachim Sonntag hat an der Technischen Universität Dresden Physik studiert. Bis zur Wende 1989 hat er am Zentralinstitut für Festkörperphysik und Werkstoffforschung (heute IFW Dresden) gearbeitet, Spezialgebiet Elektronenstruktur in metallischen Legierungen. Danach siedelte er nach Dortmund um und arbeitete in der Firma HL-Planartechnik GmbH als Entwickler für Temperatur- und Strahlungssensoren. Seine Spezialgebiete sind Strahlungsphysik, Mehrphasenlegierungen und Nanomaterialien, wozu er eine Reihe grundlegender Arbeiten in international führenden Journalen veröffentlicht hat. Seine wichtigsten wissenschaftlichen Arbeiten betreffen die Struktur und den Elektronentransport in Nanocomposites. Sein vorerst letzter wissenschaftlicher Artikel, veröffentlicht gemeinsam mit einem französischen Kollegen, erschien im Journal "Material Science and Engineering" am 11. Oktober 2021: „*Composites to Produce a Material with Zero Absolute Thermopower S = 0 or a Thermopower Switch between S = 0 and S $\neq$ 0*"[2]: https://www.mdpi.com/1996-1944/14/19/5529/pdf

Inhaltsverzeichnis   Seite
Vorwort   6

Teil 1   9

1. Transhumanismus   9
   1.1. Was ist Transhumanismus   9
   1.2. Den Code des Lebens neu schreiben   15
2. Das Nano-Kommunikationsnetz im menschlichen Körper   18
   2.1. Vorbemerkungen   18
   2.2. Nanoknoten   29
   2.3. Mikro- oder Nanosensoren   31
   2.4. Mikro- oder Nanorouter   32
   2.5. Mikro- oder Nanoschnittstelle   33
   2.6. Gateway   34
3. Die Möglichkeiten des intra-korporalen Nano-Kommunikationsnetzes   35
   3.1. Mögliche Folgen – Anwendungen und Verwendungszwecke
   3.2. Neuroüberwachung   35
   3.3. Neuromodulation   36
   3.4. Neurostimulation   36
   3.5. Vernetzte Menschheit   37
   3.6. Das Individuum als Rohmaterial   38
   3.7. Reduzierung der Bevölkerung   38
   3.8. Beseitigung   39
   3.9. Massenpanik in Seoul – Ein Experiment?   41
   3.10. ADEPT Protect P3-Programm   43
4. Schadenspotential   45
5. Schlußbemerkung zum Teil 1   50

Teil 2   52

6. Sachregister   52
7. Fachartikel   56
Quellen   222

Vorwort

Auf der gemeinsamen Seite des Bundesministeriums für Wirtschaft und Klimaschutz und dem Bundesministeriums für Bildung und Forschung kann man lesen: *„Was ist Industrie 4.0? Menschen, Maschinen und Produkte sind direkt miteinander vernetzt: die vierte industrielle Revolution hat begonnen."*[3]
Auch die Menschen sind vernetzt? Wie geht das? Zu diesem für uns Menschen ganz entscheidenden Punkt findet man auf dieser gemeinsamen Seite der beiden Bundesministerien leider keine näheren Auskünfte, stattdessen nur Auskünfte über die digitale Vernetzung von Maschinen und Produktionsanlagen. Auskunft über die **Vernetzung der Menschen** findet man aber beim Weltwirtschaftsforum WEF. Dessen Gründer und Vorsitzender hat in einem Vortrag gesagt:[4] *„Eines der Erkennungsmerkmale der 4. Industriellen Revolution ist, dass sie nicht verändert, was wir tun, sondern sie verändert uns."* Viele werden jetzt sagen: das glaube ich nicht, das ist ein Fake. Jedoch, durch Aufrufen dieser Quelle
https://ohmeiei.de/homepage/der-wahnsinn
kann man sich diesen von Klaus Schwab gesprochenen Satz direkt noch einmal anhören. Dazu schrieb der Betreiber dieser Seite die folgenden Worte: *„In den wenigen Minuten, genau 42:18 präsentiert Kultur-Studio die letztendliche Absicht all der sogenannten Pandemie-Maßnahmen. Kultur-Studio wurde ihr youtube-kanal kanal für 14 Tage gesperrt und die nächste Sperre bedeutet das Aus, also Löschung des youtube-Kanals. Deshalb wird das Video von meinem geschützten Webspace gezeigt - das Risiko eines Regierungshack nehme ich in Kauf....."*

Und um diesen von Klaus Schwab gesprochenen Satz geht es in diesem Buch. Hier wird beschrieben, wie unsere Veränderung, oder genauer, die **Vernetzung aller Menschen** mit dem Internet der Dinge geplant ist, nämlich unter Nutzung der neuesten Erkenntnisse und Errungenschaften auf den Wissensgebieten *Nano- und Biotechnologie*. Und dabei spricht man nicht mehr vom Internet der Dinge (IoT), sondern vom Internet der Nanodinge (IoNT). Wie das funktionieren soll, was das mit Transhumanismus zu tun hat, und welche Voraussetzungen dafür bereits geschaffen worden sind, ist Gegenstand dieses Buches. Dabei spielt das Graphenoxid (GO) eine herausragende Rolle, das auch verantwortlich sein soll für die magnetischen Eigenschaften, die am Körper von geimpften Personen millionenfach in der ganzen Welt festgestellt worden sind. Graphenoxid, eine für den Menschen giftige Substanz, ist aber nicht nur in den Covid-19-Impfstoffen enthalten, sondern wurde auch „*in der Wasserversorgung, in der Luft, die wir durch Chemtrails einatmen, und sogar in unserer Lebensmittelversorgung gefunden. Graphenoxid interagiert mit elektromagnetischen Frequenzen ('EMF') und wird durch diese aktiviert, insbesondere durch den breiteren Frequenzbereich von 5G, der unserer Gesundheit noch mehr schaden kann.*"[5] Aber auch in vielen anderen Stoffen hat man Graphenoxid gefunden („2025 – Der letzte Akt", 5. Anlage darin). Menschen, die sich gegen Covid-19 haben impfen lassen, sollen sogenannte MAC-Adressen erhalten haben, die man über Bluetooth empfangen kann, Dieses Phänomen wird MAC-Phänomen genannt.

In seinem Jahrbuch 2023, „verheimlicht, vertuscht, vergessen",[6] hat der investigative Journalist, Gerhard Wisnewski, auch bezüglich des MAC-Phänomens recherchiert und ist zu dem Ergebnis gelangt, dass er nicht an dieses MAC-Phänomen glaubt. Sein Resümee: „*Das Bluetooth-Graphen-Gebiet ist offenbar ein Tummelplatz für Dunkelmänner und Phantome.*" Er bezieht sich dabei insbesondere auf ein in den alternativen Medien verbreitetes Video[7] des Autors Mik Anderson mit einer eindrucksvollen Literaturliste am Ende des Videos, die „*höchste Wissenschaftlichkeit suggeriert*"[8]. Diese Literaturliste habe ich ausgewertet und festgestellt, dass diese tatsächlich „*höchste Wissenschaftlichkeit*" repräsentiert. Es ist eine Sammlung von 170 wissenschftlichen Artikeln (Papers) zur Nano- und Biotechnologie, die in führenden internationalen Wissenschaftsjournalen in den letzten zwei Jahrzehnten erschienen sind. Das bedeutet, der Autor oder die Autoren dieses Videos sind Fachleute auf den Wissensgebieten *Nano- und Biotechnologie*.

Man hat herausgefunden, dass mit den Covid-Impfstoffen offensichtlich experimentiert worden ist. Analysen der Impfstoffe haben gezeigt, dass die Inhaltsstoffe von Charge zu Charge variieren, also nicht überall dasselbe drin ist, so wie es eigentlich für einen zugelassenen Impfstoff sein sollte. Es sieht so aus, dass mit diesen Impfstoffen experimentiert wird nach dem Prinzip „Trial and Error" („Versuch und Irrtum"). Weitere Analysen haben ergeben, dass überall Graphenoxid drin war, aber in verschiedenen Konzentrationen.[*] Bei einem so gewaltigen Unternehmen, funktionsfähige Nanoschaltkreise in den menschlichen Körper zu implantieren, kann man nicht auf entsprechende Menschenversuche verzichten. Auch ist bemerkenswert, dass eine Reihe von wissenschaftlichen Veröffentlichungen, die Beweise für die Existenz von Nanotechnologie in den Impfstoffen zeigen, inzwischen gelöscht worden sind. Das betrifft insbesondere wissenschaftliche Beiträge der spanischen Arbeitsgruppe um La Quinta Columna und P. Campra. Ein anderer Grund dafür, dass man hier genauer hinsehen sollte, sind Statements führender Wissenschaftler, Globalisten und Vertreter des WEF, worin u. a. behauptet wird, dass sie selbst „göttliche Kräfte der Schöpfung und der Zerstörung" erlangt haben.[9]

Obwohl die im Buch zitierten 170 Papers eine eidrucksvolle Darstellung dessen ist, was heute nano- und biotechtechnologisch möglich ist, bleibt zu befürchten, dass der Wissensstand auf den Gebieten *Nano- und Biotechnologie* heute noch wesentlich weiter fortgeschritten sein dürfte, erforscht und entwickelt in geheimen Laboren.

Das Buch richtet sich an interessierte Laien und an Wissenschaftler, die auf diesem Fachgebiet arbeiten. Teil 1 des Buches gibt einen Einblick in deren mögliche praktische Anwendung, den Aufbau eines Nano-Kommunikationsnetzes im menschlichen Körper, Herzstück des Transhumanismus. Teil 2 des Buches gibt einen Überblick über die wichtigsten wissenschaftlichen Veröffentlichungen der letzten zwei Jahrzehnte zur *„Nano- und Biotechnologie"*.

Dortmund, März 2023   J.S.

---

[*] Details s. „2025 - Der letzte Akt", Abschnitt 5.9.

Teil 1

1. Transhumanismus

1.1. Was ist Transhumanismus?

*„Der **Transhumanismus** ist eine Reihe von Techniken und Überlegungen, die darauf abzielen, die menschlichen Fähigkeiten, egal ob körperlich oder geistig, durch den fortgeschrittenen Einsatz von **Nano-** und **Biotechnologien** zu verbessern."*

*Raymond Kurzweil, Leiter der **Technikabteilung** bei **Google**, behauptete vor einigen Jahren, dass das Gehirn des Menschen bis 2030 direkt mit dem Internet verbunden sein würde, um Zugang zu einer riesigen Menge an Informationen zu haben. Diese Denkweise wird unter anderem von Elon Musk, dem Gründer von Tesla, Space X und Neuralink, geteilt, der 2017 erklärte: „Wenn du die Maschine nicht schlagen kannst, ist es am besten, selbst eine zu werden".*

*Googles **Muttergesellschaft** Alphabet gründete 2013 das Unternehmen Calico, das sich zum Ziel gesetzt hat, den Alterungsprozess und die damit verbundenen Krankheiten zu verlangsamen.*

*Während die Anhänger die natürlichen Grenzen des Menschen und **Degenerationen** als problematisch und als Bremse für den Fortschritt ansehen, sehen die anderen es als hohen moralischen Wert an, die natürlichen Systeme so zu bewahren, wie sie sind.*[10]

„Es besteht die Möglichkeit, dass die Maschinen unsere Gedanken lesen können. Außerdem können sie Gedanken eingeben, Gefühle eingeben. Manche sagen, die beste Art, die Zukunft vorauszusagen ist, sie zu erfinden. ... 5G wird sich in das eigentliche Nervensystem unserer Gesellschaft verwandeln, genauso wie unser eigenes." (Sebastián Piñera, chilenischer Präsident[11])

„Der Transhumanismus ist nicht das, wofür ihn die meisten Leute halten. Er ist nicht nur künstliche Intelligenz und Roboter und Cyborgs. Das ist viel zu kurz gegriffen. Der Transhumanismus ist der konkrete Versuch, den Großteil der Menschen abzuschaffen, den Rest zu unterjochen und 0,001 Prozent der Weltbevölkerung für immer an die Spitze der Pyramide zu stellen."[12]

„Die Globalisten geben es mittlerweile offen zu. Sie wollen den Menschen überwinden und nennen diese Bestrebung „Transhumanismus ... Europa wird 2045 unfruchtbar sein! Die vorgefertigte Lösung der Transhumanisten: Menschen-Produktion im Gen-Labor! ... Unter diesem Gesichtspunkt ergeben alle künstlich aufgebauschten Themen wie Klima-Panik, Gender-Homo-Propaganda und mRNA-Injektionen plötzlich einen furchtbaren Sinn ... TRANSHUMANISMUS – Krieg gegen die Menschheit. Den meisten von uns ist das Ausmaß der Agenda nicht bewusst." (Stefan Magnet)[13]

„Man kann die Verschwörer nicht mit einem Namen nennen, aber an ihren Farben sollt ihr sie erkennen!"[14]

Abbildung 1 zeigt einen der wichtigsten heutigen Vertreter der Transhumanistischen Forschung, Prof. Yuval Noah Harari.

In Abbildung 2 sind die Symbolfarben der Transhumanismus Agenda dargestellt, wie sie in den verschiedensten gesellschaftlichen und öffentlichen Bereichen immer wieder auftauchen. Daran erkennen sich deren Vertreter und Protagonisten in der Selbstdarstellung, im öffentlichen Diskurs. Viele dieser Vertreter, Politiker, Medienvertreter, Konzernbosse, Propagandisten, sind Absolventen einer Eliteschule oder Mitglieder des WEF, bekannt unter dem

Symbolnamen „Young Global Leaders", kreiert von Klaus Schwab, der die Agenda vorgibt. *„Und alle parlamentarischen Agenda-Vertreter trugen mit Stolz die Anstecknadel mit dem Kreis des Bösen"* [15] (Abbildung 2, oberes Bild): Diese Symbolfarben sind sowohl Symbol für die Agenda 2030 als auch für die Agenda 2045, der Transhumanismus-Agenda.

Abbildung 1: Transhumanismus-Agenda. *„Mit erschütternder Arroganz sagt die selbsternannte Elite des 'WEF' Gott offen den Kampf an. Laut 'WEF'-Guru Yuval Noah Harari hätten die Globalisten nun selbst 'göttliche Kräfte der Schöpfung und der Zerstörung' erlangt."* [16]
„Wir sind in der Phase, indem wir vom ' Homo sapiens', dem weisen Menschen, zum ' Homo deus', dem Gottesmenschen übergehen." [17] (Yuval Noah Harari)

Abbildung 2: Die Symbolfarben der Agenda 2030 und der Transhumanismus-Agenda.

Abbildung 3: Die 17 globalen Ziele innerhalb der Agenda 2030: 1 keine Armut, 2 kein Hunger, 3 Gesundheit und Wohlergehen, 4 hochwertige Bildung, 5 Geschlechtergleichstellung, 6 sauberes Wasser und Sanitärversorgung, 7 bezahlbare und saubere Energie, 8 menschenwürdige Arbeit und Wirtschaftswachstum, 9 Industrie, Innovation und Infrastruktur, 10 weniger Ungleichheiten, 11 nachhaltige Städte und Gemeinden, 12 verantwortungsvolle Konsum- und Produktionsmuster, 13 Massnahmen zum Klimaschutz, 14 Leben unter Wasser, 15 Leben an Land, 16 Frieden, Gerechtigkeit und starke Institutionen, 17 Partnerschaften zur Erreichung der Ziele.

Der Kreis mit den bunten Farben ist das Symbol für die Agenda 2030, die entsprechend ihrer Selbstdarstellung für Gesundheit, Digitale Zusammenarbeit, Gleichstellung der Geschlechter, Befreiung der Frauen, Bildung, Kompetenzentwicklung und für den Kampf gegen den menschengemachten Klimawandel steht, alles vernünftig klingende Ziele (außer letzteres[†]). Jedoch, wenn man auf die Seite des WEF geht, erfährt man, welche Schwerpunkt-Themen tatsächlich im Fokus stehen:

[†] Siehe „2025 – Das Endspiel oder der Putsch von oben", Kapitel „3. Der Klimawandel – ein Thema für alle Menschen".

- *„Geoengineering, zu deutsch 'Chemtrails und HAARP', übersetzt 'Manipulation des Wetters' und 'Vergiftung unserer Umwelt'.*
- *Biotechnology, zu deutsch 'Gentechnische Veränderung von Pflanze, Tier und Mensch', übersetzt 'Manipulation und Korrektur der Natur'.*
- *Human Enhancement, zu deutsch 'Menschenverbesserung', übersetzt 'Eugenik', 'Menschenzucht'.*
- *Genom Engineering, zu deutsch 'industrielle Menschenherstellung', übersetzt 'Designerbabys'.*
- *Neuroscience, zu deutsch 'Manipulation unseres Gehirns, unseres Geistes', übersetzt 'Steuerung des freien Willens und Verhaltens der Menschen', 'Entmenschlichung der Menschheit'."*

In der offiziellen Darstellung der 17 globalen Ziele[18] (Abbildung 3) tauchen ebenfalls wieder dieselben Farben auf, Erkennungsfarben für die Transhumanismus Agenda. Dieselben Farben werden üblicherweise verwendet, um die Doppelhelix der DNA zu charakterisieren (Abbildung 2, Bild unten links). Das ist irgendwie logisch; denn genau um diese DNA geht es bei der Transhumanismus Agenda, um die gentechnische Veränderung unserer DNA.

Die 17 globalen Ziele sind das Feigenblatt, das über die wahren Ziele der Agenda 2030 bzw. der Transhumanismus Agenda hinwegtäuschen soll. Der eigentliche Plan dahinter ist die Errichtung der Neuen Weltordnung, NWO, die GROSSE TRANSFORMATION der Welt, der GREAT RESET, der durch die physische und psychische Veränderung der Menschen möglich gemacht werden soll. Und diese physische und psychische Veränderung der Menschen erfolgt über die Werkzeuge des Transhumanismus.

Ob die Markennamen von Google oder Mikrosoft, die Homogenderbewegung oder Great Reset, alles arbeitet auf das Ziel der finalen Kontrolle der menschlichen DNA, des menschlichen Erbguts, hin. Das ist die wahre Mission des Transhumanismus, das ist die letzte Agenda der Globalisten. Und die mächtigsten Big-Player dieser Welt haben sich diesem Ziel verschrieben. Und deshalb unterstützen sich die verschiedenen Agenda-Zweige und Player natürlich gegenseitig. Die mächtigsten Konzerne fördern und forcieren beispielsweise massiv die Homobewegung weltweit.[19]

Die Agenda 2030 und die Agenda 2045 hängen direkt miteinander zusammen. Die Agenda 2030 schafft die Rahmenbedingungen für die digitale Transformation der Menschheit, die Agenda 2045 soll sie biotechnisch vollenden. Die digitale Transformation der Menschheit, die Realisierung des Transhumanismus, geschieht über den Aufbau eines Nano-Kommunikationsnetzes im menschlichen Körper, Thema von Kapitel 2.

1.2. Den Code des Lebens neu schreiben

„Die Kartierung des menschlischen Genoms dauerte den größten Teil der 1990er Jahre. Die Kartierung des menschlichen Gehirns, die 2010 begann, ist praktisch abgeschlossen. Jetzt ist die Kartierung der gesamten DNA auf der Erde, einschließlich der menschlichen DNA, der nächste große Traum von Technokraten / Transhumanen. Das Ergebnis wird die genetische Manipulation einiger oder aller Lebewesen und die Schaffung synthetischer DNA sein, die derzeit in der Natur nicht existiert."[20]

„Es geht um die Verbesserung der Biologie und die Umgestaltung von Organismen für nützliche Zwecke. Es wird uns nicht nur ermöglichen, Genome zu bearbeiten, sondern auch und vor allem einen neuen Code für das Leben zu schreiben. Wir werden Schreibrechte haben. In diesem Jahr haben wir bereits erste Erfolge zu verzeichnen. Bei den COVID-19-Impfstoffen wird ein manipulierter Code in Form von Boten-RNA verwendet."
(World Economic Forum, Amy Webb, Professorin, NYU Stern School Business)[‡,21]

[‡] Rewriting the code of life: *„We're talking about improving biology and redesigning organisms for beneficial purposes. It's going to allow us to not just edit Genomes, but also and importantly, write a new code for life. We'll have write*

Das wichtigste Werkzeug zur „*Verbesserung der Biologie und die Umgestaltung von Organismen für nützliche Zwecke*" ist die Nano- und Biotechnologie.

Die Nano- und Biotechnologie verfolgt zwei Hauptzielrichtungen:

1) Die **physische** Veränderung von Mensch, Tier und Pflanze und
2) die **psychische** Veränderung des Menschen,

realisiert über genetische Veränderung unseres Erbgutes und den Aufbau eines künstlichen Neuronennetzwerkes im Menschen, das das natürliche Neuronennetzwerk allmählich ersetzen soll. Dieses künstliche Neuronennetzwerk soll über eine spezielle Schnittstelle mit dem IoT, dem Internet der Dinge, verknüpft werden, realisiert über elektromagnetische Strahlung, wozu eigens das 5G- Kommunikationsnetz erschaffen worden ist.

Was die **physische** Veränderung betrifft, so hatte im Jahre 1996 die wissenschaftliche Forschung dazu einen ersten großen Erfolg erreicht, das Klonen eines Schafes, das Klon-Schaf „Dolly". „Dolly" war der Vorläufer, dem eine Serie von weiteren Säugetier-Klonen, Mäuse, Rinder, Schweine, Pferde und zuletzt auch Affen, folgten.[22] Es scheint heute bereits technisch möglich zu sein, auch künstliche Menschen und sogar Phantasiegebilde, Schimären, auf dem Wege des Klonens herzustellen. „*Obwohl keinen eigentlichen Sinn und Nutzen ergebend, technisch, medizinisch wäre es überhaupt kein Problem, ein fliegendes Schwein*§ *zu klonen, eine Mischung sozusagen aus Vogel und Schwein. Man könnte das Gen dieser Lebewesen dann so manipulieren, dass diese auch ihre Erbinformation weitergeben und sich fortpflanzen können.*"[23]

---

level permissions. We already started to see some of that this year. COVID-19 vaccines, they make use of engineered code in the form of the messenger RNA."
§ Gemeint ist hier sicher nicht, dass diese Schimäre auch fliegen kann, sondern dass es äußerlich so aussieht und gemeinsame Merkmale von Schwein und Vogel besitzt.

Doch das Hauptziel all dieser Forschungen ist, *„Sklavenmenschen zu schaffen, frei von Krankheiten, mit biologisch eingebautem Verfallsdatum, möglichst genügsam und dann möglich ohne freien Willen. Per klassischer Fortpflanzung dürfen sich dann nur noch besonders ausgesuchte Personen reproduzieren. Das ist der einzige Weg, die Explosion der Weltbevölkerung aufzuhalten, die den Planeten schon bald in wenigen Generationen unbewohnbar machen würde."* [**]

[**] Doch diese Schlußfolgerung, getroffen in diesem Zitat, ist m.E. falsch. Denn das Problem der Überbevölkerung könnte in der Vergangenheit schon längst mit humanen Mitteln gelöst worden sein, durch Bildung und Abkehr von der Praxis von Knebelverträgen mit den 3.Welt-Ländern, sprich Freihandelsabkommen, die die geburtenreichen Länder noch ärmer machen und im Ergebnis die für diese Länder typischen hohen Geburtenraten befördern. Stattdessen werden deren Märkte mit den Billigprodukten der reichen Industrieländer überschwemmt und deren Rohstoffe ausgebeutet. Denn am Beispiel der hoch entwickelten westlichen Länder ersichtlich, tragen diese praktisch nicht zur Bevölkerungsexplosion bei; deren Geburtenraten liegen bei 2 oder niedriger, so dass sie eher noch zu einer Bevölkerungsreduktion beitragen.

2. Das Nano-Kommunikationsnetz im menschlichen Körper

2.1. Vorbemerkungen

„Die Menschen sind jetzt hackbare Tiere. Die ganze Idee, dass die Menschen eine Seele oder einen Geist haben, und sie haben einen freien Willen, und niemand weiß, was in mir vorgeht, egal, wie ich mich entscheide, ob bei der Wahl, oder im Supermarkt, das ist mein freier Wille, das ist vorbei."
(Yuval Noah Harari, WEF[24])

*„Die rechte Hand von Klaus Schwab, Yuval Noah Harari, hat verkündet, dass das WEF mit seinen Plänen so erfolgreich gewesen ist, dass es göttliche Kräfte der **Schöpfung und Zerstörung** erlangt."* (Abbildung 1)[25]

Sie spielen Gott. Ja, sie können es. Weil sie den Transhumanismus und die Geldmacht haben und das biotechnische know how, entwickelt durch hochbezahlte willfährige Wissenschaftler in geheimen Laboren. Für Milliardäre ist die Welt ein Labor.

*„Gott ist tot, nach Meinung des Weltwirtschaftsforums. Das auch erklärt hat, dass Jesus Fake-News ist, und dass WEF-Führungspersonen **göttliche Kräfte** erworben haben, um über die Menschen zu herrschen. Nach Angaben des WEF, ist eine neue Weltregierung da und vereint die gesamte Menschheit, in der Anbetung vor dem Altar der Klimawissenschaft, des Technokommunismus und der Eugenik."*[26]

Im Buch „2025 – Der letzte Akt – Die digitale Transformation der Menschheit" sind Analysenergebnisse von Covid-19-Impfstoffen vorgestellt worden mit dem Ergebnis, dass der Hauptbestandteil Graphenoxid ist.

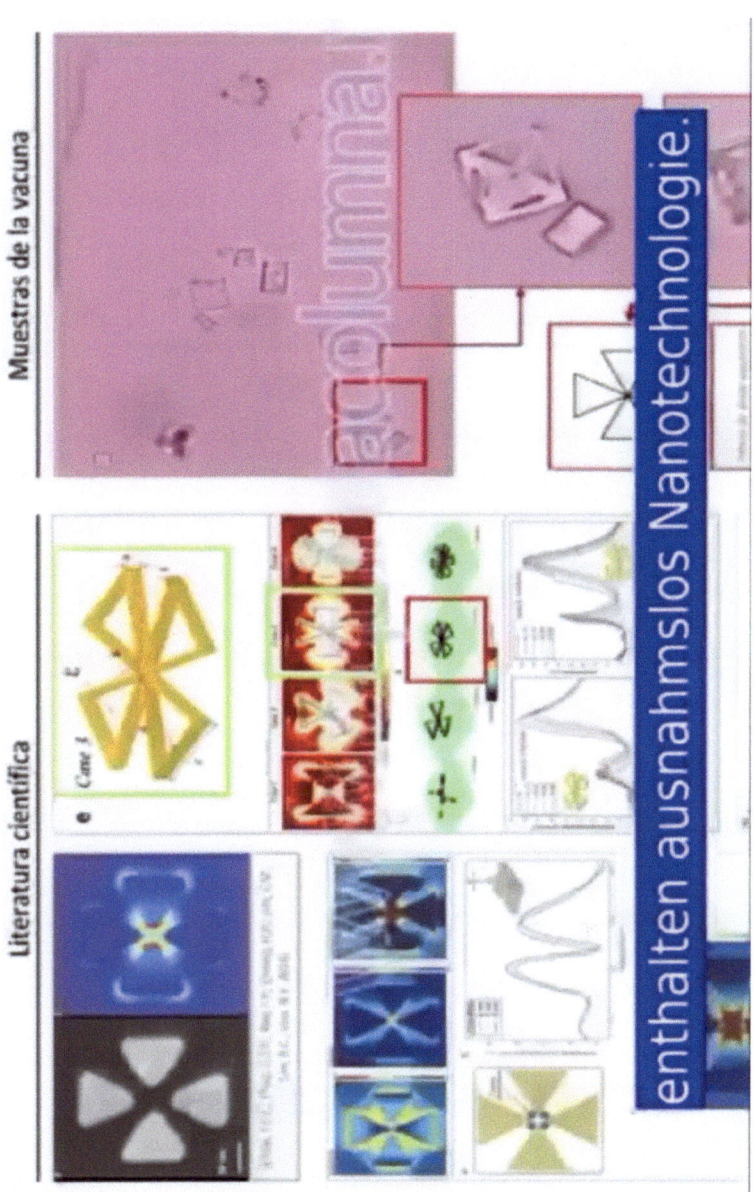

Abbildung 4: Gegenüberstellung von Abbildungen aus wissenschaftlichen Veröffentlichungen mit mikroskopischen Aufnahmen aus den Analysen von Impfstoffproben. (kopiert aus [27])

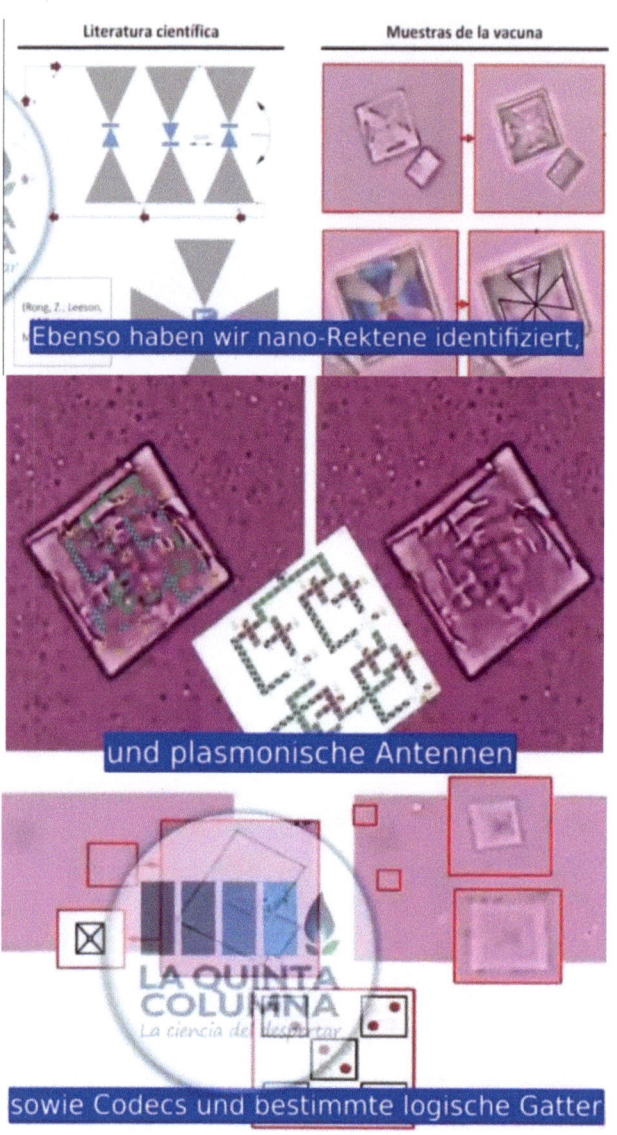

Abbildung 5: Beispiele von mikroskopischen Strukturen, gefunden in den Impfstoffen, direkt verglichen mit Abbildungen aus der wissenschaftlichen Literatur zur Nanotechnologie (kopiert aus [17]).
(Literatura cientifica – Wissenschaftliche Literatur,
Muestras de la vacuna – Impfstoffproben)

„Jede Impfdosis, unabhängig vom Hersteller, enthält zumindest Graphenoxid. Graphenoxid ist normalerweise nicht magnetisch, aber wird magnetisch, sobald es das Innere eines Körpers betritt und mit dem Hydrogen und Wasser des Körpers interagieren kann. Magnetismus? Graphenoxid? Mikroskopisch kleine Antennen? Nanobots?"[28]

Weitere Mikroskopuntersuchungen haben undefinierbare Bestandteile und metallartige Fremdkörper sowohl in den Covid-19-Impfstoffen als auch im Blut geimpfter Menschen nachgewiesen: winzige Spulen oder Spiralen, stabartige Strukturen und Konglomerate von verschieden geformten Einzelteilen, viele kleine geometrische Teile, die aneinander gebracht wurden, Vierecke, und immer wieder tauchen darin ringförmige Strukturen auf (s. die Abbildungen 41 – 45 und 47 im Buch „2025 – Der letzte Akt", 5. Auflage). Diese gefundenen Strukturen wurden direkt verglichen mit Abbildungen aus der wissenschaftlichen Literatur zur Nanotechnologie, und in einigen Fällen wurde Übereinstimmung festgestellt. Beispiele für diesen Vergleich sind in den Abbildungen 4 und 5 gezeigt.

Mit diesen analytischen Befunden erhärtet sich der Verdacht, dass mit dem „Impfstoff" ein ganz anderes Ziel verfolgt wird als einen Schutz vor Covid-19 aufzubauen, zumal in den vielen durchgeführten unabhängigen Analysen kein mRNA gefunden worden ist, sondern Graphenoxid (GO). Daraus ergab sich die Vermutung, dass diese gefundenen Strukturen bestimmte Aufgaben erfüllen, und dass sie sich unter dem Einfluß elektromagnetischer Felder selbst zu sogenannten Nano-Schaltkreisen organisieren. Der dafür bekannte Fachbegriff ist **Selbstorganisation** von Nanonetzwerken. Dass das nicht bloß Science Fiktion ist, sondern real, dafür spricht die einschlägige wissenschaftliche Literatur, zum Beispiel die unter den Nummern 23, 43, 54, 55, 92, 124, 126 und 142 aufgeführten Wissenschaftsartikel im Teil 2 dieses Buches. In diesem Zusammenhang sind auch die wissenschaftlichen Veröffentlichungen zu den Inhaltsstoffen von Corona-Impfstoffen von herausragender Bedeutung. Besonders hervorzuheben sind die Ergebnisse der Untersuchungen der Forschergruppe um P. Campra (die Nummern 30,

31, 32, 33 im Teil 2), die zum Teil wegen ihrer Brisanz der Zensur zum Opfer gefallen sind.

Es ist zu vermuten, dass es über diese Nanoschaltkreise um die Kommunikation zwischen Mensch und externem Computer geht, realisiert über 5G. Für diese Vermutung spricht auch das sogenannte MAC-Phänomen.[29] MAC ist die Abkürzung für „Media Access Control Address" (Medienzugriffskontrolle). Es kennzeichnet ein EDV-Gerät hinsichtlich Hersteller und Kennung des Geräts, das sich mit einem Netzwerk verbindet, z.B. lokal oder im Internet.

Bei dem MAC-Phänomen handelt es sich um ein Phänomen, das bei Personen beobachtet wird, die gegen Covid-19 geimpft sind und anonyme MAC-Adressen über ein drahtloses Bluetooth-Netzwerk senden.[30,31] Nicht geimpfte Personen senden dagegen keine anonymen MAC-Adressen aus. Damit ist nahegelegt, dass die Impfstoffe die Ursache für das MAC-Phänomen sein könnten. Mittels dieser MAC-Adressen ist eine eindeutige Zuordnung des Gerätes oder des vernetzten Menschen möglich.

Der Nachweis, dass geimpfte Personen MAC-Adressen bekommen haben, und wie man das mithilfe seines eigenen Handys selbst überprüfen kann, ist sehr gut beschrieben in einem Video[32] auf https://www.pravda-tv.com.

Der Arzt Dr. Luis de Benito wollte diese Informationen überprüfen und hatte mit seinen Patienten ein Experiment gemacht, um herauszufinden, ob geimpfte Personen tatsächlich anonyme MAC-Adressen aussenden. Hier sein Kommentar zu diesem Experment:[33] *„Von den 137 befragten Patienten gaben 112 an, geimpft worden zu sein, und 25 sagten, sie seien nicht geimpft worden. Keiner der Patienten, die sagten, sie seien nicht geimpft worden, registrierte auf meinem Handy ein Gerät, das für eine Bluetooth-Verbindung zur Verfügung stand, nachdem ich dafür gesorgt hatte, dass ihr Handy, falls sie eines hatten, abgeschaltet wurde. Bei 96 der 112 Patienten, die angaben, geimpft worden zu sein, und die ihre elektronischen Geräte ausgeschaltet hatten, falls sie welche bei sich trugen, blieb ein MAC-Code auf dem Bild-*

schirm meines Mobiltelefons, den ich bereits in meinen Notizen neben der Krankengeschichte des Patienten vermerkt hatte. Ich interpretierte, dass es sich um einen Code handelte, den der Patient selbst bei sich trug, und dass dieser Code tatsächlich von meinem Handy verschwand, als er die Praxis verließ und das Gebäude verließ. Mit dieser einfachen Beobachtung konnte ich im Juli und August (2021) feststellen, dass 100 % der Patienten, die angaben, nicht geimpft zu sein, keinen Kontakt mit meinem Mobiltelefon über Bluetooth herstellen. Aber 86 % derjenigen, die sagten, sie seien geimpft, generierten eine MAC-Adresse auf meinem Mobiltelefon. Das sind die Beobachtungen, die gemacht wurden, und daraus ergeben sich viele Zweifel und Fragen."

Die entscheidende Frage ist nun: können die Bestandteile des Impfstoffs ein solches **Nano-Kommunikationsnetz** im Menschen überhaupt aufbauen? meine Antwort: JA und NEIN:
JA, wenn man ausschließlich die technologischen Möglichkeiten, wie sie im 2. Teil dieses Buches beschrieben sind, berücksichtigt, dessen Kern die sogenannte **Selbstorganisation** darstellt.
NEIN, wenn man berücksichtigt, dass das außerordentlich komplexe System des menschlichen Organismus, das sich in Jahrmillionen im Einklang mit der Natur entwickelt hat, eine solche „Konkurrenz" durch ein *künstliches* Nano-Neuronen-Netzwerk nicht tolerieren wird. Entweder der menschliche Organismus wehrt sich gegen diese Fremdkörper erfolgreich, oder er wird sterben. Dieses große Menschenexperiment kann man direkt vergleichen mit dem Freilandexperiment, das im Jahre 1992 von Wissenschaftlern im Auftrag von Geheimdiensten an Hausrindern durchgeführt worden ist, das zu der tödlichen Krankheit BSE geführt hatte.[34] Ziel dieses Freilandexperimentes war es, über biotechnologische Modifikation des Nervensystems dieses dazu zu bringen, dass es von außen über elektromagnetische Wellen beeinflußt werden kann. Dazu hat man einen Kupfermangel erzeugt, indem man dem Impfstoff für Rinder ein bestimmtes Gelat beigefügt hat, das das Kupfer bindet und es so dem System entzieht. Als Ersatz baut dann das Biosystem andere verfügbare Materialien in die Nervenbahnen ein (Barium, Stron-

tium).[††] Bemerkenswert ist, dass dieses Freilandexperiment an Rindern ebenfalls über Impfung erfolgt war.

Ähnliches erleben wir jetzt seit dem Beginn der Covid-Impfungen mit den geimpften Menschen. Jetzt sterben große Teile der geimpften Menschen. Während die statistischen Zahlen zeigen, dass es während der „Vorimpfzeit" praktisch keine Übersterblichkeit in der Bevölkerung gab (trotz Pandemie), haben wir inzwischen in Europa, USA und Israel eine deutliche Übersterblichkeit, verglichen mit dem Mittelwert der früheren Jahre. REPORT24 veröffentlichte am 28.September 2022 einen Beitrag[35] mit der Überschrift „Übersterblichkeit in Europa nimmt weiter zu, Island bereits auf plus 55 Prozent!" *„Im Juli war Island trauriger Listenerster mit einer Übersterblichkeit von plus 55,8 Prozent, gefolgt von Spanien mit 37 Prozent. Inzwischen laufen in vielen Ländern die Impfkampagnen weiter. Eine kurze Auswahl unserer umfangreichen Berichterstattung zum Thema zeigt, wie brisant das Problem ist.*
- *Sterblichkeit von 35- bis 44-Jährigen hat sich 2021 verdoppelt!*
- *Auch in Israel und den USA: Das große Sterben hat begonnen*
- *Erschütternde Zahlen in Deutschland: Hohe Übersterblichkeit, Geburtenrückgang*

Neue Zahlen zeigen – wir sind noch lange nicht am Ende der Problematik angekommen, die Übersterblichkeitszahlen steigen weiter..." Grafik 1 gibt einen Überblick über die Übersterblichkeit in Europa für den Juli 2022.[36]

In einem Artikel der WELT vom 31.Oktober 2022 schreibt der Autor unter der Überschrift „Übersterblichkeit mit Ansage":[37] *„Anfang Oktober lag die Sterberate in Deutschland 20 Prozent über dem Mittel der Jahre 2018 bis 2021, meldet das Statistische Bundesamt. Aus ganz Europa kommen ungewöhnlich hohe Todeszahlen mit einem Plus von durchschnittlich etwa zehn Prozent. Experten nennen das Phänomen „Übersterblichkeit..."*

[††] Details zum Freilandexperiment, das zu BSE geführt hatte, siehe. „2025 - Der letzte Akt" (Abschnitt 5.2. und Anhang 4 darin).

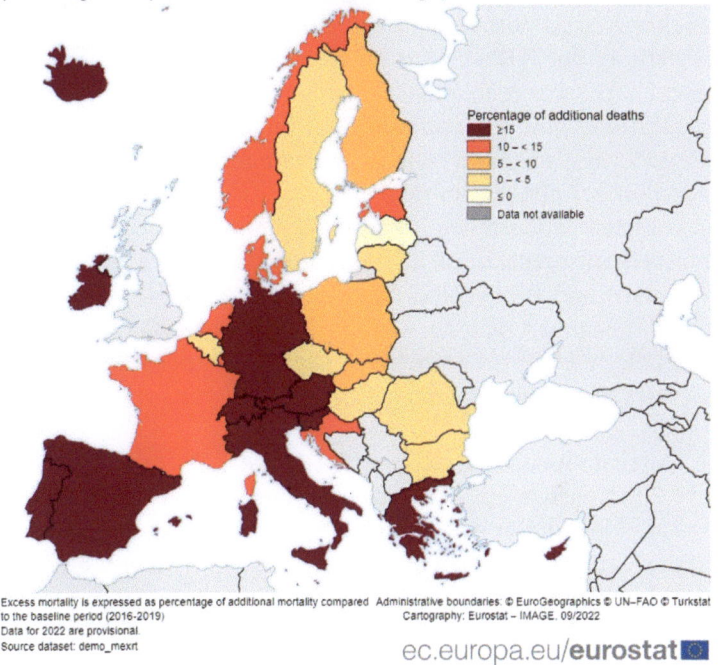

Grafik 1: Übersterblichkeit, ausgedrückt in Prozent von zusätzlicher Mortalität, verglichen mit dem Durchschnitt der Jahre 2016-2019.

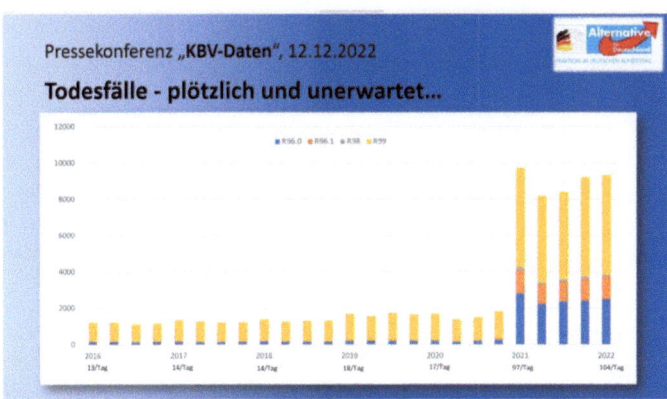

Grafik 2: Mittlere tägliche Zahl der plötzlich und unerwarteten Todesfälle für die Jahre 2016 bis 2022. Jeder Balken repräsentiert ein Quartal.

Am 12. Dezember 2022 fand eine Pressekonferenz der Bundestagsfraktion der AfD statt, in der der gesundheitspolitische Sprecher Martin Sichert und der Datenanalyst Tom Lausen ihre Auswertung der KBV-Daten für den Zeitraum 2016 bis ins erste Quartal 2022 vorgestellt haben mit erschreckenden Ergebnissen. Die Grafik 2 gibt die mittlere Zahl der täglichen „plötzlich und unerwarteten Todesfälle" wieder, angetragen über der Zeitachse.[38] Jeder Balken gibt die mittlere tägliche Zahl von plötzlichen und unerwarteten Todesfällen für das jeweilige Quartal an, aufgeschlüsselt entsprechend den Codes R96.0 (blau), R96.1 (orange), R98 (grau) und R99 (gelb). Mit Beginn der Covid-19-Impfungen 2021 gab es einen rapiden Anstieg der plötzlich und unerwarteten Todesfälle, von 13 bis 18 pro Tag vor Beginn der Impfung auf 97 bis 104 pro Tag nach Beginn der Impfungen.

Die Bereitstellung dieser Daten durch die KBV erfolgte arst am 28.11.2022, nachdem vorherige Bitten durch die AfD um Bereitstellung dieser Daten erfolglos waren. Die Datenlieferung erfolgte schließlich durch eine Anfrage über die Seite https://fragdenstaat.de/ .

Das „Wunder"-Material, das das **Nano-Kommunikationsnetz** im Menschen aufbauen soll, ist Graphenoxid (GO), das in den Veröffentlichungen im Teil 2 des Buches immer wieder thematisiert wird. Weitere Schlagwörter, die in der wissenschaftlichen Literatur immer wieder auftauchen, sind: Nanoantennen, Nano-Sender und – Empfänger, Nanooszillator, Nanotransistor, Nano-Rechner, Nanoemitter, Nanokontakte, Nanoschalter, Nano-Schaltkreise, Nanonetzwerke, Nanodrähte, Nano-Router, drahtlose Nanosensornetzwerke, Selbstorganisation von Nanonetzwerken, Gehirn-Maschine-Schnittstelle, Synthetische Biologie, Impfen, Blut-Hirnschranke, Internet der Nano-Dinge (IoNT), 5G. Abbildung 6 zeigt das Prinzip eines solchen Nano-Kommunikationsnetzes im menschlichen Körper. Die Größe der einzelnen Elemente/Bauteile in einem Nano-Kommunikationsnetz reicht von einigen Nanometern bis einigen µm. Um eine Vorstellung von den Größenverhältnissen zu bekommen: 1 mm = 10^3 µm = 10^6 nm. Ein menschliches Haar hat einen Durchmesser von 0.06 bis 0.08 mm = 60 bis 80 µm = 60.000 bis 80.000 nm.

Im Folgenden wird der Aufbau und die Funktionsweise eines Nano-Kommunikationsnetzes im Menschen im Detail beschrieben, angelehnt an ein hervorragend produziertes Video,[39] an dem sich die folgende Darstellung orientiert. Die biomedizinischen Entwicklungen der letzten Jahrzehnte zu mikroskopisch kleinen Sensoren zur Kontrolle physiologischer Parameter wie Herzfrequenz, Blutdruck, Glukosespiegel, Atemfrequenz, spielen dabei eine wichtige Rolle. Das oben erwähnte MAC-Phänomen kann nur durch ein solches intra-korporales Nano-Kommunikationsnetz erklärt werden. Es stellt sich daher die Frage, was in den Impfstoffen für das Phänomen der MAC-Emissionen verantwortlich ist?

„Ein intra-korporales Nano-Kommunikationsnetz ist eine Topologie von Mikro- oder Nano-Geräten, die sich im menschlichen Körper befindet und eine bi-direktionale Kommunikation in Aufwärts- oder Abwärtsrichtung unterhält, d.h. nach außen, um Daten zu senden, und nach innen, um Anweisungen zu empfangen. Der Zweck eines intra-korporalen Netzes ist sehr vielfältig, zum Beispiel biomedizinische Anwendungen, die die Kontrolle der physiologischen Parameter, Herzfrequenz, Blutdruck, Glukosespiegel, Atemfrequenz usw. erleichtern, und auch Neuromodulation, Neurostimulation, Interaktion mit der Funktion lebenswichtiger Organe, Messung und Interaktion von Neurotransmittern und Veränderung der elektrischen Aktivität des Gehirns. Es ist ziemlich kompliziert herauszufinden, welche dieser Anwendungen, wenn nicht sogar alle, für dieses intra-korporale Netz vorgesehen sind. Darüber werden wir im letzten Abschnitt dieser Darstellung sprechen.

Beschreiben wir nun die Topologie des intra-korporalen Netzes, d.h. die an das Netz angeschlossenen Geräte. Zu diesem Zweck werden wir vom Gerät auf der untersten Ebene bis zum komplexesten auf der höchsten Ebene angehen:

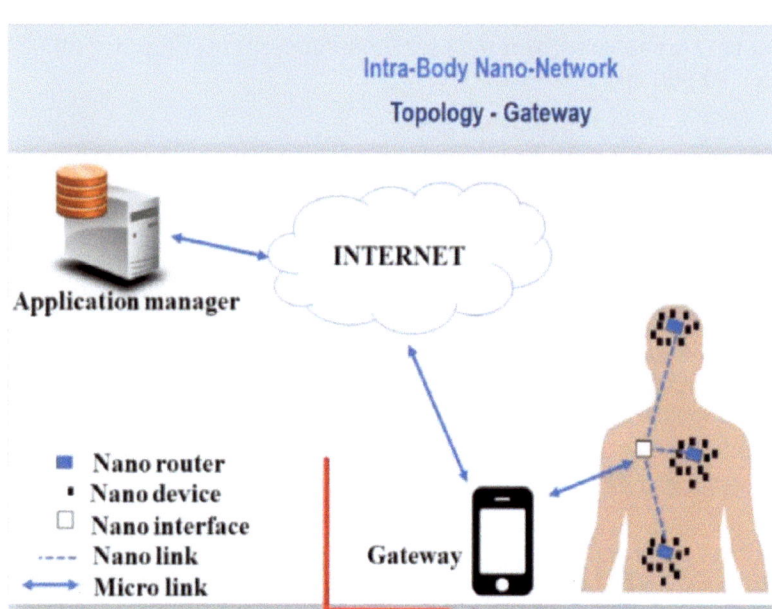

Abbildung 6: Nano-Kommunikationsnetz im menschlichen Körper (schematisch).

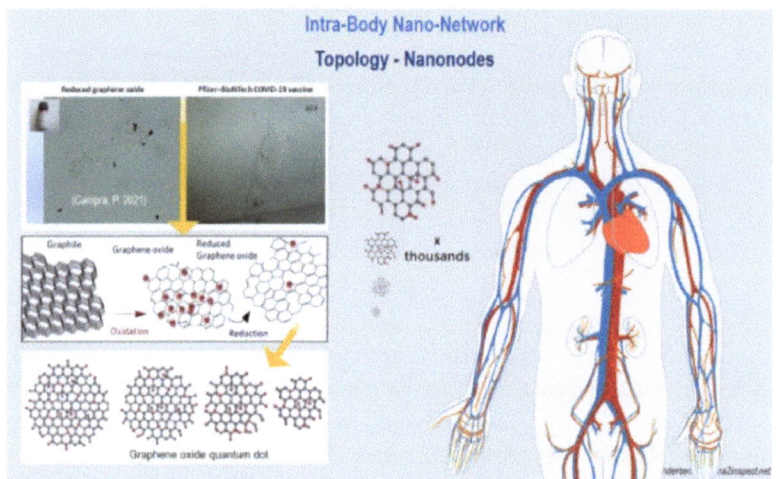

Abbildung 7: Graphenoxid, das sich nach und nach zersetzt (linke Bilderserie) und die bekannten Knoten bildet: Graphenquantenpunkte oder GQD (Graphene Quantum Dots).[40]

2.2. Nanoknoten

(Wissenschaftsartikel dazu im Teil 2 dieses Buches: Nr. 9, 51, 90, 107, 108, 115, 167, 168)

Nanoknoten, die auch als Nanosensoren bezeichnet werden, sind Objekte im Nanometerbereich, die unter einem optischen Mikroskop nur schwer zu erkennen sind, es sei denn, sie bilden Cluster. Ihre Funktion besteht darin, sich durch das kardiovaskuläre System des menschlichen Körpers, Arterien, Kapillaren und Herz, auszubreiten, um die Ausbreitung der drahtlosen Signale des intrakorpularen Netzwerkes zu erleichtern. Um diese Hauptfunktion erfüllen zu können, muss die Zahl der Nanoknoten in die Tausende gehen, damit sie an jedem Punkt des Blutkreislaufs vorhanden sind. Es stellt sich daher die Frage, welches Material in den Impfstoffen für die Bildung dieser Nanoknoten verantwortlich ist. Die wahrscheinlichste Hypothese ist, dass es sich um Graphenoxid handelt, das sich nach und nach zerstetzt und die bekannten Knoten bildet, Graphenquantenpunkte oder GQD (Abbildung 7). *Auf diese Weise wäre es möglich, mit einer relativ geringen Menge Graphen Tausende von Graphenquantenpunkte als Produkt der Zersetzung von größeren Blättern zu erzeugen, wodurch sie sich im ganzen Körper verteilen, bis sie eine ausreichend kleine Größe erreichen, um vom Immunsystem nicht mehr erfasst zu werden. Andererseits hat Graphen, wie bereits bekannt, supraleitende*[‡‡] *Eigenschaften, und wenn es auf einer Nanometerkleinen Skala verkleinert wird, erwirbt es auch Quanteneigenschaften, was ihm die Fähigkeit verleiht, Signale oder Impulse wie eine Antenne weiterzuleiten. Tatsächlich wurde nachgewiesen, dass Graphen in der Lage ist, elektromagnetische Strahlung zu absorbieren und Signale von Gigahertz bis Terrahertz zu verstärken, was dies zu einem idealen Material macht, um die gewünschte Ausbreitung im intrakorporalen Netzwerk zu erreichen.*

[‡‡] Hier ist sicher nicht die physikalische Supraleitfähigkeit gemeint, sondern, dass Graphen eine sehr hohe elektrische Leitfähigkeit besitzt.

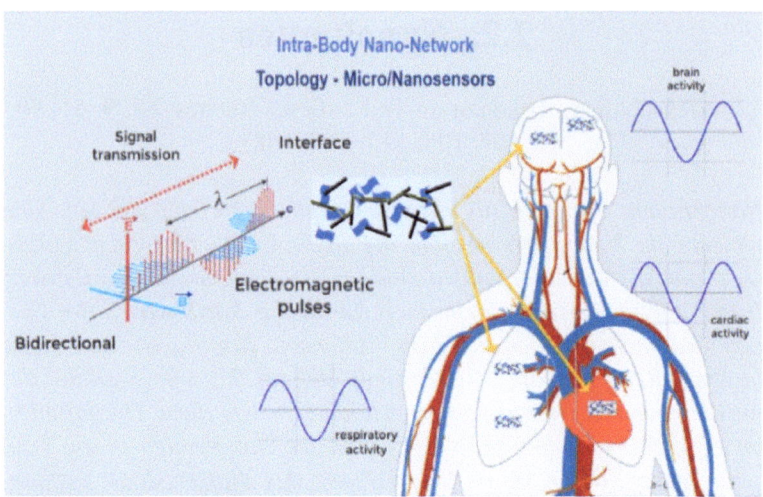

Abbildung 8: Nanotechnologie im menschlichen Körper: Mikro- oder Nanosensoren (Bild Mitte) und deren Einbau im Menschen.[41]

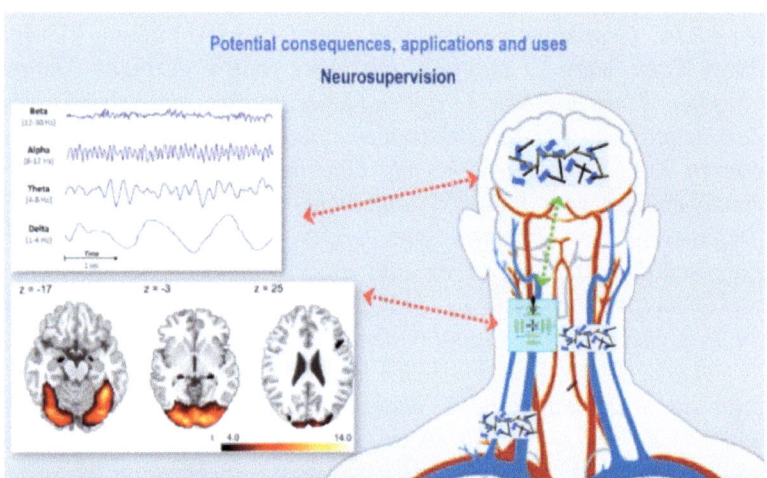

Abbildung 9: Gehirnaktivität, repräsentiert durch elektrische Signale aus verschiedenen Bereichen des Gehirns, können abgelesen werden mittels der *Graphenquantenpunkte (GQD)*, fein verteilt im Nervengewebe des Gehirns.[42]

2.3. Mikro- oder Nanosensoren

(Wissenschaftsartikel-Nr. 9, 10, 11, 12, 20, 32, 33, 44, 74, 75, 76, 87, 107, 123,133, 164, 167, 168 im Teil 2)

Sensoren in beiden Größenordnungen werden in der wissenschaftlichen Literatur als einfache Geräte zur Überwachung physiologischer Parameter beschrieben, die elektrische Signale sowie metrische und quantitative Bewertungen im menschlichen Körper erfassen, aber auch als Schnittstelle für die Interaktion mit Zielorganen. Mikro-/Nanosensoren können beispielsweise aus einem Gitter aus Graphen-Nanoblättern und Kohlenstoff-Nanoröhrchen oder Kohlenstofffasern bestehen. Diese Gitter haften an den Wänden des Endothels des Herz- und Arteriensystems und sogar im Gehirngewebe, da sie die Blut-Hirn-Schranke überwinden können. Sobald sie sich etabliert haben, erzeugen sie elektrische Leitungspfade, den Drähten eines Schaltkreises entsprechend, was zusammen mit der supraleitenden Kapazität des Materials zu einem Feldeffekttransistor wird. Auf diese Weise können sie die elektrischen Impulse des Organs, mit dem sie in Kontakt stehen, zum Beispiel des Herzens, des Gehirns oder des Alveoargewebes in der Lunge erfassen (Abbildung 8), *aber auch durch die Abgabe elektrischer Entladungen interagieren, da sie aufgrund ihrer piezoelektrischen Eigenschaften auch als Superkondensatoren wirken. In diesem Sinne würden sie also als Schnittstelle fungieren, da sie bei einem bestimmten Signal mit der entsprechenden Frequenz diese Entladung auslösen können. Bei empfindlichen Organen wie dem Herzen oder sogar dem Atmungssystem könnte dies zu Erstickungsgefühlen, Ohnmachtsanfällen oder Herzinfarkten führen. Im Falle von Hirngewebe gibt es in der wissenschaftlichen Literatur eine Vielzahl von Experimenten und Versuchen mit Kohlenstoff-Nanoröhrchen und Graphenoxid-Nanoblättern als Elektrode, die als Brücken zwischen Neuronen fungieren und deren elektrische Aktivität stimulieren können, was es defakto ermöglicht, künstliche Akzone zu erschaffen und die Ausschüttung von Neurotransmittern zu beeinflussen. Auf diese Weise wäre es vermutlich möglich, in das ordnungsgemäße Funktionieren der Psyche eines Menschen einzugreifen, die elektrische Leitfähigkeit von Gehirnregionen zu überwachen, das Denken, das Verhalten usw. zu verändern.*

2.4. Mikro- oder Nanorouter

(Wissenschaftsartikel-Nr. 20, 25, 26, 32, 34, 38, 90, 115, 123, 139, 141, 158, 159 im Teil 2)

Es handelt sich um Geräte, deren Aufgabe es ist, die über die Nanoknoten und Nanosensoren gewonnenen Daten zu sammeln und zu verarbeiten, die Informationen an die Mikro- oder Nanoschnittstelle zu senden und weiterzuleiten, so dass die Daten vom Inneren des Körpers nach außen übertragen werden. Es kann auch in umgekehrter Richtung arbeiten, d.h. von außen nach innen des Körpers, wofür es das Signal von der Mikro- bzw. Nanoschnittstelle empfängt, entschlüsselt und weiterleitet, um es an die übrigen Elemente des intra-korporalen Netzes weiterzuleiten. In vielen konsultierten Referenzen bestehen diese Rooter aus Mikroantennen oder plasmonischen Nanoantennen, Übertragungsschaltungen (Abbildungen 4 und 5), Codierung und Decodierung von Signalen nach einem MAC-Protokoll, das die Regeln für den Aufbau von Nachrichten und Antennenemissionen festlegt. Darüberhinaus sind diese Mikrorooter für die Übersetzung der von den Mikrosensoren und den Mikroknoten erzeugten Signale alle auf niedriger Ebene, den TS-OOK-Signalen zuständig. TS-OOK-Signale werden in allen wissenschaftlichen Arbeiten über intra-korporale Netze am häufigsten genannt, da sie geringe Energiekosten verursachen, auch wegen ihrer Einfachheit aufgrund der Tatsache, dass sie binäre Signale sind, die elektrische Impulse mit dem Wert „1" und Stille mit dem Wert „0" erfassen. Auf diese Weise können die von den Mikro- bzw. Nanosensoren und Mikroknoten im ganzen Körper erfassten Potentialschwankungen und Impulse im TS-OOK übertragen werden, so dass sie vom Mikro-Nanorooter empfangen werden können. Der wissenschaftlichen Literatur zufolge könnte der Mikro-Nanorooter der Schlüssel zum Phänomen der MAC-Übertragung sein, da die von innerhalb und außerhalb des menschlichen Körpers gesendeten Daten nach einem Medium-

Access-Protokoll übertragen werden, das Header-Daten-Paketstrukturen, Codierung, ..., Verschlüsselung usw., festlegt. Die Fähigkeit, MAC-Adressen zu erkennen, bedeutet, dass die Entwickler des intra-korporalen Netzwerkes es höchstwahrscheinlich so konzipiert haben, dass es Bluetooth-low-energy-Protokolle verwendet, auch bekannt als DLE. Die Möglichkeit, diese MACs auf dem Mobiltelefon zu sehen und zu erkennen, bedeutet jedoch nicht, dass sie genau die gleichen Protokolle verwenden. Tatsächlich ist es nicht möglich, sich mit den anonymen MAC-Geräten zu verbinden oder eine Verbindung herzustellen.

2.5. Mikro- oder Nanoschnittstelle

(Wissenschaftsartikel-Nr. 163, 164, 166 im Teil 2)

Die wird in der wissenschaftlichen Literatur als ein hybrides Gerät definiert, das die von aussen ausgesandten Signale aufnimmt und nach innen überträgt oder den umgekehrten Prozess nach aussen durchführt, um Daten auszusenden. Seine Funktion besteht darin, die Hautbarriere zu durchdringen, was die Wirksamkeit der Emission stark verringert. Daher könnte man es als Repeater- und Signalverstärker betrachten. Dieses Gerät hält die Kommunikation mit dem Nanorooter aufrecht und reproduziert die Übertragung von Datenpaketen gemäss dem MAC-Protokoll. Die Reichweite der Emission der Mikro-Nano-Schnittstelle ist nach der konsultierten Literatur begrenzt. Sie liegt bei einigen Metern, da das Signal durch die Hautschicht abgeschwächt wird. Eine große Übertragungsdistanz ist jedoch auch nicht erforderlich, da der Empfänger der Signale das Mobiltelefon des Nutzers ist, was auch als Gateway bezeichnet wird und die Übertragung der Datenpakete an einen oder mehrere Empfänger über das Internet zuständig ist.

2.6. Gateway

(Wissenschaftsartikel-Nr. 87 im Teil 2)

Wie bereits erwähnt, besteht das Ziel der Emissionen des *Mikro-Nanorooters und der Mikro-Nanoschnittstelle darin, das Gateway zu erreichen, das in verschiedenen Veröffentlichungen als Mobiltelefon, Tablet oder tragbares Gerät mit einer Internetverbindung bezeichnet wird."*

3. Die Möglichkeiten des intra-korporalen Nano-Kommunikationsnetzes

3.1. Mögliche Folgen – Anwendungen und Verwendungszwecke

„5G wird sich in das eigentliche Nervensystem unserer Gesellschaft verwandeln, genauso wie unser eigenes."
(Sebastián Piñera, Milliardär und chilenischer Präsident)

Die im Folgenden dargestellten biotechnischen Möglichkeiten dieses intra-korporalen Nano-Kommunikationsnetzes werden vom Autor des Videos[22] als spekulativ eingestuft. Aber eingedenk des Zitates des chilenischen Präsidenten (wiedergegeben auf Seite 40) kann man davon ausgehen, dass das Programm der biotechnischen Vernetzung aller Menschen Teil des Plans der Elite zur Errichtung der geplanten NWO und des Great Reset ist. Und jetzt macht auch die Selbsteinschätzung der WEF-Protagonisten Sinn, wenn sie von sich behaupten, dass sie nun selbst *„göttliche Kräfte der Schöpfung und der Zerstörung"* erlangt haben."[43]

Auch wenn man die in den vorangegangenen Abschnitten dargestellten Fakten und Zusammenhänge berücksichtigt, ist man gut beraten, die heute schon vorhandenen biotechnologischen Möglichkeiten auf dessen möglichen Missbrauch abzuklopfen:

3.2. Neuroüberwachung

„Die Anordnung von Kohlenstoffnanoröhrchen und Graphennanoblättern im Nervengewebe würde die Überwachung der Gehirnaktivität erleichtern. Es sei darauf hingewiesen, dass die Gehirnaktivität aus elektrischen Signalen aus verschiedenen Bereichen des Gehirns abgelesen werden kann (Abbildung 9). *Daher*

könnten diese Signale durch das intra-korporale Netzwerk geleitet werden, um einen Datenfluss zu erzeugen, der nach außen übertragen und an entfernte Server zur automatischen Auswertung mithilfe von Bigdata und maschinellen Lerntechniken gesendet wird. Auf diese Weise wäre es möglich, Kenntnisse über die Stimmung, Gedanken, Verhaltensweisen, Zustände usw. der Menschen zu erhalten.

3.3. Neuromodulation

(Wissenschaftsartikel-Nr. 21, 144 im Teil 2)

Dabei handelt es sich um die Interaktion mit der menschlichen Psyche durch die elektrische Modulation einer oder mehrerer Zonen des Hirngewebes nach vorher festgelegten Mustern. Dies ist möglich, wenn die Kohlenstoffnanoröhrchen und Graphennanoblätter im Nervengewebe die entsprechenden elektrischen Impulse erhalten, die elektromagnetische Ströme erzeugen, die die normale Funktionsweise des Gehirns verändern und das gewünschte Verhalten, die Emotion, die Stimmung und sogar das Denken entwickeln. Möglicherweise lässt sich hier an das Konzept der Gedankenübertragung anknüpfen. Auch wenn dies schwer anzunehmen ist, so gibt es doch umfangreiche Datenbanken, die mittels Elektroenzephalographie die spezifischen Hirnregionen lokalisieren, die durch bestimmte Handlungen, Gedanken, Einstellungen, Gefühle und sogar Wörter, Phrasen und Sätze angeregt werden. Auf dieser Grundlage können Programme der künstlichen Intelligenz entwickelt werden, um das Verhalten und Einstellungen von Menschen so zu steuern, dass sie ihr Leben, ihre Arbeit und wirtschaftlichen Entscheidungen beeinflussen.

3.4. Neurostimulation

In engem Zusammenhang mit der Neuromodulation steht die Neurostimulation, die die Ausschüttung von Neurotransmittern anregt. Neurotransmitter werden auf natürliche Weise als Ergebnis der synaptischen Kommunikation zwischen Neuronen ausgeschüttet und erleichtern die Übertragung von Nachrichten, Information und Signale im gesamten zentralen Nervensystem des menschlichen Körpers. Ein intra-korporales Netzwerk mit Kohlenstoffnanoröhrchen und Graphennanoblättern im Nervengewebe könnte die Ausschüttung dieser Nanotransmitter erhöhen oder verringern und damit die Signalübertragung, - abgabe und aufnahme entscheidend beeinflussen. So könnten zum Beispiel falsche Empfindungen von Gefahr, Angst, Schmerz usw. ohne begründeten Anlass hervorgerufen werden. Um ein anderes Beispiel zu nennen, die Regulierung von Dopamin allein könnte neurodegerative Krankheiten, Angst, Depression, Apathie, bipolare Störungen und psychotische Anfälle sowie andere Störungen und Probleme verursachen. Eine interessierte Dopaminregelung würde sich auf das Belohnungssystem des Menschen auswirken, was sich auf das Verlangen, das Vergnügen und vor allem auf die Konditionierung auswirkt. Dies bedeutet, dass unterschwellig konditioniertes Lernen erreicht werden könnte, so dass unerwünschte Verhaltensweisen und Einstellungen in den Menschen kanalisiert werden könnten, wobei der Wille und die Willensfreiheit, die einen freien Menschen auszeichnen, bis zu einem gewissen Grad außer kraft gesetzt werden. Dopamin könnte wie eine Droge zur Abhängigkeit führen, so dass sehr starke Gewohnheiten entstehen, die den Interessen Dritter entsprechen und nicht dem Willen der geimpften Person entsprechen.

3.5. Vernetzte Menschheit

Das menschliche Kollektiv, geimpft mit den vorausgesetzten Inhalten der Impfstoffe würde es ermöglichen, eine umfassende Kontrolle über die menschliche Aktivität, den Gesundheitszustand, die Arbeitsleistung oder die akademischen Leistungen auszuüben, beeinflusst durch Gedankenströme und unterschwellige Kommunikationsstrategie, die die Akzeptanz von Maßnahmen und Gesetzen erleichtern, die unpopulär oder negativ für die Interessen der Bevölkerung sind, den Willen oder jeglichen Widerstand beugen, um bestimmte Aufgaben oder Funktionen oder unerwünschte Aufgaben zu erfüllen, den Energieverbrauch zu reduzieren, die Nutzung und den Verbrauch wesentlicher Resourcen zu verringern, die Vorher-

sage der Nachfrage nach Produkten, Waren und Dienstleistungen zu erleichtern (Abbildung 10). Die Möglichkeiten einer vernetzten Menschheit sind im Konzept der 4. Industriellen Revolution oder des transhumanen Technoparadigmas enthalten, sei es auf politischer, wirtschaftlicher, sozialer oder personeller Ebene.

3.6. Das Individuum als Rohmaterial

Ein intra-korporales Netzwerk würde das Individuum zum Rohstoff machen. Es handelt sich um eine unerschöpfliche Informationsquelle, die Daten erzeugt, die für soziale, wirtschaftliche, wissenschaftliche und politische Zwecke erfasst, ausgewertet und verarbeitet werden können. Vielleicht auch aus diesem Grund könnten geimpfte Individuen ein universelles Mindesteinkommen erhalten, wenn sie die Daten, die sie im Laufe ihres Lebens generieren, zur Verfügung stellen. Die Tatsache, dass er zu einer ständig überwachten Informationsquelle wird, würde es jedoch ermöglichen, den Wert jeder Person entsprechend ihrer Fähigkeiten, ihrer Denk- und Analysefähigkeit, ihrem Verhalten und ihrer Loyalität gegenüber dem System zu berechnen oder zu gewichten und so zu bestimmen, welche Person für die Gesellschaft geeigneter, gewinnbringender und nützlicher ist. Dieser Koeffizient, der den Wert einer Person messen würde, könnte verwendet werden, um seinen Erfolg in der Gesllschaft und im Leben zu bestimmen und über sein Schicksal zu entscheiden, ein Aspekt, der mit dem folgenden Anwendungsnutzen bzw. der Folge des intra-korporalen Netzes zusammenhängt.

3.7. Reduzierung der Bevölkerung

Nach der neomalthusianischen These würde es das intra-korporale Netzwerk ermöglichen, den Wert jeder Person zu kennen und zu bestimmen, welcher Teil der Bevölkerung eliminiert werden sollte, wobei vorausgesetzt wird, dass es eine Überbevölkerung gibt, die nicht aufrecherhalten werden kann und die die verfügbaren Ressourcen für den Teil der Bevölkerung reduziert, der produktiv ist und einen größeren Mehrwert hat. Dies würde eine absolute Ver-

dinglichung des Menschen bedeuten, die ihm jegliche Spiritualität und Freiheit abspricht, die ihm allein durch seine Existenz zusteht. Durch die Festlegung eines Grenzwertes könnten all jene Menschen, die den festgelegten Schwellenwert nicht überschreiten, schrittweise eliminiert werden, auch durch das intra-korporale Netzwerk selbst, wie weiter unten erläutert wird.

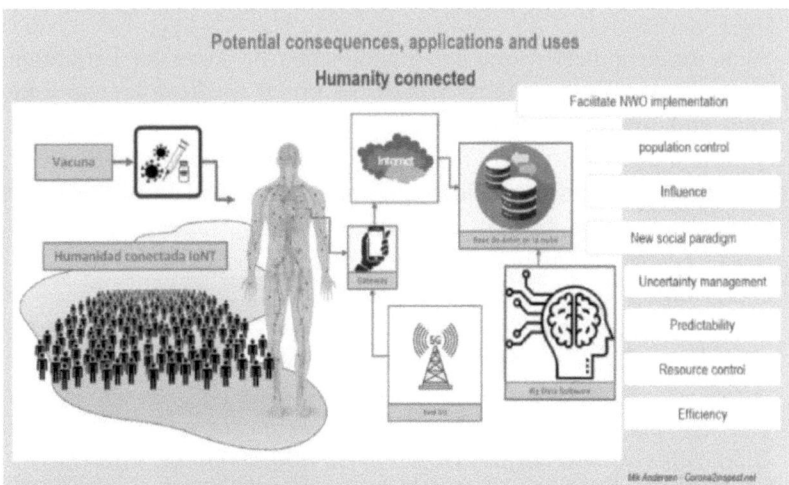

Abbildung 10: Potentielle Konsequenzen, Anwendungen und Mißbrauch einer vernetzten Menschheit.[44]

3.8. Beseitigung

Ein intra-korporales Netzwerk kann nicht nur im neuronalen Umfeld, sondern auch im Herzkreislaufsystem und insbesondere im Herzen agieren. Wenn die richtigen Signale empfangen werden, könnte eine künstliche Veränderung des Herzrhythmus ausgelöst werden, die Herzrhythmusstörungen und damit Herzinfarkte auslösen würde. Ein Stromschlag auf das Hirngewebe und in der richtigen Intensität und an der richtigen Stelle könnte zu Ohnmacht, Gleichgewichtsverlust und Bewußtlosigkeit führen mit der entsprechenden Gefahr für die Person. Ausgehend von der in der Literatur über intra-korporale Netzwerke beschriebenen Bidirektionalität ist es daher nicht abwegig anzunehmen, dass auch Signale empfangen werden können, die Störungen und Zustände auslösen können, die zur Eliminierung der Person führen. Diese Fähigkeit, eine Person beseitigen zu können, die entweder in der Neuen Weltordnung unrentabel ist oder von den Eliten gewünschten Ansätze nicht akzeptiert oder zu den Dissidenten oder Opposition gehören, ist äußerst sauber, hinterläßt keine Spuren des Verbrechens und ist besonders wirksam, um die Kontrolle und die Macht über die Bevölkerung zu erhalten."

Was die kriminelle Seite des gigantischen Projekts der Errichtung einer Neuen Weltordnung betrifft, so bringt es die folgende Rede des chilenischen Präsidenten, Sebastian Piñera, auf den Punkt, gehalten anläßlich der 5G-Netzwerk-Ausschreibung für Chile. Darin ist genau das beschrieben, wozu die Covid-Impfungen den Grundstein gelegt haben: *„Zusammen mit den Ministern für Transport, Telekommunikation und Wissenschaft werden wir das 5G-Netz initiieren. Es besteht die Möglichkeit, dass die Maschinen unsere Gedanken lesen können. Außerdem können sie Gedanken eingeben, Gefühle eingeben. Manche sagen, die beste Art, die Zukunft vorauszusagen ist, sie zu erfinden. Das ist, was wir wollen. 5G ist ein enormer Schritt nach vorn, ein kosmischer, ein Kopernikusschritt. Denn was es wirklich bedeutet, ist, dass die 5G-Technologie eine große Veränderung in unserem Leben ist, eine größere Veränderung, als es alle vorherigen Änderungen der Technologie in dieser Materie jemals waren. Die Möglichkeit, dass die Maschinen unsere Gedanken lesen können und außerdem noch Gedanken eingeben können, und Gefühle eingeben können, das wird unser Leben verändern. 5G wird sich in das eigentliche Nervensystem unserer Gesellschaft verwandeln, genauso wie unser eigenes. Ich frage mich, wie wichtig ist das für das Überleben des Menschen, dass das Herz schlägt? Lebenswichtig. Niemand sorgt dafür, dass das Herz schlägt. Nein, das ist ein intelligentes System im Körper. Viele Organe führen sehr komplizierte Funktionen in perfekter Koordination aus. Nur wenige der Entscheidungen sind uns bewußt. Die meisten übernimmt das Nervensystem autonom und intelligent. Das gleiche wird in vielen Bereichen unseres Lebens passieren, dank dieser Technologie. Ein zwingendes Gebot und eine Dringlichkeit, die keiner zweiten Überlegung bedarf, ist es, unseren Staat zu modernisieren, damit dies eine Veränderung* ist, die in allen Haushalten unsers Landes stattfindet. Und ich verstehe unmißverständlich, dass es Ihre begeisterte Zustimmung findet."[45]

3.9. Massenpanik in Seoul – Ein Experiment?

In Seoul sind in der Nacht vom 29. zum 30. Oktober 2022 in einem Massengedränge mindestens 153 Menschen gestorben, hauptsächlich junge Frauen zwischen 18 und 30 Jahre alt.[46] *„Menschen sind totgetrampelt worden"* so die Einschätzung in diesem Artikel auf n-tv.de. Jedoch zeigt ein Mitschnittvideo unmittelbar nach dem Unglück (s. Screenshot, Abbildung 11), wie Rettungssanitäter in großer Zahl versucht haben, die Frauen durch Herzmassagen wiederzubeleben. *„Alle ihre Herzen haben gleichzeitig aufgehört zu schlagen. Das ist extrem merkwürdig. Ein Ansturm von Menschen, der eine Massenflucht verursacht, führt zu stumpfen Verletzungen und Erstickung. Es war keine Massenpanik, die dies verursachte, das war eventuell nur zur Tarnung. Sie alle hatten Herzversagen. Dies ist beängstigend. War es ein 5G-Experiment, ein gerichteter Mikrowellenstrahl? Waren die Toten geimpft?"* (In Südkorea beträgt die Impfquote 87,1 % [47]) *„Auf dem Video sieht man, wie durch Herzmassage versucht wurde, ihre Leben zu retten. 5G ist eine Massenvernichtungswaffe. Wie die Spritze auch..."*[48] Handelte es sich bei diesem Massensterben in Seoul um ein Experiment? Zum Beispiel, um die Frage zu beantworten, wie wirksam ist das über die Impfung verabreichte Graphenoxid, wenn die 5G-Strahlungsintensität hochgefahren wird? Dies ist nur eine Vermutung, eine Spekulation.§§ Aber es erinnert stark an die Bilder, die zu Beginn der Corona-Pandemie um die Welt gingen, die zeigten, wie Menschen in Wuhan auf der Straße ohne sichtbare Fremdeinwirkung einfach so umfielen und starben. Wuhan war eines der ersten Städte, in denen 5G zu diesem Zeitpunkt in Betrieb genommen worden war. Diese Bilder hatten damals ganz wesentlich zur Verbreitung der Angst vor Corona in der ganzen Welt beigetragen.

---

§§ jedoch sprechen viele Argumente dafür, s. z.B. die Anhänge 5 und 6 am Schluß des Buches „2025 – Der letzte Akt".

Abbildung 11: Massensterben in der Nacht vom 29./30. Oktober 2022 in Seoul. Rettungssanitäter versuchen, die fast 100 Frauen, deren Herzen aufgehört hatten zu schlagen, durch Herzmassagen wiederzubeleben.

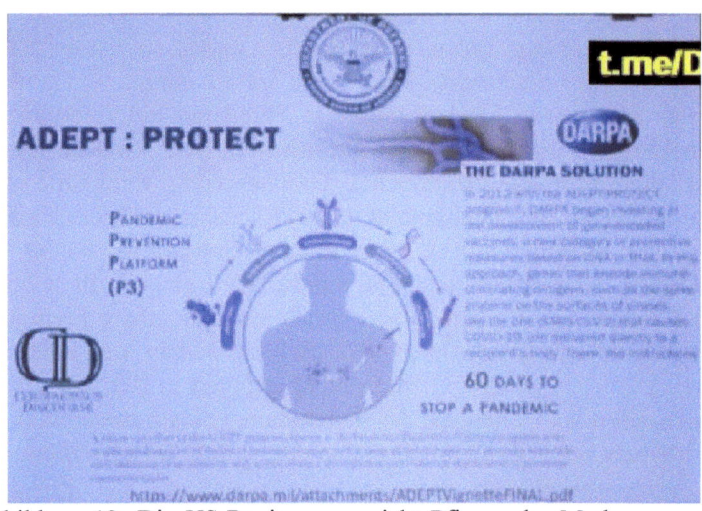

Abbildung 12: Die US-Regierung – nicht Pfizer oder Moderna –, hat bereits 2012 ein Programm zur mRNA-Technologie ins Leben gerufen.

3.10. ADEPT Protect P3-Programm

Drei Jahre nach der Schweinegrippe-Pandemie wurde im Jahre 2012 von der US-amerikanischen DARPA ein militärisches Programm aufgelegt und gestartet, das „ADEPT Protect P3-Programm" (Abbildung 12):

„2012 startete DARPA, die Forschungsabteilung des Militärs, ein Programm. Es heißt ADEPT Protect P3-Programm. Pandemiepräventionsplattform. Schau was sie vorschlugen. Sie sagten, hör zu, wir werden gencodierte Impfstoffe als neue verwenden, Kategorie von Präventivmaßnahmen basierend auf RNA oder DNA. Und in diesem Ansatz werden wir eine Pandemie innerhalb von 60 Tagen stoppen; im Jahr 2012 wurde damit begonnen. Als Präsident Trump damit heraus kam und sagte, sie würden mit Warp-Geschwindigkeit der Operation Impfstoffe entwickeln, wäre es schön gewesen, wenn er vorbereitet gewesen wäre, oder Anthony Fauci, um bereit zu sein zu sagen, hört zu, wir arbeiten daran. Seitdem arbeiten wir daran, 2012. Das ist nicht neu. Das ist keine Warp-Geschwindigkeit. Daran sind wir schon 10 Jahre. Das ist Täuschung der Öffentlichkeit, dass dies schnell entwickelt wurde, dass es all dies gab, atemberaubende Innovation. Der Unternehmer Moderna bekam seinen ersten Millionen-Dollarvertrag im Jahr 2013. Das Militär arbeitet an Programmen, sowohl die Bedrohung SARS-CoV-2 betreffend und an der Antwort, monoklonale Antikörper und Impfstoffe. Aber das Militär hat biologische Bedrohungsprogramme. Es gibt eines für Pocken, Affenpocken, es gibt eines für Anthrax, und wer weiß, wie viele weitere Programme.*** Dies war Teil eines Programms. Aber das Militär kam auf die Idee von Boten-RNA-Impfstoffen, nicht Pfizer oder Moderna, nicht Operation Warp-Geschwindigkeit. Es war keine Reaktion auf das, was herauskam aus Wuhan, China. Dies ist ein militärisches Programm. Als es von Health and Human Services,

---

*** Weitere Projekte der DARPA seit 2012: Der Zika-Ausbruch in den Jahren 2015-2016, der jüngste Ebola-Ausbruch in der der Demokratischen Republik Kongo und durch Mücken übertragene Viren wie Chikungunya und Dengue. (https://www.darpa.mil/attachments/ADEPTVignetteFINAL.pdf)

Alex Azar und dem Verteidigungsministerium angekündigt wurde, das sind die Beteiligten. Dies führte uns in das Impfzeitalter. Die militärische Notfallgenehmigung ist ein Mechanismus, um schnell neue Technologien in das Militär zu bringen. Es ist kein Mechanismus für die Öffentlichkeit. Seine erste breite Anwendung in der Öffentlichkeit erfolgte bei der COVID-19-Pandemie. Das ist der Grund, warum die FDA anscheinend keine Eigentümerschaft darüber hat. Sie können scheinbar nicht darauf reagieren. Weil es ein militärisches Programm ist. Dies hat einen militärischen Ursprung. Und das Programm wird wie ein militärisches Programm ausgeführt. Keiner bleibt verschont. Es gibt keine Ausnahmen. (deutsche Übersetzung eines Vortrags des Arztes Dr. McCullough[49])

Bemerkenswert ist in diesem Zusammenhang die letzte UN-Rede des früheren libyschen Revolutionsführers Muammar al-Gaddafi: *„Kapitalistische Unternehmen produzieren das Virus und breiten es aus, wie die Schweinegrippe. Morgen werden wir dann vielleicht Fischgrippe haben. Unternehmen produzieren es, diese gehören zum Geheimdienst. Wenn Impfungen verkauft werden, dann ist es Business. Sie produzieren das Virus und verbreiten es in der Welt, um dann mit den Impfstoffen & Medikamenten viel Geld zu machen. Schämt euch. Das ist eine Schande!"*[50] Dieses vor der UNO auszusprechen war wohl u. a. tödlich wie sein Plan, den Gold-Dinar zu schaffen, um sich vom Petro-Dollar abzukoppeln. Auf der Grundlage der *UN*-Resolution 1973 überfielen am 19. März 2011 NATO-Truppen Libyen, in dessen Folge Gaddafi von einheimischen Rebellen auf grausame Weise getötet wurde.

4. Schadenspotential

Über die Seite https://fragdenstaat.de/ kann man Fragen an den Staat richten, ob Klagen, investigative Recherchen, Anfragen-Features oder Kampagnen. Diese werden dann über die Betreiber dieser Seite an die zuständige Behörde weitergeleitet. Die Antwort wird schließlich öffentlich einsehbar sein, transparent und gemeinnützig. Eine dieser Anfragen betraf „COVID-19: Toxische Wirkung der 'Impfstoffe', gestellt am 6.Juni 2021. Wegen deren Brisanz und hohem Informationsgehalt geben wir sie hier wieder:

„Anfrage an:
Bundesminister für Soziales, Gesundheit, Pflege und Konsumentenschutz

Genutztes Gesetz:
Auskunftspflichtgesetz

Frist: 29. Juli 2021 - in 1 Monat

Zusammenfassung der Anfrage

In der Studie "Worse Than the Disease? Reviewing Some Possible Unintended Consequences of the mRNA Vaccines Against COVID-19"[†††] von Stephanie Seneff und Greg Nigh, veröffentlicht im International Journal of Vaccine Theory, Practice, and Research [https://ijvtpr.com/index.php/IJVTPR/a...] wurde im Wesentlichen festgestellt:

* "Impfstoffe" gegen COVID-19 sind in der Lage, auf verschiedene Weise Schaden anzurichten. Die verschiedenen Schadensmechanismen haben synergistische Effekte, wenn es darum geht, das angeborene und adaptive Immunsystem zu dysregulieren und latente Viren zu aktivieren.

[†††] „Schlimmer als die Krankheit? Überprüfung einiger möglicher unbeabsichtigter Folgen der mRNA-Impfstoffe gegen COVID-19"

* Die schlimmsten Symptome von COVID-19 werden durch das SARS-CoV-2-Spike-Protein hervorgerufen - und nach der durch die "Impfung" gegen COVID-19 hervorgerufenen gentechnischen Veränderung der zellulären Proteinbiosynthese stellen Körperzellen (künstliche) SARS-CoV-2-Spike-Proteine her.

* Während das natürliche Spike-Protein von SARS-CoV-2 schädlich ist, ist das (unnatürliche) Spike-Protein, welches Körperzellen als Reaktion auf die "Impfstoffe" gegen COVID-19 produzieren, noch schädlicher.

* Das in Folge der "Impfung" gegen COVID-19 von den Körperzellen produzierte Spike-Protein ist an und für sich giftig und kann Gefäß-, Herz- und neurologische Schäden hervorrufen.

* Die "Impfstoffe" gegen COVID-19 deaktivieren den Typ-I-Interferon-Signalweg, was erklärt, warum Menschen nach der "Impfung" gegen COVID-19 über Herpes- und Gürtelrose-Infektionen berichten.

Durch Auswertungen der Datenbank "VigiAccess" der Weltgesundheitsorganisation [http://www.vigiaccess.org] betreffend der Anzahl der Meldungen von Nebenwirkungen von „Impfstoffen" gegen COVID-19 ergibt sich mit Ende Mai 2021 im Vergleich mit der Anzahl von Meldungen von Nebenwirkungen von anderen Impfstoffen nachfolgendes Bild: die Anzahl gemeldeter Nebenwirkungen für „Impfstoffe" gegen COVID-19 ist schon nach rund einem halben Jahr (mit etwa 900000 Meldungen) um ein Vielfaches höher als nach mehreren Jahrzehnten für Impfstoffe gegen Polio (etwa 117000 Meldungen seit dem Jahre 1968) oder Masern, Mumps und Röteln (etwa 159000 Meldungen seit dem Jahre 1975).

Aus diesem Grunde wird im Zuge der Erteilung einer Auskunft (gemäß §§ 2, 3 AuskunftspflichtG) die Beantwortung nachfolgender Fragen begehrt:

1) Ist die dem Bundesministerium für Soziales, Gesundheit, Pflege und Konsumentenschutz (BMSGPK) die Studie "Worse Than the

Disease? Reviewing Some Possible Unintended Consequences of the mRNA Vaccines Against COVID-19" bereits bekannt?

2) Wird das BMSGPK nun - nachdem ihm die Studie "Worse Than the Disease? Reviewing Some Possible Unintended Consequences of the mRNA Vaccines Against COVID-19" spätestens durch dieses Auskunftsbegehren zur Kenntnis gelangt ist - weiterhin an seinen Empfehlungen für "Impfungen" gegen COVID-19 festhalten?

3) Wird das BMSGPK dafür sorgen, dass die österreichischen Bürger verlässlich über die toxische Wirkung der "Impfstoffe" gegen COVID-19 informiert werden?

4) Ist dem BMSGPK die enorme Anzahl der Meldungen von Nebenwirkungen (in der Datenbank "VigiAccess der Weltgesundheitsorganisation) von "Impfstoffen" gegen COVID-19 bereits bekannt?

5) Wird das BMSGPK nun - nachdem ihm die enorme Anzahl der Meldungen von Nebenwirkungen (in der Datenbank "VigiAccess der Weltgesundheitsorganisation) von "Impfstoffen" gegen COVID-19 spätestens durch dieses Auskunftsbegehren zur Kenntnis gelangt ist - weiterhin an seinen Empfehlungen für "Impfungen" gegen COVID-19 festhalten?

6) Wird das BMSGPK dafür sorgen, dass die österreichischen Bürger verlässlich über enorme Anzahl der Meldungen von Nebenwirkungen (in der Datenbank "VigiAccess der Weltgesundheitsorganisation) von "Impfstoffen" gegen COVID-19 informiert werden?

7) Ist dem BMSGPK der Nürnberger Kodex bekannt?

8) Sieht das BMSGPK im Hinblick darauf, dass sich die "Impfstoffe" gegen COVID-19 noch in der Studienphase (in welcher die Hersteller nachweisen müssen, dass der Nutzen die Risiken überwiegt) - also in der Versuchsphase - befinden, die Einhaltung des Nürnberger Kodex als relevant?

9) Punkt 1 des Nürnberger Kodex lautet: "Die freiwillige Zustimmung der Versuchsperson ist unbedingt erforderlich. Das heißt, dass die betreffende Person im juristischen Sinne fähig sein muss, ihre Einwilligung zu geben; dass sie in der Lage sein muss, unbeeinflusst durch Gewalt, Betrug, List, Druck, Vortäuschung oder irgendeine andere Form der Überredung oder des Zwanges, von ihrem Urteilsvermögen Gebrauch zu machen; dass sie das betreffende Gebiet in seinen Einzelheiten hinreichend kennen und verstehen muss, um eine verständige und informierte Entscheidung treffen zu können. Diese letzte Bedingung macht es notwendig, dass der Versuchsperson vor der Einholung ihrer Zustimmung das Wesen, die Länge und der Zweck des Versuches klargemacht werden; sowie die Methode und die Mittel, welche angewendet werden sollen, alle Unannehmlichkeiten und Gefahren, welche mit Fug zu erwarten sind, und die Folgen für ihre Gesundheit oder ihre Person, welche sich aus der Teilnahme ergeben mögen."

Wodurch sieht das BMSGPK, dass 12- bis 15-Jährige im juristischen Sinne fähig sind, im Hinblick auf eine "Impfung" gegen COVID-19 eine verständige und informierte Entscheidung zu treffen?

Für den Fall einer vollständigen oder teilweisen Nichterteilung der Auskunft wird an dieser Stelle der Antrag gestellt, einen Bescheid gemäß § 4 AuskunftspflichtG auszustellen."

Es ist nicht bekannt, ob auf diese Anfrage eine Antwort erfolgt ist.

Aber man kann zumindest Punkt 2) der Anfrage mit einem klaren NEIN beantworten. Denn im Herbst 2022 wurde vom deutschen Gesundheitsminister eine erneute millionenteure Impf-Werbekampagne gestartet, die das Schadenspotential dieser Impfung einfach ignoriert. Einige der zahlreichen Werbeplakate, denen man überall an belebten Plätzen in Deutschland beggnete, sind in Abbildung 13 wiedergegeben.

Abbildung 13: Im Herbst 2022 wurde wieder eine millionenteure Werbekampagne gestartet, um die Menschen in die Impfung zu treiben. Hier einige Beispiele von Werbeplakaten, denen man überall in Deutschland begegnen konnte.

5. Schlußbemerkung zum Teil 1

Der **Plan**: Die Impfungen, die jetzt laufen, sind genau der Weg zum Transhumanismus und zur Depopulation, beides. Durch die Impfungen werden wir als genmodifizierte Organismen (GMO) umprogrammiert, „umgeschöpft", falls wir es überleben. Wir bekommen kleine Maschinen implantiert, über die wir lenkbar, beeinflussbar werden über elektromagnetische Wellen, 5G/6G. „*... unsere Kinder werden die Toten beneiden, die diese Technologie dann am eigenen Leibe erleben.*" Das sagte Joseph Weizenbaum schon 2008 auf dem Open Forum in Davos. Der muss es ja wissen. Denn er war am MIT einer der Erfinder der Computersysteme und der Expertensysteme und hat an der Künstlichen-Intelligenz-Entwicklung an zentraler Stelle mitgearbeitet.

Die gute Nachricht: der **Plan** wird nicht funktionieren. Er wird genauso nicht funktionieren wie das Freilandexperiment „BSE" (s. Seite 23), durchgeführt von Wissenschaftlern an Hausrindern im Jahre 1992, im Auftrag von Geheimdiensten. Es wird schon deshalb nicht funktionieren, weil der menschliche Organismus sich in Jahrmillionen im Einklang mit der Natur entwickelt hat und ein solches *künstliches* Nano-Neuronen-Netzwerk nicht tolerieren wird. Eine wesentliche Aufgabe, die das natürliche Nervensystem ausführt, ist die Ausschüttung von Hormonen und die Steuerung ihrer Herstellung. Dieser automatisch ablaufende Mechanismus würde dann wegfallen oder nicht mehr störungsfrei funktionieren, wenn ein künstliches Nano-Neuronen-Netzwerk die Herrschaft über den Körper übernimmt. Entweder der menschliche Organismus wehrt sich gegen diese Fremdkörper erfolgreich, oder er wird sterben.

Die schlechte Nachricht: der **Plan** hat ein großes Zerstörungspotential. Je „besser" die Impfungen das machen, wozu sie entwickelt worden sind, umso größer der gesundheitliche Schaden am Menschen, umso größer das menschliche Leid - bis hin zum Tod. Inzwischen ist bekannt geworden, dass viele Menschen schwere bis schwerste Nebenwirkungen von den Covid-Impfungen davongetragen haben oder diese nicht überlebt haben (s. Grafiken 1 und 2 auf Seite 25). Die häufigsten schweren Nebenwirkungen der Covid-Impfungen sind Blutgerinsel in den Blutgefäßen, Herzmuskelentzündung, Schlaganfall, Schäden an den verschiedensten Organen, insbesondere am Darm, Fehlgeburten, Lähmungen, Erblindung, Krebs u. a. Die Übersterblichkeit und die „plötzlich und unerwarteten" Todesfälle (Grafik 2, Seite 25), insbesondere bei jungen Menschen, haben seit 2022 Rekordhöhe erreicht. Aber das nehmen die Initiatoren dieses Plans in Kauf. Denn Bevölkerungsreduktion ist auch eines ihrer Ziele. Wegen der gesundheitlichen Schäden stellen die Überlebenden keine Gefahr mehr dar für die Ziele der Globalisten, da die Geschädigten mit sich selbst beschäftigt sind. Sie sind die zukünftigen Kunden der Pharmaindustrie.

Schließlich bleibt noch die Frage offen: Wieso wird in vielen wissenschaftlichen Beiträgen nur von mRNA und Spike-Proteinen gesprochen, aber nicht von Graphenoxid? Um zu verhindern, dass das menschliche Immunsystem die mRNA-Wirksubstanz zerstört, bevor es in die menschlichen Zellen eindringen kann, ist sie in speziellen Eiweishüllen verpackt, z.B. Polyethylenglykol (PEG). Und in diesen Eiweishüllen ist das Graphenoxid enthalten. Dazu gibt es ein Patent einer chinesischen NanoTec-Firma für einen Corona-Impfstoff mit der Patent-Nummer CN112220919A. Im Abstract dieses Patentes sind die Bestandteile aufgelistet, unter anderem das Graphenoxid.

Ein Factencheck by Chequeado (Argentien) vom 24.01.2022 kommt allerdings zu dem Ergebnis, dass dies eine Fehlinformation sei.[‡‡‡] Jedoch, Faktencheckportale verbreiten gelegentlich auch Fehlinformationen, abhängig davon, durch wen sie finanziert werden und welche Interessen der Finanzierer verfolgt. Beispiele für Fehlinformationen, die durch Faktencheckportale verbreitet worden sind, sind im Buch „2025 – Der letzte Akt", Kapitel 4, beschrieben.

[‡‡‡] https://www.poynter.org/?ifcn_misinformation=the-publication-on-a-vaccine-patent-against-the-coronavirus-with-graphene-oxide-is-misleading

Teil 2

In den folgenden zwei Abschnitten, „Sachregister" und „Fachartikel", sind die wichtigsten wissenschaftlichen Veröffentlichungen zum Thema „*Nano- und Biotechnologie*" der letzten zwei Jahrzehnte und, im engeren Sinne, zur Anwendung im menschlichen Körper" zusammengestellt. Die aufgelisteten Veröffentlichungen sind durchnumeriert von 1 bis 170. Die Zahlen im Sachregister beziehen sich auf die jeweilige Nummer der Veröffentlichung in der sich daran anschließenden Liste der **Fachartikel**. Dort sind die Autoren, der Titel des Artikels, das veröffentlichende Wissenschaftsjournal, Links zum direkten Aufrufen der Artikel im Internet, die Schlagworte (Topics) und Kurzbeschreibungen (Abstract) enthalten. Die Abstracts sind ins Deutsche übersetzt worden. Um ein Ordnungsprinzip in die Fülle von Informationen, die in diesen Artikeln behandelt werden, einzuführen, wurde das **Sachregister** erstellt. Darin sind die Schlagworte/Fachbegriffe und die Nummern der Artikel aufgeführt, in denen dazu Informationen enthalten sind.

6. Sachregister

Abbau von Graphenoxid (Graphene Oxide Degradation): 18

Blut-Hirnschranke (blood-brain barrier): 4, 146

Drahtloses Nanosensornetzwerk (Wireless nanosensor network): 9, 10, 11, 12, 20, 32, 33, 44, 74, 75, 76, 87, 107, 123, 133, 164, 167, 168

Energieversorgung von Nanonetzwerken (Energy supply of nanonetworks): 65, 74, 107, 111, 167, 168

Frequenzkonverter (frequency converter): 75, 76

Gehirn-Maschine-Schnittstelle (Brain-machine interface): 163, 164, 166

5G-orientiertes IoNT (5G-oriented IoNT): 13, 87

Gesundheit (Health): 4, 14, 21, 45, 48, 51, 53, 55, 58, 60, 69, 72, 73, 74, 82, 84, 102, 103, 104, 117, 119, 120, 128, 129, 131, 132, 136, 142, 147, 151, 152, 155, 163, 164

Graphen-Quantenpunkte (Graphene Quantum Dots): 53, 96

Impfen (vaccinate): 30, 31, 32, 33, 140

Interaktion zwischen Nanomaschinen (Interaction among nanomachines): 3

In-vivo-Nervensystem *(In Vivo* Nervous system): 2

IoNT - Internet der Nano-Dinge/5G (IoNT - internet of Nano Things/5G): 20, 45

Kohlenstoffnanoröhren (Nanotubes): 5, 17, 24, 34, 37, 41, 47, 55, 56, 58, 79, 93, 94, 95, 110, 125, 135, 145, 146, 149

Künstliche Neuronen (Artificial neurons): 2, 19

Künstliches Neuronen-Netzwerk (Artificial neuronal network): 19, 28, 24, 49, 54, 67, 91, 98, 102

MAC-Protokoll (MAC protocol): 59, 108, 164, 167, 168

Magnetogenetik (Magnetogenetics): 140

Molekulare Kommunikation (Molecular communication):
5, 7, 8, 16, 35, 112, 122, 153, 154, 162, 169

Nanoantenne (Nanoantenna): 1, 6, 23, 32, 42, 50, 63, 65, 66, 75, 77, 82, 105, 109, 160, 170

Nanodrähte (Nanowires): 80, 157

Nanoemitter (nano emitters): 57

Nanogleichrichter (Nano rectifier): 125

Nanoknoten (nanonodes): 9, 51, 90, 107, 108, 115, 167, 168

Nanokontakte (Nanocontacts): 134

Nanonetzwerk (Nanonetwork): 3, 5, 7, 9, 10, 19, 25, 26, 44, 51, 71, 74, 75, 77, 78, 82, 86, 87, 89, 90, 98, 107, 108, 113, 115, 116, 123, 130, 133, 137, 158, 162, 167, 168

Nanooszillator (Nano oscillator): 22, 62, 64

Nano-Rechner (nano calculator): 138, 141

Nanoröhrensensor (Nanoelectromechanical sensor): 123, 135

Nano-Router (nano router): 20, 25, 26, 32, 34, 38, 90, 115, 123, 139, 141, 158, 159

Nanoschalter (Nanoswitch): 42

Nano-Schaltkreis (Nano circuit): 23, 64, 70, 71, 106, 119

Nano-Sender und -Empfänger (Nano-transceiver): 1, 2, 37

Nanotransistor (nano transistor): 64, 114, 118, 125, 157

Nanotransporter (nanocarrier): 129

Neuronen mit Kohlenstoffnanoröhren verbinden (Interfacing neurons with carbon nanotubes): 46, 101

Neuronen / Neuronale netzwerke (Neurons / Neuronal networks): 2, 4, 5, 19, 29, 20, 34, 46, 47, 54, 55, 60, 67, 73, 95, 98, 101, 153

Neuronale Schnittstelle (Interfaces with Neurons): 88, 89, 97, 102, 131, 132, 164, 166

Neuronale Stimulation (Neural stimulation): 163, 166

Selbstorganisation von Nanonetzwerken (Self-organization of nanonetworks): 23, 43, 54, 55, 92, 124, 126, 142

Sensor-nanonetzwerk (Sensor nanonetwork): 5, 11, 21, 51, 162, 164

Sicherheit in der Nanokommunikation (Security in nanocommunications): 45, 48

Synthetische Biologie (Synthetic Biology): 97, 105, 130, 144, 153
DNA: 15, 61, 68, 124, 126, 142, 143

Toxizität von Kohlenstoff-Nanoröhrchen (Toxicity of carbon nanotubes): 24, 27, 40, 61, 72, 84, 91, 99, 110, 127, 147, 151, 156

TS-OOK-Signale für elektromagnetische drahtlose Nanosensornetzwerke [WNSNs] (Time Spread On-Off Keying for Electromagnetic Wireless Nanosensor Networks): 75, 76, 115, 162

7. Fachartikel

1)
Sergi Abadal; Christos Liaskos; Ageliki Tsioliaridou; Sotiris Ioannidis; Andreas Pitsillides; Josep Solé-Pareta; Eduard Alarcón et al. (2017). **Computing and Communications for the Software-Defined Metamaterial Paradigm: A Context Analysis.** IEEE Access, 5, pp. 6225-6235.
https://ieeexplore.ieee.org/document/7896565
https://doi.org/10.1109/Access.2017.2693267

Topic: Nano-Antennen, Nano-Transceiver und Nano-Netzwerke / Kommunikation

Abstract:
Metamaterialien sind künstliche Strukturen, die kürzlich die Realisierung neuartiger elektromagnetischer Komponenten mit konstruierten und sogar unnatürlichen Funktionalitäten ermöglicht haben. Vorhandene Metamaterialien sind speziell für eine einzelne Anwendung unter voreingestellten Bedingungen (z. B. elektromagnetische Tarnung für einen festen Einfallswinkel) konzipiert und können nicht wiederverwendet werden. Softwaredefinierte Metamaterialien (SDMs) sind ein viel gesuchter Paradigmenwechsel, da sie elektromagnetische Eigenschaften aufweisen, die zur Laufzeit mithilfe einer Reihe von Software-Primitiven neu konfiguriert werden können. Um diese neue Technologie zu ermöglichen, erfordern SDMs die Integration eines Netzwerks von Controllern in die Struktur des Metamaterials, wobei jeder Controller lokal interagiert und global kommuniziert, um das programmierte Verhalten zu erhalten. Der Entwurfsansatz für solche Controller und das Verbindungsnetzwerk bleibt jedoch aufgrund der einzigartigen Kombination von Einschränkungen und Anforderungen des Szenarios unklar. Um diese Lücke zu schließen, zielt dieses Papier darauf ab, eine Kontextanalyse aus der Computer- und Kommunikationsperspektive bereitzustellen. Dann werden Analogien zwischen dem SDM-Szenario und anderen Anwendungen sowohl im Mikro- als auch im Nanomaßstab gezogen, um mögliche Kandidaten für die

Implementierung der Controller und des Intra-SDM-Netzwerks zu identifizieren. Abschließend werden die wichtigsten Herausforderungen von SDMs in Bezug auf Computer und Kommunikation skizziert.

2)
Naveed A; Abbasi; Dilan Lafci; Ozgur B. Akan (2018). **Controlled Information Transfer Through An In Vivo Nervous System**. Scientific reports, 8(1), pp.1-12.
https://www.nature.com/articles/s41598-018-20725-2
https://doi.org/10.1038/s41598-018-20725-2

Topic: Künstliche Neuronen, Informationsübertragung durch ein In-vivo-Nervensystem, Neuronen-Netzwerke

Abstract:
Das Nervensystem nimmt eine zentrale Position unter den großen körpereigenen Netzwerken ein. Es besteht aus Zellen, die als Neuronen bekannt sind und dafür verantwortlich sind, Nachrichten zwischen verschiedenen Teilen des Körpers zu übertragen und Entscheidungen auf der Grundlage dieser Nachrichten zu treffen. In dieser Arbeit demonstrieren wir nach umfangreichen theoretischen Studien die erste kontrollierte Informationsübertragung durch ein In-vivo-Nervensystem, indem wir digitale Daten von Makrogeräten auf das Nervensystem gewöhnlicher Regenwürmer modulieren und erfolgreiche Übertragungen durchführen. Die Ergebnisse und Analysen unserer Experimente liefern eine Methode, um Netzwerke von Neuronen zu modellieren, die Kanalausbreitungsverzögerung zu berechnen, ihre Simulationsmodelle zu erstellen, optimale Parameter wie Frequenz, Amplitude und Modulationsschemata für solche Netzwerke anzugeben und durchschnittliche Nervenspitzen pro Eingangsimpuls zu identifizieren als nervöses Informationskodierungsschema. Zukünftige Studien zur Charakterisierung von Neuronen und künstlichen Neuronen können von den Ergebnissen unserer Arbeit profitieren.

3)
Qammer H. Abbasi; Hassan El Sallabi; Nishtha Chopra; Ke Yang; Khalid A. Qaraqe; Akram Alomainy (2016). **Terahertz Channel Characterization Inside the Human Skin for Nano-Scale Body-Centric Networks**. IEEE Transactions on Terahertz Science and Technology, 6(3), pp.427-434
https://ieeexplore.ieee.org/document/7446338
https://doi.org/10.1109/TTHZ.2016.2542213

Topic: Interaktion zwischen potenziellen Nanomaschinen, die in den interzellulären Bereichen der menschlichen Haut arbeiten.

Abstract:
Dieses Papier konzentriert sich auf die Entwicklung eines neuartigen Funkkanalmodells innerhalb der menschlichen Haut im Terahertz-Bereich, das die Interaktion zwischen potenziellen Nanomaschinen ermöglichen wird, die in den interzellulären Bereichen der menschlichen Haut arbeiten. Es werden gründliche Studien zur Dämpfung elektromagnetischer Wellen in der menschlichen Haut durchgeführt, wobei die Betriebsfrequenz, der Abstand zwischen den Nanomaschinen und die Anzahl der Schweißdrüsen berücksichtigt werden. Ein neuartiges Kanalmodell wird für die Kommunikation von Nanomaschinen in der menschlichen Haut vorgestellt und seine Validierung erfolgt durch Variation der oben genannten Parameter mit angemessener Genauigkeit. Die Statistiken der Fehlervorhersage zwischen simulierten und modellierten Daten sind: Mittelwert (μ) = 0,6 dB und Standardabweichung (σ) = 0,4 dB, was die hohe Genauigkeit des Vorhersagemodells im Vergleich zu Messdaten aus der Simulation anzeigt. Darüber hinaus werden die Ergebnisse des vorgeschlagenen Kanalmodells mit der auf Terahertz-Zeitdomänenspektroskopie basierenden Messung einer Hautprobe verglichen, und die Statistiken der Fehlervorhersage in diesem Fall sind: μ = 2,10 dB und σ = 6,23 dB, was auch die vorgeschlagene Genauigkeit bestätigt. Die Ergebnisse in diesem Papier heben die Probleme und damit verbundenen Herausforderungen hervor, während sie die Kommunikation in einem solchen Medium charakterisieren und so den Weg zu neuartigen Forschungsaktivitäten ebnen, die sich dem Design und der Optimie-

rung fortschrittlicher Anwendungen im Gesundheitswesen widmen.

4)
N. Joan Abbott (2013). **Blood–brain barrier structure and function and the challenges for CNS drug delivery.** Journal of inherited metabolic disease, pp. 437-449.
https://onlinelibrary.wiley.com/doi/abs/10.1007/s10545-013-9608-0
https://doi.org/10.1007/s10545-013-9608-0

Topic: Medikamente, die die Blut-Hirn-Schranke überwinden

Abstract
Die Neuronen des Zentralnervensystems (ZNS) benötigen für eine optimale Funktion eine präzise Kontrolle ihrer Mikroumgebung, und ein wichtiges Element bei dieser Kontrolle ist die Blut-Hirn-Schranke (BBB). Die BBB wird von den Endothelzellen gebildet, die die Mikrogefäße des Gehirns auskleiden, unter dem induktiven Einfluss benachbarter Zelltypen innerhalb der „neurovaskulären Einheit" (NVU), einschließlich Astrozyten und Perizyten. Das Endothel bildet die Hauptschnittstelle zwischen dem Blut und dem ZNS und reguliert durch eine Kombination aus geringer passiver Permeabilität und dem Vorhandensein spezifischer Transportsysteme, Enzyme und Rezeptoren den molekularen und zellulären Verkehr durch die Barriereschicht. Zur Untersuchung der BHS-Permeation in vivo und in vitro stehen eine Reihe von Methoden und Modellen zur Verfügung, die wertvolle Informationen über die Mechanismen liefern können, durch die therapeutische Wirkstoffe und Konstrukte permeieren, Wege zur Optimierung der Permeation und Auswirkungen auf die Arzneimittelentdeckung, -abgabe und -toxizität. Zur Behandlung von lysosomalen Speicherkrankheiten (LSDs) können Modelle eingeschlossen werden, die Aspekte der Krankheit nachahmen, einschließlich genetisch veränderter Tiere, und In-vitro-Modelle können verwendet werden, um die Wirkungen von Zellen der NVU auf die BBB unter pathologischen Bedingungen zu untersuchen. Zum Testen der Arzneimittelabgabe an das ZNS bieten mehrere In-vitro-Modelle jetzt eine zuverlässige Vor-

hersage der Penetration von Arzneimitteln, einschließlich großer Moleküle und künstlicher Konstrukte mit vielversprechendem Potenzial zur Behandlung von LSDs. Bei vielen dieser Krankheiten ist noch immer nicht klar, wie geeignete Medikamente am besten an das ZNS abgegeben werden können, und ein konzertierter Ansatz unter Verwendung einer Vielzahl von Modellen und Methoden kann entscheidende Erkenntnisse liefern und praktische Lösungen aufzeigen.

5)
Saied M. Abd El-atty, Konstantinos A. Lizos, Z.M. Gharsseldien, Amr Tolba, Zafer A.L. Makhadmeh. (2018). **Engineering molecular communications integrated with carbon nanotubes in neural sensor nanonetworks.** pp.201-210.
https://ietresearch.onlinelibrary.wiley.com/doi/10.1049/iet-nbt.2016.0150
https://doi.org/10.1049/iet-nbt.2016.0150

Topic: Kohlenstoffnanoröhrchen (CNTs) als molekularer Schalter zur Optimierung der ACh-Leitfähigkeit unterstützt durch künstliche MCs . Integration von auf Molekularkommunikation (MC) basierenden Netzwerken mit Biomaterialien wie Kohlenstoffnanoröhren (CNTs), um die Leistung von Nanonetzwerken zu optimieren

Abstract:
In jüngster Zeit wurden Fortschritte bei der Entwicklung von Netzwerken auf der Grundlage molekularer Kommunikation (MC) für nanomedizinische Anwendungen erzielt. Die Integration von MC mit Biomaterialien wie Kohlenstoffnanoröhren (CNTs) bringt jedoch verschiedene kritische Herausforderungen für die Forschung mit sich. In dieser Studie sahen die Autoren vor, MC-basierte Nanonetzwerke mit CNTs zu integrieren, um die Leistung von Nanonetzwerken zu optimieren. In neuronalen Netzwerken führt eine chronische Verringerung der Konzentration des Neurotransmitters Acetylcholin (ACh) schließlich zur Entwicklung neurodegenerativer Erkrankungen; Daher verwendeten sie CNTs als molekularen Schalter zur Optimierung der ACh-Leitfähigkeit,

unterstützt durch künstliche MC. Darüber hinaus ermöglicht MC die Kommunikation zwischen Senderneuronen und Empfängerneuronen zur Feinabstimmung der ACh-Freisetzungsrate gemäß der Rückkopplungskonzentration von ACh. Anschließend schlugen sie ein Min/Max-Feedback-Schema vor, um den erwarteten Durchsatz und die ACh-Übertragungseffizienz zu optimieren. Zu Demonstrationszwecken leiten sie Analyseformulare für die vorgeschlagenen Schemata in Bezug auf Durchsatz, anfallende Verkehrsraten und durchschnittliche Paketverzögerung ab.

6)
Hamed Abdi, Javad Nourinia, Changiz Ghobadi. (2019). **Design and parametric simulation of triangle nano-particle structures for the visible and near-infrared frequencies**. SN Applied Sciences volume 1, Article number: 1228 (2019) Pp. 1-12.
https://link.springer.com/article/10.1007/s42452-019-1260-3
https://doi.org/10.1007/s42452-019-1260-3

Topic: Optische Nano-Antenne Bow-Tie-Nano-Antenne, Resonanz, Oberflächenplasmon, Das sichtbare und nahe Infrarot-Spektrum, Cross-Bow-Tie-Nanoantenne (CBNA) mit Abmessungen um die Wellenlänge des einfallenden Lichts

Abstract
In diesem Artikel wird die Cross-Bow-Tie-Nanoantenne (CBNA) mit Abmessungen um die Wellenlänge des einfallenden Lichts entworfen und simuliert, wobei der Schwerpunkt auf dem Absorptionsquerschnitt, den Absorptions- und Reflexionskoeffizienten sowie der Verstärkung des elektrischen Felds liegt, sichtbares und nahes Infrarot-Spektralregime. Die optischen Eigenschaften der vorgeschlagenen Nanoantenne wurden anhand ihrer geometrischen Parameter und des Materialtyps (für Patch, Substrat und das die Antenne umgebende Medium) detailliert untersucht. Dann wurde die Anordnung der Einheitszelle des vorgeschlagenen CBNA durchgeführt. Die spektrale Empfindlichkeit der Nanoantenne kann durch geometrische Parameter angepasst werden, was eine Kontrolle über die räumliche Resonanzposition und die Verstärkungs-

amplitude des elektrischen Felds bereitstellt. Das CBNA ist aufgrund seiner symmetrischen Form entlang der Länge und Breite der Antenne weniger empfindlich gegenüber der Polarisation des einfallenden Lichts. Da die Polarisation des einfallenden Lichts nicht selektiv ist und diese Nanostruktur das einfallende Licht in beiden Richtungen x und y verstärken kann, ist sie für die optische Energiegewinnung nützlich. Um die Resonanzeigenschaften von CBNA zu bestimmen, wird die Computersimulationstechnologie (CST) Microwave Studio (© 1998–2018 CST.) als dreidimensionaler Solver für elektromagnetische Felder basierend auf der endlichen Integrationstechnik (FIT) für Simulationen verwendet. Kommerzielle Software, FDTD (Finite Difference Time Domain) Solutions (© 2013–2017 Lumerical Inc.), erhältlich von Lumerical Corporation, wird ebenfalls verwendet, um die Menge an Absorptions-, Reflexions- und Transmissionskoeffizienten des CBNA zu berechnen.

7)
Arman Ahmadzadeh; Adam Noel; Andreas Burkovski; Robert Schober. (2015). **Amplify-and-Forward Relaying in Two-Hop Diffusion-Based Molecular Communication Networks**. Pp. 144-157
https://ieeexplore.ieee.org/document/7417069
https://doi.org/10.1109/GLOCOM.2015.7417069

Topic: Nano-Transceiver als Relais zwischen einem Nano-Sender und einem Nano-Empfänger

Abstract:
Diese Arbeit untersucht ein Drei-Knoten-Netzwerk, in dem ein zwischengeschalteter Nano-Transceiver, der als Relais fungiert, zwischen einem Nano-Sender und einem Nano-Empfänger platziert wird, um die Reichweite der diffusionsbasierten molekularen Kommunikation zu verbessern. Motiviert durch die Weiterleitungsprotokolle, die in traditionellen drahtlosen Kommunikationssystemen verwendet werden, untersuchen wir Amplify-and-Forward (AF)-Weiterleitung mit festem und variablem Verstärkungsfaktor für den Einsatz in molekularen Kommunikationssys-

temen. Dazu leiten wir einen geschlossenen Ausdruck für die erwartete End-to-End-Fehlerwahrscheinlichkeit ab. Darüber hinaus leiten wir einen Ausdruck in geschlossener Form für den optimalen Verstärkungsfaktor am Relaisknoten zur Minimierung einer Annäherung an die erwartete Fehlerwahrscheinlichkeit des Netzwerks ab. Unsere Analyse- und Simulationsergebnisse zeigen das Potenzial der AF-Weiterleitung zur Verbesserung der Gesamtleistung von Nanonetzwerken.

8)
Arman Ahmadzadeh; Adam Noel; Robert Schober (2015). **Analysis and Design of Multi-Hop Diffusion-Based Molecular Communication Networks**. IEEE Transactions on Molecular, Biological and Multi-Scale Communications (Volume: 1, Issue: 2, June 2015) Pages: 144 - 157
https://ieeexplore.ieee.org/document/7331288
https://doi.org/10.1109/TMBMC.2015.2501741

Topic: Molekulares Multi-Hop-Kommunikationsnetzwerk bestehend aus einem Nanotransmitter, einem Nanoreceiver und mehreren Nanotransceivern

Abstract:
In diesem Artikel betrachten wir ein molekulares Multi-Hop-Kommunikationsnetzwerk, das aus einem Nanotransmitter, einem Nanoreceiver und mehreren Nanotransceivern besteht, die als Relais fungieren. Wir betrachten drei verschiedene Vermittlungsschemata, um die Reichweite der diffusionsbasierten molekularen Kommunikation zu verbessern. Im ersten Schema werden in jedem Hop des Multi-Hop-Netzwerks unterschiedliche Arten von Messenger-Molekülen verwendet. Im zweiten und dritten Schema nehmen wir an, dass zwei Arten von Molekülen bzw. eine Art von Molekülen in dem Netzwerk verwendet werden. Wir identifizieren Selbstinterferenz, Rückwärts-Intersymbol-Interferenz (Rückwärts-ISI) und Vorwärts-ISI als die leistungsbegrenzenden Effekte für das zweite und dritte Weiterleitungsschema. Außerdem betrachten wir zwei Weiterleitungsmodi analog zu denen, die in drahtlosen Kommunikationssystemen verwendet werden, nämlich Volldup-

lex- und Halbduplex-Weiterleitung. Wir schlagen die Anpassung der Entscheidungsschwelle als effektiven Mechanismus vor, um Selbstinterferenz und Rückwärts-ISI am Relais für Vollduplex- und Halbduplex-Übertragung abzuschwächen. Wir leiten geschlossene Ausdrücke für die erwartete Ende-zu-Ende-Fehlerwahrscheinlichkeit des Netzwerks für die drei betrachteten Weiterleitungsschemata ab. Darüber hinaus leiten wir geschlossene Ausdrücke für die optimale Anzahl der vom Nanotransmitter freigesetzten Moleküle und die optimale Nachweisschwelle des Nanoempfängers zur Minimierung der erwarteten Fehlerwahrscheinlichkeit jedes Hops ab.

9)
Mustafa Alper AKKAŞ (2019). **NUMERICAL ANALYSIS OF THE ALVEOLAR SPACES AND HUMAN TISSUES FOR NANOSCALE BODY-CENTRIC WIRELESS NETWORKS.** Pp.127-140
https://dergipark.org.tr/en/pub/uumfd/issue/49627/539155
https://doi.org/10.17482/uumfd.539155

Topic: Ausbreitung elektromagnetischer Terahertz (THz)-Wellen im menschlichen Körper, körperzentrierte drahtlose Netzwerke im Nanomaßstab in den Alveolarräumen und im menschlichen Gewebe.

Abstract
Dieses Papier untersucht die Ausbreitung elektromagnetischer Terahertz (THz)-Wellen im menschlichen Körper und diskutiert ein Modell der Systemleistung von körperzentrierten drahtlosen Netzwerken im Nanomaßstab in den Alveolarräumen und im menschlichen Gewebe. Die drahtlose Kommunikation im THz-Band ermöglicht neue Anwendungen, insbesondere in der drahtlosen Kommunikation im Nanomaßstab. Das in diesem Artikel entwickelte Modell berechnet den Gesamtabsorptionsverlust, den Pfadverlust und die Kapazitätseigenschaften von EM-Wellen, die sich durch die Alveolarräume und menschliches Gewebe in einer Umgebung im Nanomaßstab für die drahtlose THz-Band-Kommunikation ausbreiten. Basierend auf der Modellierung von

Rauschpegel und Pfadverlusten wird die Kanalkapazität berechnet. Die Ergebnisse zeigen, dass Wireless Nanosensor Networks (WNSNs) durch den menschlichen Körper kommunizieren können. Gemäß der numerischen Analyse des Modells wurden mehrere Transmissionsfenster, nämlich $\omega 1$ = [0,01 THz – 0,5 THz], $\omega 2$ = [0,58 THz – 0,74 THz] und $\omega 3$ = [0,77 THz – 0,96 THz] für Nanoscale Body-Centric gefunden Drahtlose Netzwerke. Das längste und niedrigste Übertragungsfenster, das im Bereich von 0,01 THz – 0,5 THz liegt, wurde für Blut, Plasma, RCBs und Wasser analysiert, um universelle Nanoknoten für körperzentrierte drahtlose Netzwerke im Nanomaßstab für Gase in Lunge und Blut zu entwickeln.

10)
Ian F.Akyildiza; FernandoBrunettib; CristinaBlázquez (2008). **Nanonetworks: A new communication paradigm**. Pp. 2260-2279
https://www.sciencedirect.com/science/article/abs/pii/S1389128608001151?via%3Dihub
https://doi.org/10.1016/j.comnet.2008.04.001

Topic: Molekulare Transceiver, Kanalmodelle oder Protokolle für Nanonetzwerke, Kommunikation zwischen den Nanomaschinen

Abstract
Nanotechnologien versprechen neue Lösungen für zahlreiche Anwendungen in biomedizinischen, industriellen und militärischen Bereichen. Im Nanomaßstab kann eine Nanomaschine als die grundlegendste Funktionseinheit betrachtet werden. Nanomaschinen sind winzige Bauteile, die aus einer Anordnung von Molekülen bestehen und sehr einfache Aufgaben erfüllen können. Nanonetzwerke. Das heißt, die Verbindung von Nanomaschinen soll die Fähigkeiten einzelner Nanomaschinen erweitern, indem sie es ihnen ermöglicht, zusammenzuarbeiten und Informationen auszutauschen. Herkömmliche Kommunikationstechnologien sind hauptsächlich aufgrund der Größe und des Stromverbrauchs von Transceivern, Empfängern und anderen Komponenten nicht für Nanonetzwerke geeignet. Die Verwendung von Molekülen anstelle von

elektromagnetischen oder akustischen Wellen zur Codierung und Übertragung der Informationen stellt ein neues Kommunikationsparadigma dar, das neuartige Lösungen wie molekulare Transceiver, Kanalmodelle oder Protokolle für Nanonetzwerke erfordert. In diesem Beitrag werden zunächst der Stand der Technik bei Nanomaschinen, einschließlich architektonischer Aspekte, erwartete Merkmale zukünftiger Nanomaschinen und aktuelle Entwicklungen für ein besseres Verständnis von Nanonetzwerkszenarien vorgestellt. Darüber hinaus werden die Eigenschaften und Komponenten von Nanonetzwerken erklärt und mit traditionellen Kommunikationsnetzwerken verglichen. Außerdem werden einige interessante und wichtige Anwendungen für Nanonetzwerke hervorgehoben, um den Kommunikationsbedarf zwischen den Nanomaschinen zu motivieren. Darüber hinaus werden Nanonetzwerke für die Nahbereichskommunikation basierend auf Kalziumsignalen und molekularen Motoren sowie für die Langstreckenkommunikation basierend auf Pheromonen ausführlich erläutert. Schließlich werden offene Forschungsherausforderungen wie die Entwicklung von Netzwerkkomponenten, die Theorie der molekularen Kommunikation und die Entwicklung neuer Architekturen und Protokolle vorgestellt, die gelöst werden müssen, um den Weg für die Entwicklung und den Einsatz von Nanonetzwerken in der nächsten Zeit zu ebnen paar Jahrzehnten.

11)
Ian F.Akyildiz, Josep MiquelJornet (2010). **Electromagnetic wireless nanosensor networks**. Nano Communication Networks (Volume 1, Issue 1, March 2010, Pages 3-19)
https://www.sciencedirect.com/science/article/abs/pii/S1878778910000050?via%3Dihub
https://doi.org/10.1016/j.nancom.2010.04.001

Topic: Nanosensorik und elektromagnetische Kommunikation zwischen Nanosensoren

Abstract
Dieses Papier bietet einen detaillierten Einblick in die Nanosensortechnologie und die elektromagnetische Kommunikation zwischen

Nanosensoren. Zunächst wird der Stand der Technik in der Nanosensorik aus der Device-Perspektive betrachtet, indem die Details der Architektur und Komponenten einzelner Nanosensoren sowie die bestehenden Herstellungs- und Integrationstechniken für Nanosensor-Devices erläutert werden. Einige interessante Anwendungen von drahtlosen Nanosensornetzwerken werden hervorgehoben, um die Notwendigkeit der Kommunikation zwischen Nanosensorgeräten hervorzuheben. Eine neue Netzwerkarchitektur für die Verbindung von Nanosensorgeräten mit bestehenden Kommunikationsnetzwerken wird bereitgestellt. Die Kommunikationsherausforderungen in Bezug auf Terahertz-Kanalmodellierung, Informationscodierung und Protokolle für Nanosensornetzwerke werden hervorgehoben und eine Roadmap für die Entwicklung dieses neuen Netzwerkparadigmas definiert.

12)
Ian F. Akyildiz; Josep Miquel Jornet; Massimiliano Pierobon (2010). **Propagation models for nanocommunication networks**. Published in: Proceedings of the Fourth European Conference on Antennas and Propagation, Pp. 1-5 .
https://ieeexplore.ieee.org/abstract/document/5505714

Topic: Kommunikation zwischen Nanogeräten, molekulare Kommunikation und nano-elektromagnetische Kommunikation

Abstract:
Die Nanotechnologie ermöglicht die Entwicklung von Geräten in einer Größenordnung von einem bis zu einigen hundert Nanometern. Die Kommunikation zwischen diesen Nanogeräten wird die Fähigkeiten und Anwendungen einzelner Geräte sowohl in Bezug auf die Komplexität als auch auf den Betriebsbereich erweitern und neue Anwendungen der Nanotechnologie in den Bereichen Medizin, Umwelt und Militär sowie in Konsum- und Industriegütern ermöglichen. Obwohl bisher große Fortschritte bei der Konstruktion und Herstellung dieser Geräte erzielt wurden, ist noch immer nicht klar, wie sie kommunizieren werden. Es wurden zwei Hauptalternativen für die Kommunikation zwischen Nanogeräten ins Auge gefasst, nämlich die molekulare Kommunikation, d. h. die

Übertragung von in Molekülen codierten Informationen, und die nanoelektromagnetische Kommunikation, die als Übertragung und Empfang elektromagnetischer Strahlung von nanoskaligen Komponenten auf der Grundlage von neuartige Nanomaterialien. In diesem Beitrag werden Ausbreitungsmodelle für beide Kommunikationsparadigmen diskutiert, wobei die Herausforderungen in Nanokommunikationsnetzwerken betont werden.

13)
FadiAl-Turjman (2020). **Intelligence and security in big 5G-oriented IoNT: An overview.** Pp. 357-368
https://www.sciencedirect.com/science/article/abs/pii/S0167739X19301074?via%3Dihub
https://doi.org/10.1016/j.future.2019.08.009

Topic: kritischer Überblick über das IoNT unter Berücksichtigung der wichtigsten Anwendungsbereiche, Architektur, Einschränkungen und Designfaktoren. Verwandte Intelligenz- und Kognitionstechniken

Abstract
Das Internet der Nano-Dinge (IoNT) überwindet kritische Schwierigkeiten und öffnet zusätzlich Türen für die Untersuchung riesiger Informationen auf der Grundlage tragbarer Sensoren. Herkömmliche Rechen- und/oder Kommunikationssysteme bieten heutzutage nicht genügend Flexibilität und Anpassungsfähigkeit, um mit der gigantischen Menge sortierter Informationen umzugehen. Dies schafft den Bedarf an legitimen Komponenten, die die riesigen Datenmengen effizient untersuchen und kommunizieren können, während Sicherheit und Servicequalität aufrechterhalten werden. Darüber hinaus müssen bei der Entwicklung der ultraweiten heterogenen Netzwerke (HetNets) im Zusammenhang mit dem laufenden Big Data-Projekt und dem 5G-basierten IoNT auch die aufkommenden Schwierigkeiten gelöst werden. Dementsprechend wurden diese Schwierigkeiten und andere relevante Designprobleme in dieser Umfrage umfassend berichtet. Es konzentriert sich hauptsächlich auf Sicherheitsprobleme und die damit verbundenen

Informationen, die bei der Bewältigung dieser Probleme berücksichtigt werden müssen.

14)
Morteza Amjadi, Sahar Sheykhansari, Bradley J. Nelson, Metin Sitti (2018). **Recent Advances in Wearable Transdermal Delivery Systems.** PDF
https://onlinelibrary.wiley.com/doi/10.1002/adma.201704530
https://doi.org/10.1002/adma.201704530

Topic: transdermale Verabreichungssysteme

Abstract
Tragbare transdermale Verabreichungssysteme haben in letzter Zeit aufgrund ihrer nicht-invasiven, bequemen und verlängerten Verabreichung von pharmakologischen Mitteln enorme Aufmerksamkeit erregt. Hier werden die Materialaussichten, Herstellungsprozesse und Wirkstofffreisetzungsmechanismen dieser Arten von therapeutischen Verabreichungssystemen kritisch überprüft. Die neuesten Fortschritte in der Entwicklung multifunktionaler tragbarer Geräte, die in der Lage sind, einen geschlossenen Regelkreis zu erfassen und Medikamente abzugeben, werden ebenfalls diskutiert. Diese Umfrage zeigt, dass die tragbare transdermale Verabreichung bereits Auswirkungen auf verschiedene Anwendungen im Gesundheitswesen hat, während noch einige große Herausforderungen bestehen.

15)
Angeluts, A A et al. (2014). **Study of terahertz-radiation-induced DNA damage in human blood leukocytes.** Quantum Electronics (2014), 44(3): 247
https://iopscience.iop.org/article/10.1070/QE2014v044n03ABEH015337/meta
http://mr.crossref.org/iPage?doi=10.1070%2FQE2014v044n03ABEH015337
https://doi.org/10.1070/QE2014v044n03ABEH015337

Topic: Untersuchung zu DNA-Schädigung durch THz-Strahlung

Abstract
Wir haben die Studien durchgeführt, die darauf abzielen, die Wirkung von Terahertz-Strahlung auf DNA-Moleküle in menschlichen Blutleukozyten zu bewerten. Genotoxische Tests der Terahertz-Strahlung wurden in drei verschiedenen Schwingungsregimen durchgeführt, wobei die Blutleukozyten von gesunden Spendern für 20 Minuten mit einer mittleren Intensität von 8 – 200 µW/cm² bestrahlt wurden im Frequenzbereich von 0,1 - 6,5 THz. Unter Verwendung des Comet-Assays wird gezeigt, dass eine solche Strahlung in den ausgewählten Regimen keine direkte DNA-Schädigung in lebensfähigen menschlichen Blutleukozyten induziert.

16)
Dogu Arifler (2011). **Capacity analysis of a diffusion-based short-range molecular nano-communication channel**. Pp.1426-1434
https://www.sciencedirect.com/science/article/abs/pii/S1389128610003919?via%3Dihub
https://doi.org/10.1016/j.comnet.2010.12.024

Topic: Modelle für einen diffusionsbasierten molekularen Kommunikationskanal mit kurzer Reichweite zwischen einem Nano-Sender und einem Nano-Empfänger

Abstract
Simulationsbasierte und informationstheoretische Modelle für einen diffusionsbasierten molekularen Kommunikationskanal mit kurzer Reichweite zwischen einem Nanosender und einem Nanoempfänger werden konstruiert, um Informationsraten zwischen Kanaleingängen und -ausgängen zu analysieren, wenn die Eingänge unabhängig und identisch verteilt sind (i.i.d.). . Es wird davon ausgegangen, dass die Gesamtzahl der für die Informationsübertragung verfügbaren Moleküle begrenzt ist. Es wird auch angenommen, dass es eine maximal tolerierbare Verzögerungsgrenze für die gesamte Informationsübertragung gibt. Informationsraten werden über simulationsbasierte Verfahren für unterschiedliche Zeitschlitzlängen und Sender-Empfänger-Entfernungen berechnet. Die

aus Simulationen erhaltenen Raten werden dann mit denjenigen verglichen, die unter Verwendung von informationstheoretischen Kanalmodellen berechnet wurden, die Obergrenzen für Informationsraten liefern. Die Ergebnisse zeigen, dass ein diskretes Kanalmodell mit 4 Eingängen und 2 Ausgängen eine sehr gute Annäherung an den Nanokommunikationskanal bietet, insbesondere wenn die Zeitschlitzlängen groß und die Entfernung zwischen dem Sender und dem Empfänger klein ist. Durch eine umfangreiche Reihe von Simulationen wird gezeigt, dass die informationstheoretische Kanalkapazität mit i.i.d. Eingaben können erreicht werden, wenn ein Encoder die relative Häufigkeit binärer Nullen höher einstellt (zwischen 50 % und 70 % für die betrachteten Szenarien) als binäre Einsen, wobei eine „Null" dem Nicht-Freigeben und eine „Eins" dem Freigeben entspricht ein Molekül des Senders.

17)
Olusoji Oluremi Ayodele, Mary Ajimegoh Awotunde, Mxolisi Brendon Shongwe, Adewale Oladapo Adegbenjo, Bukola Joseph Babalola, Ayorinde Tayo Olanipekun, Peter Apata Olubambi (2019). **Carbon nanotube-reinforced intermetallic matrix composites: processing challenges, consolidation, and mechanical properties**. The International Journal of Advanced Manufacturing Technology volume 104, pages 3803–3820 (2019)
https://link.springer.com/article/10.1007/s00170-019-04095-1
https://doi.org/10.1007/s00170-019-04095-1

Topic: Kohlenstoffnanoröhren (CNTs)

Abstract
Intermetallische Verbindungen (NiAl) sind aufgrund ihrer außergewöhnlichen physikalischen und thermomechanischen Eigenschaften potenzielle Hochtemperatur-Strukturmaterialien. NiAl bietet eine breite Palette von Anwendungen, die von der Luft- und Raumfahrt bis zur Automobilindustrie reichen, aber ihre Verwendung ist aufgrund der geringen Duktilität und Bruchzähigkeit eingeschränkt. Es wurde jedoch erkannt, dass Kohlenstoffnanoröhren (CNTs) aufgrund ihrer überlegenen Zugfestigkeit, ihres hohen Aspektverhältnisses, ihrer geringen Dichte und ihres Elastizitäts-

moduls Schlagzähigkeit und mechanische Eigenschaften in Metallmatrizen verbessern. Dies hat zur Weiterentwicklung neuartiger Materialien beigetragen. In jüngster Zeit standen CNTs aufgrund des Vorhandenseins von sp2-C-C-Bindungen in ihren äußeren Schalen mit einer durchgehenden zylindrischen Form, die erheblich zu ihren überlegenen Eigenschaften beitrug, im Mittelpunkt immenser Forschung. Die Verarbeitungsmethoden zur Integration von CNTs in Metallmatrizen sowie zur Aufrechterhaltung ihrer strukturellen Integrität durch die Pulvermetallurgiewege werden überprüft. Die mechanischen Eigenschaften, die Entwicklung der Mikrostruktur, die Wirkung der CNT-Zugabe und der Sintermechanismus werden ebenfalls in dieser Übersicht dargelegt.

18)
Hao Bai, Wentao Jiang, Gregg P. Kotchey, Wissam A. Saidi, Benjamin J. Bythell, Jacqueline M. Jarvis, Alan G. Marshall,Renã, A. S. Robinson, Alexander Star (2014). **Insight into the Mechanism of Graphene Oxide Degradation via the Photo-Fenton Reaction**. *J. Phys. Chem. C* 2014, 118, 19, Pp.10519-10529
https://pubs.acs.org/doi/10.1021/jp503413s
https://doi.org/10.1021/jp503413s

Topic: möglicher Mechanismus des Abbaus von Graphenoxid über die Photo-Fenton-Reaktion. toxikologische Implikationen

Abstract
Graphen stellt ein attraktives zweidimensionales Nanomaterial auf Kohlenstoffbasis dar, das vielversprechend für Anwendungen wie Elektronik, Batterien, Sensoren und Verbundmaterialien ist. Jüngste Arbeiten haben gezeigt, dass Nanomaterialien auf Kohlenstoffbasis abbaubar/biologisch abbaubar sind, aber es wurde wenig Arbeit aufgewendet, um Produkte zu identifizieren, die während des Abbauprozesses gebildet werden. Da diese Produkte toxikologische Auswirkungen haben können, die in die Umwelt oder den menschlichen Körper gelangen könnten, bleiben Einblicke in den Mechanismus und die strukturelle Aufklärung wichtig, da kohlenstoffbasierte Nanomaterialien kommerzialisiert werden. Wir geben

Einblick in einen möglichen Mechanismus des Abbaus von Graphenoxid über die Photo-Fenton-Reaktion. Wir haben festgestellt, dass nach 1 Tag Behandlung Oxidationszwischenprodukte (mit MW 150–1000 Da) erzeugt wurden. Bei längeren Reaktionszeiten (d. h. Tag 2 und 3) waren diese Produkte nicht mehr in großer Menge vorhanden, und das System wurde von Graphen-Quantenpunkten (GQDs) dominiert. Auf der Grundlage von FTIR-, MS- und NMR-Daten werden mögliche Strukturen für diese Oxidationsprodukte vorgeschlagen, die aus oxidierten polycyclischen aromatischen Kohlenwasserstoffen bestehen.

19)
Sasitharan Balasubramaniam, Noreen T. Boyle, Andrea Della-Chiesa, Frank Walsh, Adil Mardinoglu, Dmitri Botvich, Adriele Prina-Mello (2011). **Development of artificial neuronal networks for molecular communication**. Nano Communication Networks, Volume 2, Issues 2–3, June–September 2011, Pp.150-160
https://www.sciencedirect.com/science/article/abs/pii/S1878778911000329?via%3Dihub
https://doi.org/10.1016/j.nancom.2011.05.004

Topic: Kommunikation zwischen Nanogeräten durch molekulare Kommunikation.

Abstract
Die Kommunikation im Nanomaßstab kann die Fähigkeiten von Nanogeräten verbessern und gleichzeitig neue Möglichkeiten für zahlreiche Anwendungen im Gesundheitswesen eröffnen. Ein Ansatz zur Ermöglichung der Kommunikation zwischen Nanogeräten ist die molekulare Kommunikation. Während eine Reihe von Lösungen für die molekulare Kommunikation vorgeschlagen wurden (z. B. Kalziumsignalisierung, molekulare Motoren, Bakterienkommunikation), schlagen wir in diesem Artikel die Verwendung neuronaler Netzwerke für molekulare Kommunikationsnetzwerke vor. Insbesondere stellen wir zwei Designaspekte von Neuronennetzwerken bereit, darunter (i) das Design einer Schnittstelle zwischen Nanogerät und Neuronen, die die Signalisierung

initiieren können, und (ii) das Design der Übertragungsplanung, um sicherzustellen, dass Signale, die von mehreren Geräten initiiert werden, dies tun erfolgreich den Empfänger mit minimalen Interferenzen erreichen. Die Lösung für (i) wird durch Nasslaborexperimente entwickelt, während die Lösung für (ii) durch genetische Algorithmus-Optimierungstechnik entwickelt und durch Simulationen validiert wird.

20)
Areej Omar Balghusoon; Saoucene Mahfoudh (2020). **Routing Protocols for Wireless Nanosensor Networks and Internet of Nano Things: A Comprehensive Survey**. IEEE Access (Volume: 8) Pages: 200724 - 200748
Pp. 200724 - 200748
https://ieeexplore.ieee.org/document/9247091
https://doi.org/10.1109/ACCESS.2020.3035646

Topic: Die Nutzung neuronaler Netze für molekulare Kommunikationsnetze.

Abstract:
Die Kommunikation im Nanomaßstab kann die Fähigkeiten von Nanogeräten verbessern und gleichzeitig neue Möglichkeiten für zahlreiche Anwendungen im Gesundheitswesen eröffnen. Ein Ansatz zur Ermöglichung der Kommunikation zwischen Nanogeräten ist die molekulare Kommunikation. Während eine Reihe von Lösungen für die molekulare Kommunikation vorgeschlagen wurden (z. B. Kalziumsignalisierung, molekulare Motoren, Bakterienkommunikation), schlagen wir in diesem Artikel die Verwendung neuronaler Netzwerke für molekulare Kommunikationsnetzwerke vor. Insbesondere stellen wir zwei Designaspekte von Neuronennetzwerken bereit, darunter (i) das Design einer Schnittstelle zwischen Nanogerät und Neuronen, die die Signalisierung initiieren können, und (ii) das Design der Übertragungsplanung, um sicherzustellen, dass Signale, die von mehreren Geräten initiiert werden, dies tun erfolgreich den Empfänger mit minimalen Interferenzen erreichen. Die Lösung für (i) wird durch Nasslaborexperimente entwickelt, während die Lösung für (ii) durch genetische

Algorithmus-Optimierungstechnik entwickelt und durch Simulationen validiert wird.

21)
Abraham G. Beyene, Kristen Delevich, Jackson Travis Del Bonis-O'Donnell, David J. Piekarski, Wan Chen Lin, Wren Thomas, Sarah J. Yang, Polina Kosillo, Darwin Yang, George S. Prounis, Linda Wilbrecht and Markita P. Landry (2019). **Imaging striatal dopamine release using a nongenetically encoded near infrared fluorescent catecholamine nanosensor.** Science Advances, Vol. 5, No. 7
https://www.science.org/doi/10.1126/sciadv.aaw3108
https://doi.org/10.1126/sciadv.aaw3108

Topic: Catecholamin-Nanosensor im nahen Infrarot (nIRCat). nIRCats und andere Nanosensoren. Freisetzung von neuromodulatorischen Neurotransmittern mit hoher räumlicher Auflösung zu überwachen.

Abstract
Die Neuromodulation spielt eine entscheidende Rolle bei der Gehirnfunktion sowohl bei Gesundheit als auch bei Krankheiten, und es werden neue Werkzeuge benötigt, die die Neuromodulation mit hoher räumlicher und zeitlicher Auflösung erfassen. Hier stellen wir einen synthetischen Catecholamin-Nanosensor mit fluoreszierender Emission im nahen Infrarotbereich (1000–1300 nm), Near Infrared Catecholamin Nanosensor (nIRCat) vor. Wir zeigen, dass nIRCats zur Messung der elektrisch und optogenetisch evozierten Dopaminfreisetzung im Gehirngewebe verwendet werden können, wobei Hotspots mit einer mittleren Größe von 2 μm sichtbar werden. Wir haben auch gezeigt, dass nIRCats mit der Dopamin-Pharmakologie kompatibel sind und eine D2-Autorezeptor-Modulation der evozierten Dopamin-Freisetzung zeigen, die als Funktion der anfänglichen Freisetzungsgröße an verschiedenen Hotspots variiert. Zusammen zeigen unsere Daten, dass nIRCats und andere Nanosensoren dieser Klasse als vielseitige synthetische optische Werkzeuge dienen können, um die Freisetzung von

neuromodulatorischen Neurotransmittern mit hoher räumlicher Auflösung zu überwachen.

22)

H. Bhoomeeswaran and P. Sabareesan (2021). **Tunable microwave frequency via heterogeneous tilted polarizer based spin torque nano oscillator**. AIP Conference Proceedings 2352, 040042 (2021)
https://aip.scitation.org/doi/abs/10.1063/5.0052737
https://doi.org/10.1063/5.0052737

Topic: Spinbasierte Elektronik.

Abstract
In der vorliegenden Studie haben wir theoretisch einen heterogenen Tilted Polarizer [TP]-basierten Spin Torque Nano Oscillator [STNO] mit zwei unabhängigen Variablen (β & θ) modelliert. Die vom Spin Transfer Torque [STT] geleitete Magnetisierungspräzessionsdynamik wird numerisch untersucht, indem die Landau-Lifshitz-Gilbert-Slonczewski-Gleichung [LLGS] gelöst wird. Hier sind β & θ der TP-Winkel bzw. der Winkel zwischen der Magnetisierung der freien Schicht und der leichten Achse der Vorrichtung. Sowohl β als auch θ können von 0° bis 90° variiert werden. Für jedes einzelne β variierten wir das θ von 10° bis 90°. Es ist scheinbar sichtbar, dass die Frequenz in allen Neigungswinkeln in der Größenordnung von GHz zugänglich und hochgradig abstimmbar ist. Die maximale Frequenz des Geräts wird bei β = 60° & θ = 90° erreicht. Die erhaltene Frequenz beträgt 227 GHz und eine PSD von 1,719 μW/mA2/GHz bei einer festen Stromdichte von 8 × 1010 A/m2 bei einem angelegten Feld von Null. Nach bestem Wissen des Autors haben wir die von einem einzelnen STNO emittierte maximale Frequenz von etwa 227 GHz angegeben, was für extrem hohe Frequenzanwendungen sehr gut geeignet ist. Es öffnet eine neue Tür für Innovationen im Bereich der Spin-basierten Elektronik.

23)
Lindsey R. Bornhoeft, Aida C. Castillo, Preston R. Smalley, Carter Kittrell, Dustin K. James, Bruce E. Brinson, Thomas R. Rybolt, Bruce R. Johnson, Tonya K. Cherukuri, and Paul Cherukuri (2016). **Teslaphoresis of Carbon Nanotubes** (2016).
ACS Nano 2016, 10, 4, 4873–4881
https://pubs.acs.org/doi/10.1021/acsnano.6b02313
https://doi.org/10.1021/acsnano.6b02313

Topic: Teslaphorese. Selbstorganisation von Materie durch eine Tesla-Spule. Elektrokinetisches Phänomen unter Verwendung von einwandigen Kohlenstoffnanoröhren (CNTs).

Abstract
Dieser Artikel stellt die Teslaphorese vor, die gerichtete Bewegung und Selbstorganisation von Materie durch eine Tesla-Spule, und untersucht dieses elektrokinetische Phänomen unter Verwendung von einwandigen Kohlenstoffnanoröhren (CNTs). Die herkömmliche gerichtete Selbstorganisation von Materie unter Verwendung elektrischer Felder war auf kleine Strukturen beschränkt, aber mit der Teslaphorese überschreiten wir diese Einschränkung, indem wir die Antenne der Tesla-Spule verwenden, um ein Gradienten-Hochspannungs-Kraftfeld zu erzeugen, das in den freien Raum projiziert. CNTs, die in das teslaphoretische (TEP) Feld platziert werden, polarisieren und bauen sich selbst zu Drähten zusammen, die sich von der Nanoskala bis zur Makroskala erstrecken, wobei der längste bisher 15 cm betrug. Wir zeigen, dass das TEP-Feld nicht nur die Selbstorganisation von langen Nanoröhren-Drähten in entfernten Abständen (>30 cm) dirigiert, sondern auch Nanoröhren-basierte LED-Schaltungen drahtlos mit Strom versorgen kann. Darüber hinaus organisieren sich individualisierte CNTs selbst, um lange parallele Arrays mit hoher Genauigkeitsausrichtung auf das TEP-Feld zu bilden. Daher ist die Teslaphorese für die gerichtete Selbstorganisation von unten nach oben bis zur Makroskala wirksam.

24)
Massimo Bottini, Shane Bruckner, Konstantina Nika, Nunzio Bottini, Stefano Bellucci, Andrea Magrini, Antonio Bergamaschi, Tomas Mustelin (2006). **Multi-walled carbon nanotubes induce T lymphocyte apoptosis.** Toxicology Letters, Volume 160, Issue 2, 5 January 2006, Pages 121-126
https://www.sciencedirect.com/science/article/abs/pii/S0378427405001906?via%3Dihub
https://doi.org/10.1016/j.toxlet.2005.06.020

Topic: Kohlenstoffnanoröhren in ausreichend hohen Konzentrationen können sehr toxisch sein.

Abstract
Kohlenstoffnanoröhren sind eine künstliche Form von Kohlenstoff, die bis vor kurzem in unserer Umwelt nicht vorkam. Aufgrund ihrer einzigartigen chemischen, physikalischen, optischen und magnetischen Eigenschaften haben Kohlenstoffnanoröhren viele Anwendungen in Industrieprodukten und im Bereich der Nanotechnologie, einschließlich der Nanomedizin, gefunden. Über die Toxizität von Kohlenstoffnanoröhrchen ist jedoch noch sehr wenig bekannt. Hier vergleichen wir die Toxizität von reinen und oxidierten mehrwandigen Kohlenstoffnanoröhren auf menschliche T-Zellen und stellen fest, dass letztere toxischer sind und einen massiven Verlust der Zelllebensfähigkeit durch programmierten Zelltod bei Dosen von 400 µg/ml induzieren, was ungefähr entspricht 10 Millionen Kohlenstoffnanoröhren pro Zelle. Ursprüngliche, hydrophobe Kohlenstoff-Nanoröhren waren weniger toxisch, und eine 10-fach niedrigere Konzentration beider Arten von Kohlenstoff-Nanoröhren war nicht annähernd so toxisch. Unsere Ergebnisse legen nahe, dass Kohlenstoffnanoröhren in ausreichend hohen Konzentrationen tatsächlich sehr toxisch sein können und dass insbesondere in Verbindung mit nanomedizinischen Anwendungen von Kohlenstoffnanoröhren sorgfältige Toxizitätsstudien durchgeführt werden müssen.

25)
Islam Amine Bouchedjera, Zibouda Aliouat, Lemia Louail (2020). **EECORONA: Energy Efficiency Coordinate and Routing System for Nanonetworks. Pp. 18-32 , International Symposium on Modelling and Implementation of Complex Systems.** MISC 2020: Modelling and Implementation of Complex Systems pp 18–32
https://link.springer.com/chapter/10.1007/978-3-030-58861-8_2
https://doi.org/10.1007/978-3-030-58861-8_2

Topic: Netzwerk von Nanogeräten. Softwaredefinierte Metamaterialien (SDMs)

Abstract
In naher Zukunft wird das Internet der NanoThings das Entstehen mehrerer beispielloser Anwendungen in mehreren Bereichen ermöglichen, die bisher unvorstellbar waren und mit herkömmlichen Kommunikationsnetzen nicht realisiert werden können. Softwaredefinierte Metamaterialien (SDMs) sind eine vielversprechende Anwendung, die kürzlich im industriellen Bereich der intelligenten Materialien vorgeschlagen wurde, wo ein Netzwerk von Nanogeräten in die Struktur von Metamaterialien eingebettet wird, um letzteren zu ermöglichen, ihr elektromagnetisches Verhalten zu ändern (z. B. Tarnung, Filterung und Steuerung von Ton und Licht) zur Laufzeit. Obwohl die für SDMs vorgeschlagenen Routing-Schemata die einzigartigen Herausforderungen in Nanonetzwerken bewältigen könnten, wie z. B. die sehr hohe Pfaddämpfung und die extrem schlechten Datenverarbeitungs- und -speicherfähigkeiten, gibt es kein Punkt-zu-Punkt-Routing-Schema, das die begrenzte Speicherung direkt berücksichtigt Energie Fähigkeiten. Die vorliegende Arbeit schlägt drei Versionen eines angepassten Flood-basierten Punkt-zu-Punkt-Routing-Schemas für statische und dichte 2D-Nanonetzwerke vor. Diese Schemata zielen darauf ab, das von Liaskos et al. hinsichtlich Energieeffizienz bei gleichzeitig hoher Kommunikationszuverlässigkeit. Die Ergebnisse umfangreicher Simulationen über verschiedene Leistungsszenarien unter Verwendung des Nano-Sim-Tools auf NS-3 zeigen die Vorteile der

vorgeschlagenen Schemata in Bezug auf den Energieverbrauch, die erfolgreiche Paketzustellungsrate und die Paketweiterleitungsrate.

26)
Islam Amine Bouchedjera; Lemia Louail; Zibouda Aliouat; Saad Harous. (2020) **DCCORONA: Distributed Cluster-based Coordinate and Routing System for Nanonetworks**, **Published in:** 2020 11th IEEE Annual Ubiquitous Computing, Electronics & Mobile Communication Conference (UEMCON)
https://ieeexplore.ieee.org/document/9298084
https://doi.org/10.1109/UEMCON51285.2020.9298084

Topic: Internet der Dinge (IoT) → Internet der Nanodinge (IoNT). Software-Defined Metamaterials (SDMs). Energievorrat von Nanogeräten

Abstract:
Es wird erwartet, dass die Miniaturisierung von Geräten im Nanomaßstab das Internet der Dinge (IoT) auf das Internet der Nano-Things (IoNT) ausdehnt und die Tür für die Entstehung mehrerer beispielloser Anwendungen in mehreren Bereichen öffnet (bisher unvorstellbar). Eine dieser Anwendungen heißt Software-Defined Metamaterials (SDMs). SDMs ermöglichen die Konstruktion einer beispiellosen Klasse intelligenter Materialien, die ihr elektromagnetisches Verhalten ändern und zur Laufzeit rekonfiguriert werden könnten, indem sie eingebettete Nanonetzwerke in ihrer Struktur nutzen. Effizientes energiebasiertes Datenrouting ist eine entscheidende und herausfordernde Voraussetzung für zukünftige SDM-Anwendungen, da hochgradig verlustbehaftete Bedingungen eine Pfadredundanz erfordern, die winzige Speicherkapazität von Nanogeräten und die Unfähigkeit, klassische Energieversorgungstechniken anzuwenden. Es wurden jedoch neuartige Energy-Harvesting-Technologien vorgeschlagen, um den Energievorrat von Nanogeräten aufzufüllen, die eine unendliche Lebensdauer erreichen könnten, vorausgesetzt, die Verbrauchsprozesse und Energy-Harvesting werden gemeinsam gestaltet. Die vorliegende Studie schlägt ein verteiltes Cluster-basiertes Multi-Hop-Punkt-zu-Punkt-Routing-Schema für dichte homogene 2D-Nanonetzwerke

vor, das auf Anwendungen in SDMs abzielt. Umfangreiche Evaluierungen unter Verwendung des Nano-Sim-Tools auf NS-3 zeigen, dass das vorgeschlagene Schema die Leistung des bahnbrechenden Routing-Schemas, das von Liaskos et al. hinsichtlich Energieeffizienz und Kommunikationssicherheit.

27)
D.M.Brown,I.A.Kinloch,U.Bangert,A.H.Windle,D.M.Walter,G.S. Walker,C.A.Scotchford,K.Donaldson,V.Stone (2007). **An in vitro study of the potential of carbon nanotubes and nanofibres to induce inflammatory mediators and frustrated phagocytosis.** Carbon, Volume 45, Issue 9, August 2007, Pages 1743-1756
https://www.sciencedirect.com/science/article/abs/pii/S000862230 7002114?via%3Dihub
https://doi.org/10.1016/j.carbon.2007.05.011

Topic: toxische Wirkung der Nanomaterialien. Nanoröhren

Abstract
Trotz ihrer zunehmenden Verwendung in der Industrie gab es bisher nur wenige Informationen zu den potenziellen gesundheitlichen Auswirkungen und Gefahren, die mit dem Einatmen von Kohlenstoff-Nanofasermaterialien durch Arbeitnehmer verbunden sind. Diese Studie untersucht die In-vitro-Effekte einer Reihe von Nanofasern und Nanoröhren auf ihre Fähigkeit, die Freisetzung des entzündungsfördernden Zytokins TNF-α und reaktiver Sauerstoffspezies (ROS) aus Monozytenzellen zu stimulieren. Bewertet wurden auch die toxische Wirkung der Nanomaterialien auf die Zellen und die phagozytische Fähigkeit der Zellen nach Exposition. Unsere Studien zeigten, dass die zelluläre Antwort mit der Fasermorphologie und dem Aggregatzustand variierte; lange, gerade, gut dispergierte Nanofilamente produzierten deutlich mehr TNF-α und ROS in monozytären Zellen im Vergleich zu stark gekrümmten und verschlungenen Materialien. Wir haben auch gezeigt, dass die Phagozytosefähigkeit von Monozytenzellen nach Exposition gegenüber allen in dieser Studie verwendeten Nanoröhren verringert war. Die mikroskopische Untersuchung der Zellen nach der Behandlung mit den Nanoröhrchen zeigte eine „frustrierte Phagozyto-

se". Die frustrierte Phagozytose deutet darauf hin, dass die Clearance von Nanoröhrchen aus der Lunge durch Makrophagen beeinträchtigt sein könnte. Zu keiner der verwendeten Dosen oder Zeitpunkte gab es Hinweise auf eine toxische Wirkung. Diese Überlegungen können wichtige Konsequenzen für Arbeitnehmer haben, die diesen Nanomaterialien ausgesetzt sind.

28)
Niklas Burblies, Jennifer Schulze, Hans-Christoph Schwarz, Katharina Kranz, Damian Motz, Carla Vogt, Thomas Lenarz, Athanasia Warnecke, Peter Behrens (2016). **Coatings of Different Carbon Nanotubes on Platinum Electrodes for Neuronal Devices: Preparation, Cytocompatibility and Interaction with Spiral Ganglion Cells.** PloS one, 11(7), e0158571
https://journals.plos.org/plosone/article?id=10.1371/journal.pone.0158571
https://doi.org/10.1371/journal.pone.0158571

Topic: Carbon Nanotubes (CNTs) für Neuronale Interface-Elektroden

Abstract
Cochlea- und Deep-Brain-Implantate sind prominente Beispiele für neuronale Prothesen mit klinischer Relevanz. Aktuelle Forschung konzentriert sich auf die Verbesserung der Langzeitfunktionalität und die Größenreduzierung von neuronalen Interface-Elektroden. Ein vielversprechender Ansatz ist die Anwendung von Carbon Nanotubes (CNTs), entweder als reine Elektroden, aber insbesondere als Beschichtungsmaterial für Elektroden. Die Wechselwirkung von CNTs mit neuronalen Zellen hat in verschiedenen Studien vielversprechende Ergebnisse gezeigt, aber diese scheinen sowohl von der spezifischen Art der Neuronen als auch von der Art der Nanoröhren abzuhängen. Um eine potenzielle Anwendung von Beschichtungen aus Kohlenstoffnanoröhren für Cochlea-Elektroden zu bewerten, ist es notwendig, die Zytokompatibilität von Beschichtungen aus Kohlenstoffnanoröhren auf Platin für den spezifischen Neuronentyp im Innenohr, nämlich Spiralganglienneuronen, zu untersuchen. In dieser Studie haben wir die chemi-

sche Verarbeitung von CNTs im Auslieferungszustand, die Herstellung von Beschichtungen auf Platin und die Charakterisierung der elektrischen Eigenschaften der Beschichtungen sowie eine allgemeine Zytokompatibilitätsprüfung und erste Zellkulturuntersuchungen von CNTs mit Spiralganglion kombiniert Neuronen. Durch Anwendung eines Modifizierungsverfahrens auf drei verschiedene Ausgangs-CNTs über eine Rückflussbehandlung mit Salpetersäure wurden langzeitstabile wässrige CNT-Dispersionen frei von Dispergiermitteln erhalten. Diese wurden verwendet, um Platinsubstrate durch ein automatisiertes Sprühbeschichtungsverfahren zu beschichten. Diese Beschichtungen verbessern die elektrischen Eigenschaften von Platinelektroden, verringern die Impedanzwerte und erhöhen die Kapazitäten. Zellkulturuntersuchungen der verschiedenen CNT-Beschichtungen auf Platin mit NIH3T3-Fibroblasten belegen eine insgesamt gute Zytokompatibilität dieser Beschichtungen. Bei Spiralganglienneuronen ist dies ebenfalls zu beobachten, jedoch fehlt ein gewünschter positiver Effekt der CNTs auf die Neuronen. Darüber hinaus fanden wir heraus, dass der gut etablierte DAPI-Färbungsassay auf den Beschichtungen, die aus einwandigen Nanoröhren hergestellt wurden, nicht funktioniert.

29)
Angela Sara Cacciapuoti; Alessandro Piras; Marcello Caleffi (2016). Modeling the Dynamic Processing of the Presynaptic Terminals for Intrabody Nanonetworks. IEEE Transactions on Communications (Volume: 64, Issue: 4, April 2016) Page(s): 1636 - 1645
https://ieeexplore.ieee.org/document/7389342
https://doi.org/10.1109/TCOMM.2016.2520476

Topic: Kommunikationstechnisches Modell zur Erfassung des Verhaltens biologischer Neuronen.

Abstract:
Experimentelle Beweise zeigen, dass: 1) die Freisetzungsstellen von einem einzelnen Axon variable Freisetzungswahrscheinlichkeiten haben, selbst wenn das Axon dasselbe postsynaptische Neu-

ron kontaktiert; 2) diese Variabilität in der Freisetzungswahrscheinlichkeit impliziert eine Kompartimentierung auf der Ebene der präsynaptischen Endigungen der neuronalen Verarbeitung; 3) die Spezifität der präsynaptischen terminalen Verarbeitung wird angetrieben und spiegelt die komplexen biophysikalischen Mechanismen wider, die an den Axonenden aktiviert werden, wenn eine Spitze als Reaktion auf einen Stimulus ausgelöst wird. Ausgehend von diesen experimentellen Beweisen schlagen wir ein kommunikationstechnisches Modell zur Erfassung des Verhaltens biologischer Neuronen vor. Insbesondere werden durch Annehmen eines stochastischen Ansatzes die präsynaptischen Terminals als ein dynamisches Array von Sendern modelliert, wobei jeder Sender die Verarbeitungsspezifität eines präsynaptischen Terminals modelliert. Insbesondere zeigen wir zunächst, dass die einzigartige und spezifische Verarbeitung eines präsynaptischen Terminals auf die Kaskade eines Frequenzselektors und eines Amplitudenmodulators zurückgeführt werden kann. Dann charakterisieren wir die Ausbreitung des präsynaptisch gefilterten Signals durch den synaptischen Spalt und leiten die Verzögerung zusammen mit der Kanaldämpfung als Funktion des Abstands zwischen den kommunizierenden Neuronen ab. Abschließend wird die theoretische Analyse durch numerische Simulation validiert.

30)
Campra, P. (2021a). DETECCIÓN DE OXIDO DE GRAFENO EN SUSPENSIÓN ACUOSA (COMIRNATYTM (RD1). ESTUDIO OBSERVACIONAL EN MICROSCOPIA ÓPTICA Y ELECTRÓNICA. Informe provisional (I) 28 de Junio de 2021. PDF [GRAPHENOXID-NACHWEIS IN WÄSSRIGER SUSPENSION (COMIRNATYTM (RD1) BEOBACHTUNGSSTUDIE IN DER OPTISCHEN UND ELEKTRONISCHEN MIKROSKOPIE Zwischenbericht (I)]
Prof. Dr. Pablo Campra, Madrid, Doctor en Ciencias Químicas y Licenciado en Ciencias Biológicas
ESCUELA SUPERIOR DE INGENIERIA UNIVERSIDAD DE ALMERÍA, ES
https://www.docdroid.net/rNgtxyh/microscopia-de-vial-corminaty-dr-campra-firma-e-1-fusionado-pdf

https://docdro.id/rNgtxyh

Campra, P. (2021b). Beobachtungen möglicher Mikrobiotika in COVID-mRNA-Impfstoffen.
https://dxdoi.org/10.13140/RG.2.2.13875.55840 (gelöscht)

31)
Campra, P (2022). Detección de grafeno en vacunas COVID-19 por espectroscopía micro-RAMAN. PDF, November 2021. PDF Project: COUNTERANALYSIS OF COVID VACCINES
Prof. Dr. Pablo Campra Madrid
https://www.researchgate.net/publication/355684360_Deteccion_de_grafeno_en_vacunas_COVID19_por_espectroscopia_Micro-RAMAN

Topic: Nachweis von Graphen oder deren Derivate in den COVID19-Impfstoffen, die unter vier verschiedenen Marken vermarktet werden.

Abstract:
Das Ziel der folgenden Arbeit bestand darin, eine Probenahme von spektralen Signalen von Vibrations-RAMAN durchzuführen, die es in Verbindung mit Bildern der optischen Mikroskopie, die mit den Spektren gekoppelt sind, ermöglicht, das Vorhandensein von Graphenderivaten in Proben von COVID19-Impfstoffen zu bestimmen, die unter vier verschiedenen Marken vermarktet werden. Mehr als 110 unter dem optischen Mikroskop sichtbare Objekte mit einem mit Graphenstrukturen kompatiblen Aussehen wurden analysiert, von denen insgesamt 28 Objekte für diesen Bericht aufgrund ihrer Kompatibilität mit dem Vorhandensein von Graphen oder Derivaten in den Proben unter Berücksichtigung ausgewählt wurden, die Übereinstimmung zwischen seinen Bildern und spektralen Signalen mit denen, die von einer Standardprobe und von der wissenschaftlichen Literatur erhalten wurden, zeigen. Von diesen 28 Objekten ist bei 8 von ihnen die Identität des Materials mit Graphenoxid aufgrund der hohen spektralen Korrelation mit dem Muster schlüssig. Die verbleibenden 21 Objekte haben eine sehr hohe Kompatibilität mit Graphenstrukturen, sowohl unter Berück-

sichtigung ihrer Spektren als auch ihres optischen Bildes. Die Forschung bleibt offen und wird der wissenschaftlichen Gemeinschaft zur Diskussion, Replikation und Optimierung zur Verfügung gestellt.

32)
Campra, P (2022). MICROSTRUCTURES IN COVID VACCINES: ¿inorganic crystals or Wireless Nanosensors Network? 5.7. 2022. PDF
Project: COUNTERANALYSIS OF COVID VACCINES
Prof. Dr. Pablo Campra Madrid
https://www.researchgate.net/publication/356507702_MICROSTRUCTURES_IN_COVID_VACCINES_inorganic_crystals_or_Wireless_Nanosensors_Network

Topic: Nano-Sensor, Nano-Router, Nano-Antenne.

Abstract:
Hier zeigen wir einige Objekte mit häufigen Geometrien, die in versiegelten Fläschchen aus verschiedenen Zufallsproben von COVID19-mRNA-Impfstoffen unter Verwendung von optischer Mikroskopie mit Hell- oder Dunkelfeld und geringen Vergrößerungen zwischen 100x und 600X beobachtet werden konnten. ALS ARBEITSHYPOTHESE wurden einige dieser Objekte als mögliche Elemente eines WIRELESS NANOSENSORS NETWORK (WNSN) vorgeschlagen, sei es als Nano-Sensor, als Nano-Router oder als Nano-Antenne: https://corona2inspect.blogspot.com/2021/09/redes-nanocomunicacion-inalambrica-nanotecnologia-cuerpo-humano.html
https://corona2inspect.blogspot.com/2021/11/identificacion-patrones-vacunas-coronavirus-nanorouters.html
Die meisten dieser Objekte erscheinen nach Raum Temperaturtrocknung der Proben, wobei sie im verbleibenden Hydrogel eingebettet bleiben. Soweit wir wissen, wurde weder die Identität dieser Objekte, seien es Mineralkristalle oder nanotechnologische Geräte, von den Herstellern angegeben, noch wurden sie von unabhängigen Labors ordnungsgemäß charakterisiert. - Die Charakterisierung dieser Objekte ist nicht Gegenstand dieses Berichts. Un-

sere Absicht ist lediglich, diese Bilder für die technische Diskussion durch Experten auf dem Gebiet der Kristallographie oder der Nanokommunikationstechnik öffentlich nutzbar zu machen.
(Beim Aufrufen der im Abstrakt angegebenen Links erscheint: **„Blog wurde entfernt"**)

33)
La Quinta Columna: Una Bala en la Recámara
Mat Taylor: **Es nanotecnología lo que se ve en los viales Covid, no cristales de sal. Las formas geométricas se forman y disipan según las frecuencias en las que emitan las antenas de internet, teléfono móvil y 5G. La Quinta Columna tenía razón.**
https://ejercitoremanente.com/2022/09/14/la-quinta-columna-una-bala-en-la-recamara/

Topic: Nanotechnologie in den Covid-Fläschchen. Bildung und Auflösung der geometrischen Formen gemäß den Frequenzen gebildet, mit denen die Internet-, Mobiltelefon- und 5G-Antennen emittieren.

Abstract:
Die fünfte Kolonne: Eine Kugel in der Kammer Mat Taylor: Es ist Nanotechnologie, die Sie in den Covid-Fläschchen sehen, keine Salzkristalle. Die geometrischen Formen werden gemäß den Frequenzen gebildet und aufgelöst, mit denen die Internet-, Mobiltelefon- und 5G-Antennen emittieren. Die Fünfte Kolonne hatte Recht. Mehr Soldaten wie Mat Taylor in der Stew Peters-Show schließen sich dem Kampf an, um Nanotechnologie aufzudecken, Nanoschaltkreise, die in COVID-Injektionen „gejagt" werden, die mit Frequenzen interagieren. Zuvor, als Dr. Daniel Nagase bei der Analyse der Fläschchen entdeckt wurde, nachdem er elektronenmikroskopische Bilder der in den Covid-Injektionen von Pfizer und Moderna enthaltenen Elemente überprüft hatte, stellte er fest, dass der Inhalt der „Impfstoffe" von Pfizer und Moderna seltsamerweise keine Anzeichen von biologischem Material aufweist , einschließlich mRNA oder DNA. Nachdem Dr. Daniel Nagase Bilder der in den COVID-19-Impfstoffen von Pfizer und Moderna enthaltenen Elemente überprüft hatte, sagte er gegenüber Western Standard,

dass die Impfstoffe „seltsamerweise" keine Anzeichen von biologischem Material aufweisen. Sie sind auch keine Salzkristalle. Impfstoffe bestehen aus Teilen von Bakterien oder ganzen Viren. Laut der Website „The History of Vaccines" werden Bakterien oder Viren gezüchtet, um den Inhalt eines Impfstoffs herzustellen, der aus biologischem Material gewonnen wird. Die aktive Komponente eines Impfstoffs wird als Antigen bezeichnet und löst eine Immunantwort aus, wenn sie sich im Körper befindet. In diesem Video analysiert Dr. Nagase unter einem Elektronenmikroskop ein Fläschchen von Moderna und ein anderes von Pfizer mit unter anderem folgendem Befund: Fehlen von mRNA in beiden Fläschchen. Es findet weder Stickstoff noch Phosphor (wesentlich in biologischen Proben). Doktor Daniel Nagase bestätigt die Untersuchung und Beweise, die in The Fifth Column vorgelegt wurden. Covid-19 bedeutet „Künstliche Intelligenz-Impfausweis"

34)
Giada Cellot, Emanuele Cilia, Sara Cipollone, Vladimir Rancic, Antonella Sucapane, Silvia Giordani, Luca Gambazzi, Henry Markram, Micaela Grandolfo, Denis Scaini, Fabrizio Gelain, Loredana Casalis, Maurizio Prato, Michele Giugliano & Laura Ballerini (2009). **Carbon nanotubes might improve neuronal performance by favouring electrical shortcuts.** Nature Nanotechnology volume 4, pages 126–133 (2009)
https://www.nature.com/articles/nnano.2008.374
https://doi.org/10.1038/nnano.2008.374

Topic: Kohlenstoffnanoröhren. Wachstum und die Organisation neuronaler Netzwerke. Nanoröhren können die neuronale elektrische Aktivität in Netzwerken von kultivierten Zellen aufrechterhalten und fördern.

Abstract:
Kohlenstoffnanoröhren wurden in mehreren Bereichen der Nervengewebezüchtung eingesetzt, um das Zellverhalten zu untersuchen und zu verstärken, subzelluläre Komponenten zu markieren und zu verfolgen und das Wachstum und die Organisation neuronaler Netzwerke zu untersuchen. Jüngste Berichte zeigen, dass

Nanoröhren die neuronale elektrische Aktivität in Netzwerken von kultivierten Zellen aufrechterhalten und fördern können, aber die Art und Weise, wie sie die Zellfunktion beeinflussen, ist noch wenig verstanden. Hier zeigen wir mithilfe von Einzelzell-Elektrophysiologietechniken, elektronenmikroskopischer Analyse und theoretischer Modellierung, dass Nanoröhren die Reaktionsfähigkeit von Neuronen verbessern, indem sie enge Kontakte mit den Zellmembranen bilden, die elektrische Abkürzungen zwischen den proximalen und distalen Kompartimenten des Neurons begünstigen könnten. Wir schlagen die „elektrotonische Hypothese" vor, um die physikalischen Wechselwirkungen zwischen Zelle und Nanoröhre sowie die Mechanismen zu erklären, wie Kohlenstoff-Nanoröhren die kollektive elektrische Aktivität kultivierter neuronaler Netzwerke beeinflussen könnten. Diese Überlegungen bieten eine Perspektive, die es uns ermöglichen würde, Wechselwirkungen zwischen Neuronen und Kohlenstoffnanoröhren vorherzusagen oder zu konstruieren.

35)
Nishtha Chopra; Mike Phipott; Akram Alomainy; Qammer H. Abbasi; Khalid Qaraqe; Raed M. Shubair (2016). **THz time domain characterization of human skin tissue for nano-electromagnetic communication.** IEEE conference 2016.
INSPEC Accession Number: 16579466
https://ieeexplore.ieee.org/document/7803787
https://doi.org/10.1109/MMS.2016.7803787

Topic: Experiment: Kanalpfaddämpfung der nanoelektromagnetischen Kommunikation im menschlichem Hautgewebe durch THz-Zeitbereichsspektroskopie.

Abstract:
Dieser Artikel stellt eine experimentelle Untersuchung von Parametern ausgeschnittenem menschlichem Hautgewebe durch THz-Zeitbereichsspektroskopie im Bereich von 0,1–2,5 THz vor. Die Ergebnisse werden verwendet, um die Kanalpfaddämpfung der nanoelektromagnetischen Kommunikation zu bewerten. Brechungsindex- und Absorptionskoeffizientwerte werden für die

Dermisschicht der menschlichen Haut bewertet. Die erhaltenen Ergebnisse veranschaulichen die Wirkung von hydratisiertem Gewebe auf die Kanalparameter und liefern den optimalen Abstand, der für eine effektive Kommunikation innerhalb der menschlichen Haut genutzt werden kann.

36)
Daxiang Cui, Furong Tian, Cengiz S.Ozkan, Mao Wang, Huajian Gao (2005). Effect of single wall carbon nanotubes on human HEK293 cells. Toxicology Letters, Volume 155, Issue 1, 15 January 2005, Pages 73-85
https://www.sciencedirect.com/science/article/abs/pii/S037842740 4004102?via%3Dihub
https://doi.org/10.1016/j.toxlet.2004.08.015

Topic: Biokompatibilität von einwandigen Kohlenstoffnanoröhren (SWCNTs). SWCNTs können das Wachstum von HEK293-Zellen hemmen, indem sie Zellapoptose induzieren und die Zelladhäsionsfähigkeit verringern.

Abstract:
Der Einfluss von einwandigen Kohlenstoffnanoröhren (SWCNTs) auf humane HEK293-Zellen wird mit dem Ziel untersucht, die Biokompatibilität von SWCNTs zu untersuchen. Die Ergebnisse zeigten, dass SWCNTs die HEK293-Zellproliferation hemmen und die Zelladhäsionsfähigkeit dosis- und zeitabhängig verringern können. HEK293-Zellen zeigen aktive Reaktionen auf SWCNTs, wie z. B. die Sekretion von etwa 20–30 kd großen Proteinen zur Umhüllung von SWCNTs, die Aggregation von Zellen, die durch SWCNTs befestigt sind, und die Bildung von Knotenstrukturen. Die Zellzyklusanalyse zeigte, dass 25 µg/ml SWCNTs im Medium G1-Arrest und Zellapoptose in HEK293-Zellen induzierten. Die Biochip-Analyse zeigte, dass SWCNTs die hochregulierte Expression von Zellzyklus-assoziierten Genen wie p16, bax, p57, hrk, cdc42 und cdc37 und die heruntergeregulierte Expression von Zellzyklusgenen wie cdk2, cdk4, cdk6 und Cyclin D3 induzieren können, und Herunterregulierungsexpression von Signaltransduktions-assoziierten Genen wie mad2, jak1, ttk, pcdha9 und erk. Die Wes-

tern-Blot-Analyse zeigte, dass SWCNTs die Herunterregulierung der Expression von Adhäsions-assoziierten Proteinen wie Laminin, Fibronektin, Cadherin, FAK und Kollagen IV induzieren können. Diese Ergebnisse legen nahe, dass die Herunterregulierung von G1-assoziierten cdks und Cyclinen und die Hochregulierung von Apoptose-assoziierten Genen zu einem durch SWCNTs induzierten G1-Phasenarrest und Zellapoptose beitragen können. Zusammenfassend lässt sich sagen, dass SWCNTs das Wachstum von HEK293-Zellen hemmen können, indem sie Zellapoptose induzieren und die Zelladhäsionsfähigkeit verringern.

37)
M.Rosenau da Costa, O.V.Kibis, M.E.Portnoi (2005). Carbon nanotubes as a basis for terahertz emitters and detectors. Microelectronics Journal, Volume 40, Issues 4–5, April–May 2009, Pages 776-778
https://www.sciencedirect.com/science/article/abs/pii/S0026692008005314?via%3Dihub
https://doi.org/10.1016/j.mejo.2008.11.016

Topic: Kohlenstoffnanoröhren für neuartige THz-Anwendungen.

Abstract:
Wir schlagen zwei Schemata vor und rechtfertigen sie, die die einzigartigen elektronischen Eigenschaften von Kohlenstoffnanoröhren für neuartige THz-Anwendungen nutzen, einschließlich der abstimmbaren THz-Erzeugung durch heiße Elektronen in quasimetallischen Nanoröhren und der THz-Strahlungsdetektion durch Sessel-Nanoröhren in starken Magnetfeldern.

38)
Biplab Das, Jadav Chandra Das, Debashis De & Avijit Kumar Paul (2017). **Nano-Router Design for Nano-Communication in Single Layer Quantum Cellular Automata**. International Conference on Computational Intelligence, Communications, and Business Analytics Pp. 121-133. Conference paper
https://link.springer.com/chapter/10.1007/978-981-10-6430-2_11
https://doi.org/10.1007/978-981-10-6430-2_11

Topic: Quantum Dot Cellular Automata (QCA). 4:4-Nano-Router. Parallel-Seriell-Konverter am Empfänger.

Abstract:
Quantum Dot Cellular Automata (QCA) ist ein neues Elektronikparadigma für Informationstechnologie und Kommunikation. Es wurde als eines der revolutionären Computergeräte im Nanomaßstab anerkannt. In dieser Arbeit haben wir einige grundlegende Gatter mit QCA ausgewählt, um einen 4: 4-Router zu entwickeln. Die Hauptfunktion dieses Entwurfs besteht darin, Informationen von vier Eingangsports durch einen DEMUX zu übertragen und diese Informationen an den vier verschiedenen Empfängerports zu empfangen. Die bereitgestellten Informationen werden in der vorliegenden Studie über Crossbar geleitet. Wir verwenden einen Parallel-Seriell-Konverter, um die Informationen am Empfängerport zu empfangen. Dieser Router wurde mit weniger Taktverzögerung und weniger QCA implementiert, was im Vergleich zu anderen Routern zu einem effizienten Router führt. Dieser Nano-Router kann für verteiltes Rechnen verwendet werden. Für den Entwurf und die Simulation der Schaltungen wird die QCA Designer Software verwendet.

39)
Dasgupta, Kinshuk; Joshi, Jyeshtharaj B.; Paul, Bhaskar; Sen, Debasis; Banerjee, Srikumar (2013). **Growth of carbon octopus-like structures from carbon black in a fluidized bed**. Materials Express, Volume 3, Number 1, March 2013, pp. 51-60(10)

https://www.ingentaconnect.com/content/asp/me/2013/00000003/00000001/art00007;jsessionid=4mca4qs3q7i8q.x-ic-live-03
https://dx.doi.org/10.1166/mex.2013.1093

Topic: Kohlenstoff-Oktopus-ähnliche Strukturen durch katalytische Umwandlung von Ruß.

Abstract:
Kohlenstoff-Oktopus-ähnliche Strukturen wurden durch katalytische Umwandlung von Ruß in einem Wirbelbett mit Hilfe von Ferrocen und Acetylen gezüchtet. Basierend auf Kleinwinkel-Neutronenstreuung, Rasterelektronenmikroskop- und Transmissionselektronenmikroskop-Beobachtungen wurde ein Wachstumsmechanismus vorgeschlagen. Die Zugabe von Ruß-Primärpartikeln in mehrere Kerne der Kohlenstoffkappe auf Eisenpartikeln führte zum Wachstum dieser Strukturen. Es wurde der Schluss gezogen, dass die fünfeckigen und siebeneckigen Defekte im Ruß eine wichtige Rolle bei der Umwandlung der kugelförmigen Struktur in eine zylindrische Struktur spielen.

40)
Maria Davoren, Eva Herzog, Alan Casey, Benjamin Cottineau, Gordon Chambers, Hugh J. Byrne, Fiona M.Lyng (2013). **In vitro toxicity evaluation of single walled carbon nanotubes on human A549 lung cells**. Toxicology in Vitro, Volume 21, Issue 3, April 2007, Pages 438-448
https://www.sciencedirect.com/science/article/abs/pii/S0887233306002323?via%3Dihub
https://doi.org/10.1016/j.tiv.2006.10.007

Topic: Zytotoxizitätstests von einwandigen Kohlenstoffnanoröhren (SWCNT).

Abstract:
Dieses Papier beschreibt die In-vitro-Zytotoxizitätsbewertung von einwandigen Kohlenstoffnanoröhren (SWCNT) an A549-Zellen, einer menschlichen Lungenzelllinie. Die Zelllebensfähigkeit wurde unter Verwendung der Alamarblau- (AB), Neutralrot- (NR) und MTT-Assays bestimmt, die die metabolische, lysosomale bzw. mitochondriale Aktivität bewerteten. Zusätzlich wurde der Gesamtproteingehalt der Zellen unter Verwendung des Coomassie-Brilliant (CB)-Blau-Assays gemessen. Die Überstände wurden auch auf die Freisetzung von Adenylatkinase (AK) und Interleukin 8 (IL-8) untersucht, was auf einen Verlust der Zellmembranintegrität bzw. eine Entzündungsreaktion hinweist.

Zur Untersuchung der Wechselwirkungen zwischen Serumbestandteilen im Testmedium und den Testmaterialien wurden Expositionen sowohl in serumhaltigem (5 %) als auch in serumfreiem Medium durchgeführt. Die Ergebnisse der Zytotoxizitätstests (AB, CB, MTT) zeigten, dass SWCNT eine sehr geringe akute Toxizität für die A549-Zellen aufwies, da alle bis auf einen der berichteten 24-h-EC50-Werte die getestete Höchstkonzentration (800 µg/ml) überstiegen. Es wurde festgestellt, dass SWCNT eine Reihe von Farbstoffen stört, die bei der Zytotoxizitätsbewertung verwendet wurden, und wir führen derzeit eine umfassende spektroskopische Studie durch, um diese Wechselwirkungen weiter zu untersuchen. Von den verwendeten multiplen Zytotoxizitätsassays erwies sich der AB-Assay als der empfindlichste und reproduzierbarste. Studien mit Transmissionselektronenmikroskopie (TEM) bestätigten, dass es nach 24-stündiger Exposition keine intrazelluläre Lokalisierung von SWCNT in A549-Zellen gab; jedoch wurde in exponierten Zellen eine erhöhte Anzahl von Surfactant-speichernden Lamellenkörpern beobachtet.

41)
Walt A. de HeerPhilippe PoncharalClaire BergerJoseph GezoZhimin SongJefferson Bettiniand Daniel Ugarte (2005). **Liquid Carbon, Carbon-Glass Beads, and the Crystallization of Carbon Nanotubes**. Science, Vol.307, Issue 5711 Pp. 907-910.
https://www.science.org/doi/10.1126/science.1107035
https://doi.org/10.1126/science.1107035

Topic: Bildung von Kohlenstoffnanoröhrchen in einem Kohlenstofflichtbogen.

Abstract:
Es wurde gefunden, dass die Bildung von Kohlenstoffnanoröhrchen in einem reinen Kohlenstofflichtbogen in einer Heliumatmosphäre flüssigen Kohlenstoff beinhaltet. Die Elektronenmikroskopie zeigt eine viskose, flüssigkeitsähnliche amorphe Kohlenstoffschicht, die die Oberflächen von Nanoröhren enthaltenden millimetergroßen säulenförmigen Strukturen bedeckt, aus denen die Kathodenabscheidung besteht. Regelmäßig

beabstandete, submikrometergroße kugelförmige Kügelchen aus amorphem Kohlenstoff werden oft auf den Nanoröhrchen an den Oberflächen dieser Säulen gefunden. Anscheinend bilden sich an der Anode flüssige Kohlenstofftropfen, die durch schnelle Verdunstungskühlung eine Kohlenstoff-Glas-Oberfläche erhalten. Nanoröhren kristallisieren in den unterkühlten, glasummantelten flüssigen Kohlenstofftropfen. Die Kohlenstoff-Glas-Schicht überzieht und perlt schließlich die Nanoröhrchen nahe der Oberfläche ab.

42)
Sébastien Demoustier, Eric Minoux, Matthieu Le Baillif, Michael Charles, Afshin Ziaei (2008). **Review of two microwave applications of carbon nanotubes: nano-antennas and nano-switches Revue d'applications des nanotubes de carbone aux micro-ondes : nano-antennes et nano-commutateurs.** Comptes Rendus Physique Volume 9, Issue 1, January 2008, Pages 53-66
https://www.sciencedirect.com/science/article/pii/S1631070508000 108?via%3Dihub https://doi.org/10.1016/j.crhy.2008.01.001

Topic: Integration von Kohlenstoff-Nanoröhren in nanoelektromechanische Systeme (NEMS) durch Nano-Schalter.

Abstract:
Dieses Papier bietet einen Überblick über zwei potenzielle Anwendungen von Kohlenstoff-Nanoröhren-Bauelementen in der Mikrowellentechnologie. Zunächst werden die wichtigsten strukturellen, mechanischen, thermischen und elektronischen Eigenschaften von Kohlenstoffnanoröhren kurz besprochen. Anschließend werden die Möglichkeiten, die metallische Kohlenstoffnanoröhren als Nanoantennen im E- und W-Band und darüber hinaus bieten, untersucht: Es wird ein Vergleich mit makroskopischen Drahtantennen angestellt, die großen Vorteile von Nanoröhren, aber auch zu behandelnde technische Fragen werden diskutiert. Schließlich wird die Integration von Kohlenstoff-Nanoröhren in nanoelektromechanische Systeme (NEMS) durch Nano-Schalter untersucht: Der Beitrag von Kohlenstoff-Nanoröhren wird detailliert beschrieben, der

Stand der Technik wird beschrieben, sowie unsere zukünftigen Ansätze für solche Nanogeräte.

43)
Devaraj, V.; Lee, J.-M.; Kim, Y.-J.; Jeong, H.; Oh, J.-W. **Engineering Efficient Self-Assembled Plasmonic Nanostructures by Configuring Metallic Nanoparticle's Morphology.** Int. J. Mol. Sci. 2021, 22, 10595.
https://www.mdpi.com/1422-0067/22/19/10595
https://doi.org/10.3390/ijms221910595

Preprint dazu: Devaraj, V.; Lee, J.-M.; Kim, Y.-J.; Jeong, H.; Oh, J.-W. Designing an Efficient Self-Assembled Plasmonic Nanostructures from Spherical Shaped Nanoparticles. (2021)
https://www.preprints.org/manuscript/202109.0225/v1

Topic: Selbstorganisierte plasmonische Nanopartikel-Cluster.

Abstract:
Wir zeigen die Bedeutung der Form plasmonischer Nanopartikel (NP) und ihrer Oberflächenmorphologie auf dem Weg zu einem effizienten selbstorganisierten plasmonischen Nanopartikel-Cluster. Ein vereinfachtes Modell wird in Form von Dimer- und Trimer-Nanostrukturen im freien Raum (NPs in Kugel-, Würfel- und Scheibenform) simuliert. Für sphärische NPs wird im Vergleich zu kubischen NPs (von 2 nm auf 8 nm Lückengröße) ein Anstieg der Nahfeldstärke (Gap Mode Enhancement) von ~200% bis ~125% beobachtet. Das Dreiviertelmaximum in voller Breite zeigt eine bessere breitspektrale optische Leistung in einem Bereich von ~100 nm (Dimer) und ~170 nm (Trimer) von sphärischen NPs im Vergleich zu einem Würfel (~60 nm für Dimer und Trimer). Diese hervorragenden Eigenschaften für auf Kugeln basierende Nanostrukturen sind auf ihre Dipolmodus-Eigenschaften zurückzuführen.

44)
Dominique Dhoutaut, Thierry Arrabal, Eugen Dedu (2018). **Bit simulator, an electromagnetic nanonetworks simulator**. Conference paper NANOCOM '18, Pp. 1-6.
https://dl.acm.org/doi/10.1145/3233188.3233205
https://doi.org/10.1145/3233188.3233205

Topic: Netzwerksimulator für drahtlose Nanonetzwerke. Codierung, Kanalzugriff, Routing, Überlastungskontrolle

Abstract:
Elektromagnetische Nanonetzwerke bilden ein spannendes neues Forschungsgebiet. Das Frequenzband und die Kanalzugriffsverfahren erlegen den Protokollen der oberen Schicht besondere Beschränkungen auf. Da die Forschung durch die Nichtverfügbarkeit von gebrauchsfertiger Hardware beeinträchtigt wird, werden Simulationswerkzeuge benötigt, um Protokolle und Anwendungen zu evaluieren. Dieses Whitepaper stellt BitSimulator vor, einen Netzwerksimulator, der speziell auf drahtlose Nanonetzwerke abzielt. Es wurde entwickelt, um Kollisionen bis auf Bitebene genau zu simulieren, was Studien zu Codierung, Kanalzugriff, Routing oder Überlastungskontrolle ermöglicht. Da es dieser speziellen Umgebung gewidmet ist, ist es hochgradig auf Geschwindigkeit optimiert und unterstützt eine große Anzahl von Knoten.

45)
Falko Dressler; Frank Kargl (2012). **Security in nano communication: Challenges and open research issues**. Published in: 2012 IEEE International Conference on Communications (ICC). Date of Conference: 10-15 June 2012
https://ieeexplore.ieee.org/document/6364977
https://dx.doi.org/10.1109/ICC.2012.6364977

Topic: Nanomaschinen im Gesundheitswesen und Umgebungskontrolle. Interaktion zwischen Nanomaschinen. Funkkommunikation im Terrahertz-Band, molekulare Kommunikation auf der Basis von Sendermolekülen. Nano-Kommunikationssicherheit, biochemische Kryptographie

Abstract:
Die Nanokommunikation ist eines der am schnellsten wachsenden neuen Forschungsgebiete. In den letzten Jahren wurden große Fortschritte bei der Entwicklung von Nanomaschinen erzielt, die unsere Bedürfnisse im Gesundheitswesen und in anderen Szenarien unterstützen. Experten sind sich jedoch einig, dass nur die Interaktion zwischen Nanomaschinen es ermöglicht, die sehr komplexen Anforderungen in diesem Bereich zu adressieren. Arzneimittelabgabe und Umgebungskontrolle sind nur zwei der vielen interessanten Anwendungsgebiete, die gleichzeitig viele neue herausfordernde Probleme aufwerfen. Es wurden sehr relevante Kommunikationskonzepte untersucht, wie die HF-Funkkommunikation im Terrahertz-Band oder die molekulare Kommunikation auf der Basis von Sendermolekülen. Eine Frage wurde bisher jedoch nicht berücksichtigt, und das ist die Nano-Kommunikationssicherheit, d.h. wird es möglich sein, solche Systeme vor Manipulation durch böswillige Parteien zu schützen? Unser Ziel ist es, erste Einblicke in die Sicherheitsherausforderungen zu geben und einige der offenen Forschungsherausforderungen in diesem Bereich aufzuzeigen. Die Hauptbeobachtung ist, dass insbesondere für die molekulare Kommunikation bestehende Sicherheits- und Kryptografielösungen möglicherweise nicht anwendbar sind. In diesem Zusammenhang prägen wir den Begriff biochemische Kryptographie, der zu erheblichen Verbesserungen im Bereich der molekularen Kommunikation führen könnte. Dabei weisen wir auch auf relevante Problemstellungen hin, die Ähnlichkeiten mit typischen Netzwerkarchitekturen, aber auch ganz neue Herausforderungen aufweisen.

46)
AlessandraFabbro, GiadaCellot, MaurizioPrato, LauraBallerini (2011). **Chapter 18 - Interfacing neurons with carbon nanotubes: (re)engineering neuronal signaling**. Pp. 241-252. Progress in Brain Research Volume 194, 2011, Pages 241-252
https://www.sciencedirect.com/science/article/abs/pii/B9780444538154000030?via%3Dihub#!
https://doi.org/10.1016/B978-0-444-53815-4.00003-0

Topic: Neuartige neuroimplantierbarer Geräte. Nano-Bio-Hybridsysteme. Steuerung von kultivierten neuronalen Netzwerken.

Abstract:
Kohlenstoffnanoröhren (CNTs) sind zylindrisch geformte Nanostrukturen, die aus Graphenschichten bestehen, die zu Hohlröhren aufgerollt werden. Aufgrund ihres einzigartigen Spektrums an thermischen, elektronischen und strukturellen Eigenschaften haben sich CNTs schnell als Technologieplattform für biologische und medizinische Anwendungen entwickelt, einschließlich solcher, die zur Entwicklung neuartiger neuroimplantierbarer Geräte entwickelt wurden. Je nach Struktur vereinen CNTs eine unglaubliche Festigkeit mit einer extremen Flexibilität. Außerdem weisen diese Materialien physikalische und chemische Eigenschaften auf, die es ihnen ermöglichen, elektrischen Strom in elektrochemischen Grenzflächen effizient zu leiten. CNTs können in Gerüsten organisiert sein, die aus kleinen Fasern oder Röhren bestehen, deren Durchmesser denen von neuralen Prozessen wie Axonen und Dendriten ähneln. Kürzlich wurde festgestellt, dass CNT-Gerüste das Wachstum, die Differenzierung und das Überleben von Neuronen fördern und ihre elektrophysiologischen Eigenschaften modifizieren. Diese Eigenschaften machen CNTs zu einem attraktiven Material für das Design von Nano-Bio-Hybridsystemen, die in der Lage sind, zellspezifisches Verhalten in kultivierten neuronalen Netzwerken zu steuern. Der Hauptzweck dieser kurzen Übersicht besteht darin, hervorzuheben, wie sich Nanoröhrengerüste auf die neuronale Signalübertragungsfähigkeit auswirken können. Insbesondere konzentrieren wir uns auf die direkten und spezifischen Wechselwirkungen zwischen diesem synthetischen Nanomaterial und biologischen Zellmembranen sowie auf die Fähigkeit von CNTs, Schnittstellen zu verbessern, die entwickelt wurden, um neuronale Aktivität aufzuzeichnen oder zu stimulieren. CNTs bergen das Potenzial für die Entwicklung innovativer nanomaterialbasierter neurologischer Implantate. Daher ist es besonders wichtig, unser Wissen über die Auswirkungen auf die neuronale Leistung der Verbindung von Nervenzellen mit CNTs zu verbessern.

47)
AlessandraFabbro, MaurizioPrato, LauraBallerini (2013). **Carbon nanotubes in neuroregeneration and repair**. Advanced Drug Delivery Reviews Volume 65, Issue 15, December 2013, Pages 2034-2044.

https://www.sciencedirect.com/science/article/abs/pii/S0169409X13001567?via%3Dihub
https://doi.org/10.1016/j.addr.2013.07.002

Topic: Auf Kohlenstoffnanoröhren basierende Technologien. Anwendung der Nanotechnologie auf das Nervensystem. Züchtung von Nervengewebe.

Abstract:
In den letzten zehn Jahren haben wir ein zunehmendes Interesse und ein verbessertes Verständnis der Anwendung der Nanotechnologie auf das Nervensystem erfahren. Ziel solcher Studien ist es, zukünftige Strategien zur Gewebereparatur zu entwickeln, um die funktionelle Wiederherstellung nach einer Hirnschädigung zu fördern. In diesem Rahmen entwickeln sich auf Kohlenstoffnanoröhren basierende Technologien aufgrund der herausragenden physikalischen Eigenschaften dieser Nanomaterialien zusammen mit ihrer kürzlich dokumentierten Fähigkeit, neuronale Schaltkreise, Synapsen und Membranen zu verbinden, als besonders innovative Werkzeuge. In dieser Übersicht wird der Stand der Technik in der Kohlenstoff-Nanoröhren-Technologie erörtert, die auf die Entwicklung von Geräten angewendet wird, die in der Lage sind, die Reparatur von Nervengewebe voranzutreiben; Wir werden die aufregendsten Ergebnisse hervorheben, die sich mit den Auswirkungen von Kohlenstoff-Nanoröhren auf die Züchtung von Nervengewebe befassen, wobei wir uns insbesondere auf die neuronale Differenzierung, das Wachstum und die Netzwerkrekonstruktion konzentrieren.

48)
Bengt Fadeel, Cyrill Bussy ar al. (2018). **Safety Assessment of Graphene-Based Materials: Focus on Human Health and the Environment**. ACS Nano 2018, Vol. 12, Pp. 10582–10620.
https://pubs.acs.org/doi/10.1021/acsnano.8b04758
https://doi.org/10.1021/acsnano.8b04758

Topic: graphenbasierte Materialien (GBMs). Die potenziellen Auswirkungen von GBMs auf die menschliche Gesundheit und die Umwelt. Struktur-Wirkungs-Beziehungen von Graphen und seinen Derivaten.

Abstract:
Graphen und seine Derivate gelten als „Wunder"-Materialien mit vielfältigen Anwendungen in verschiedenen Bereichen der Gesellschaft, von der Elektronik über die Energiespeicherung bis hin zur Medizin. Die zunehmende Nutzung graphenbasierter Materialien (GBMs) erfordert eine umfassende Bewertung der potenziellen Auswirkungen dieser Materialien auf die menschliche Gesundheit und die Umwelt. Hier diskutieren wir die Synthese und Charakterisierung von GBMs sowie die Gefahrenabschätzung von GBMs für Mensch und Umwelt unter Verwendung von In-vitro- und In-vivo-Modellsystemen mit dem Ziel, die Eigenschaften zu verstehen, die den biologischen Wirkungen dieser Materialien zugrunde liegen; Nicht alle GBMs sind gleich, und es ist wichtig, dass wir die Struktur-Wirkungs-Beziehungen für diese Materialklasse entwirren.

49)
Xin Fan, Zhewei Yang and Nan He (2015). **Hierarchical nanostructured polypyrrole/graphene composites as supercapacitor electrode**. RSC Advances, 5(20), pp. 15096–15102.
https://pubs.rsc.org/en/content/articlelanding/2015/RA/C4RA15258A
https://doi.org/10.1039/C4RA15258A

Topic: Polypyrrol und Graphen für elektrochemische Kondensatoren. Herstellung von hierarchischen nanostrukturierten

Polypyrrol/Graphen-Composites unter Verwendung von Vitamin C als Reduktionsmittel.

Abstract:
Die Elektrodenverbundwerkstoffe aus leitfähigem Polypyrrol und Graphen für elektrochemische Kondensatoren haben aufgrund ihrer möglichen Anwendung große Aufmerksamkeit auf sich gezogen. Hier wurde ein grünes Syntheseverfahren verwendet, um hierarchische nanostrukturierte Polypyrrol/Graphen-Komposite unter Verwendung von Vitamin C als Reduktionsmittel herzustellen. Die so hergestellten Nanokomposite wurden durch FTIR-, Raman-, XRD-, TGA-, SEM- und TEM-Techniken charakterisiert. Die Ergebnisse zeigten, dass die Polypyrrolketten im PPy/rGO-CTAB-Verbund erfolgreich in den zweidimensionalen Raum der Graphenschichten eingefügt wurden. Darüber hinaus wurden die elektrochemischen Eigenschaften von Verbundwerkstoffen mit Cyclovoltammetrie- (CV), galvanostatischen Ladungs-Entladungs- (GCD) und elektrochemischer Impedanzspektroskopie (EIS)-Experimenten gemessen. Die Ergebnisse zeigen, dass PPy/rGO-CTAB-Verbundstoffe eine bessere thermische Stabilität, eine höhere spezifische Kapazität, einen geringeren Widerstand, relativ bessere zyklische Eigenschaften und eine schnellere Reaktion auf Oxidation/Reduktion aufwiesen als beide PPy/rGO-Verbundstoffe ohne Zugabe von CTAB und rGO.

50)
Thorsten Feichtner, Oleg Selig, and Bert Hecht (2017). **Plasmonic nanoantenna design and fabrication based on evolutionary optimization**, Optics Express Vol. 25, Issue 10, pp. 10828-10842.
https://opg.optica.org/oe/fulltext.cfm?uri=oe-25-10-10828&id=363605
https://doi.org/10.1364/OE.25.010828

Topic: Nanophotonik. Polypyrrol Nanoantennen durch Fräsen mit fokussiertem Ionenstrahl „gedruckt".

Abstract:
Nanoantennen können die Licht-Materie-Wechselwirkung für optische Kommunikation, Sensorik und Spektroskopie maßschneidern. Ihr Design ist von Hochfrequenzregeln inspiriert, die teilweise bei optischen Frequenzen zusammenbrechen. Hier finden wir unerwartete Nanoantennendesigns, die eine starke Lichtlokalisierung und -verstärkung aufweisen, indem ein allgemeiner und skalierbarer Evolutionsalgorithmus auf der Grundlage von FDTD-Simulationen verwendet wird, der auch geometrische Herstellungsbeschränkungen berücksichtigt. Die resultierenden Nanoantennen werden direkt durch Fräsen mit fokussiertem Ionenstrahl „gedruckt" und ihr Fitness-Ranking wird experimentell durch Zwei-Photonen-Photolumineszenz validiert. Wir finden, dass das Funktionsprinzip der besten Antennen von dem klassischer Radiowellen-inspirierter Designs abweicht. Unsere Arbeit bereitet die Voraussetzungen für eine breite Anwendung der evolutionären Optimierung in der Nanophotonik.

51)
Hanen Ferjani and Haifa Touati (2019). **Data Communication in Electromagnetic Nano-networks for Healthcare Applications. International Conference on Mobile, Secure, and Programmable Networking**. MSPN 2019: Mobile, Secure, and Programmable Networking pp 140–152
https://link.springer.com/chapter/10.1007/978-3-030-22885-9_13
https://doi.org/10.1007/978-3-030-22885-9_13

Topic: Überwachung mehrerer Parameter im menschlichen Körper in Echtzeit. Nanonetzwerke in einer lebenden biologischen Umgebung. Kommunikationsprotokolle. Nanoknoten, die sich innerhalb einer Arterie bewegen. Externer Controller. Energieverbrauch optimiert.

Abstract:
Eine der vielversprechendsten Anwendungen der Nanotechnologie ist ihre Verwendung in Gesundheitsszenarien zur Überwachung mehrerer Parameter im menschlichen Körper in Echtzeit, wie z. B. Erkennung von Krebsbiomarkern, Glukosespiegel usw. Die Kom-

munikation medizinischer Parameter in Echtzeit ist jedoch eingeschränkt durch die winzige Größe von Nano-Knoten und ihre extrem begrenzte Energie. Die laufenden Bemühungen in diesem Bereich befinden sich noch in einem sehr frühen Entwicklungsstadium. Daher ist weitere Forschung erforderlich, um ein geeignetes Kommunikationsmodell vorzuschlagen. In diesem Artikel untersuchen wir den Einsatz von Nanonetzwerken in einer lebenden biologischen Umgebung und konzentrieren uns auf Herausforderungen bei Kommunikationsprotokollen, die überwunden werden müssen. Wir haben auch einen Multi-Hop-Datenverbreitungsansatz vorgeschlagen, der erfasste Daten von Nanoknoten, die sich innerhalb einer Arterie bewegen, an einen externen Controller überträgt und gleichzeitig den Energieverbrauch optimiert.

52)
Richard P. Feynman (1960). **There's Plenty of Room at the Bottom. An Invitation to Enter a New Field of Physics**. https://www.nanoparticles.org/pdf/Feynman.pdf

Topic: Manipulation und Kontrolle von Dingen im Kleinen.

Abstract:
Ich kann mir vorstellen, dass Experimentalphysiker oft neidisch auf Männer wie Kamerlingh Onnes blicken müssen, der ein Feld wie die Tieftemperatur entdeckt hat, das bodenlos zu sein scheint und in dem man immer tiefer gehen kann. Ein solcher Mann ist dann ein Anführer und hat ein vorübergehendes Monopol in einem wissenschaftlichen Abenteuer. Percy Bridgman hat durch die Entwicklung eines Weges zur Erzielung höherer Drücke ein weiteres neues Feld erschlossen und war in der Lage, darin vorzudringen und uns die ganze Zeit zu führen. Die Entwicklung des immer höheren Vakuums war eine Weiterentwicklung derselben Art. Ich möchte einen Bereich beschreiben, auf dem sich wenig getan hat, auf dem aber prinzipiell enorm viel getan werden kann. Dieses Gebiet ist nicht ganz dasselbe wie die anderen, da es uns nicht viel über die Grundlagen der Physik (im Sinne von „Was sind die seltsamen Teilchen?") sagen wird, aber es ist eher wie die Festkörperphysik in diesem Sinne dass es uns viel Interessantes über die selt-

samen Phänomene sagen könnte, die in komplexen Situationen auftreten. Ein wichtiger Punkt ist außerdem, dass es eine enorme Anzahl technischer Anwendungen hätte. Worüber ich sprechen möchte, ist das Problem der Manipulation und Kontrolle von Dingen im Kleinen. Sobald ich das erwähne, erzählen mir die Leute von der Miniaturisierung und wie weit sie heute fortgeschritten ist. Sie erzählen mir von Elektromotoren, die so groß sind wie der Nagel an Ihrem kleinen Finger. Und es gibt ein Gerät auf dem Markt, sagt man mir, mit dem man das Vaterunser auf einen Stecknadelkopf schreiben kann. Aber das ist nichts; das ist der primitivste, zögerndste Schritt in die Richtung, die ich besprechen möchte. Es ist eine erstaunlich kleine Welt, die unten ist. Wenn sie im Jahr 2000 auf dieses Zeitalter zurückblicken, werden sie sich wundern, warum erst im Jahr 1960 jemand ernsthaft begonnen hat, sich in diese Richtung zu bewegen. Warum können wir nicht die gesamten 24 Bände der Encyclopedia Brittanica auf einen Stecknadelkopf schreiben? Mal sehen, was dazugehört. Der Kopf einer Stecknadel hat einen Durchmesser von einem Sechzehntel Zoll. Bei einer Vergrößerung um 25.000 Durchmesser entspricht die Fläche des Stecknadelkopfes dann der Fläche aller Seiten der Encyclopaedia Brittanica. Daher ist es lediglich erforderlich, die gesamte Schrift in der Enzyklopädie um das 25.000-fache zu verkleinern. Ist das möglich? …

53)
Hanen Ferjani and Haifa Touati (2021). **Graphene Quantum Dots enable digital communication through biological fluids**. Carbon 182 (2021). pp 847-855
https://www.sciencedirect.com/science/article/abs/pii/S0008622321006655?via%3Dihub
https://doi.org/10.1016/j.carbon.2021.06.078

Topic: Molecular Communication (MC). Fluoreszenzeigenschaften von Quantenpunkten. Kommunikation über biologische Flüssigkeiten an einen Empfänger, der die Aufgabe hat, ein antibiotisches Medikament freizusetzen.

Abstract:
Hierin wird ein Verfahren zur Kommunikation durch biologische Flüssigkeiten vorgestellt. Dieser bioinspirierte Ansatz nutzt keine elektromagnetischen Wellen, sondern den Austausch chemischer Systeme – eine Methode, die als Molecular Communication (MC) bekannt ist. In dem hier skizzierten Beispiel wird die Kommunikation erreicht, indem die Fluoreszenzeigenschaften von Quantenpunkten ausgenutzt werden, die dann im Bereich der Fourier-Transformation analysiert werden. Das Problem wird aus theoretischer Sicht untersucht, indem die Differentialgleichung, die das Phänomen beherrscht, numerisch gelöst wird. Die theoretischen Ergebnisse werden genutzt, um einen Prototyp einer MC-Plattform zu entwickeln, die die Kommunikation von infektionsinduzierten Temperaturschwankungen über biologische Flüssigkeiten an einen Empfänger ermöglicht, der die Aufgabe hat, ein antibiotisches Medikament freizusetzen.

54)
Tamir Gabay,Eyal Jakobs,Eshel Ben-Jacob,Yael Hanein (2005). **Engineered self-organization of neural networks using carbon nanotube clusters**. Physica A: Statistical Mechanics and its Applications. Volume 350, Issues 2–4, 15 May 2005, Pages 611-621
https://www.sciencedirect.com/science/article/abs/pii/S037843710
401413X?via%3Dihub
https://doi.org/10.1016/j.physa.2004.11.007

Topic: Kohlenstoffnanoröhren. Künstliche elektrisch funktionsfähige neuronale Netzwerke durch Selbstorganisationsprozesse von ganglionartigen Neuronenclustern. Bildung von miteinander verbundenen Netzwerken mit vorgefertigter Geometrie und Graphkonnektivität.

Abstract:
Es wurde ein neuartiger Ansatz entwickelt, um konstruierte, elektrisch funktionsfähige neuronale Netzwerke zu bilden, die aus ganglionartigen Neuronenclustern bestehen. Bei dem vorliegenden Verfahren werden die Cluster gebildet, wenn die Zellen auf einem Substrat mit geringer Affinität zu lithographisch definierten Koh-

lenstoff-Nanoröhrchen-Schablonen mit hoher Affinität wandern, an denen sie haften und sich anordnen. Anschließend senden die gangliierten Neuronen Neuriten, um miteinander verbundene Netzwerke mit vorgefertigter Geometrie und Graphkonnektivität zu bilden. Dieser Prozess unterscheidet sich von der zuvor berichteten Bildung von gruppierten neuronalen Netzwerken, bei denen ein Netzwerk verbundener Neuronen durch neuronale Migration entlang der Verbindungen zwischen Neuronen zusammenbricht. Das Schablonenherstellungsverfahren basiert auf Fotolithografie, Mikrokontaktdruck und chemischen Gasphasenabscheidungstechniken für Kohlenstoffnanoröhren. Die vorliegende Arbeit bietet einen neuen Ansatz zur Bildung komplexer, konstruierter, miteinander verbundener neuronaler Netzwerke mit vorgefertigter Geometrie durch Konstruktion des Selbstorganisationsprozesses von Neuronen.

55)
Claire Gaillard, Giada Cellot, Shouping Li, Francesca Maria Toma, Hélène Dumortier, Giampiero Spalluto, Barbara Cacciari, Maurizio Prato, Laura Ballerini, Alberto Bianco (2009). **Carbon Nanotubes Carrying Cell-Adhesion Peptides do not Interfere with Neuronal Functionality**. ADVANCED MATERIALS Communication. PDF
https://onlinelibrary.wiley.com/doi/10.1002/adma.200900050
https://doi.org/10.1002/adma.200900050

Topic: neuartige Arzneimittelabgabesysteme. Neue Generation von selbstorganisierenden Nervenbrücken.

Abstract:
Mit Zelladhäsionspeptiden funktionalisierte wasserlösliche Kohlenstoffnanoröhren beeinträchtigen nicht die Lebensfähigkeit verschiedener Zelltypen, einschließlich Jurkat-Zellen, Splenozyten und Neuronen. Sie verändern auch nicht die neuronale Morphologie und Grundfunktionen und stellen somit einen vielversprechenden Kandidaten für die Nutzung neuartiger Arzneimittelabgabesysteme oder für das Design einer neuen Generation von selbstorganisierenden Nervenbrücken dar.

56)
Shuxi Gao, Zhiwei Yu, Kai Xu, Jun Peng, Yuxiu Xing, Yuanyuan Ren and Mingcai Chen (2016). **Silsesquioxane-cored star amphiphilic polymer as an efficient dispersant for multi-walled carbon nanotubes**. RSC Advances 6 (2016) 30401-30404
https://pubs.rsc.org/en/content/articlelanding/2016/RA/C6RA00130K
https://doi.org/10.1039/C6RA00130K

Topic: Mehrwandiges Kohlenstoffnanoröhrchen (MWNT)

Abstract:
Ein oktopusförmiges amphiphiles Polymer wurde zum ersten Mal zur Funktionalisierung von MWNTs verwendet. Die Charakterisierungsergebnisse zeigten, dass das oktopusförmige amphiphile Polymer viel effizienter bei der Modifizierung von MWNTs war als lineare Polymere in wässriger oder Acetonlösung. Der hydrophobe Kern aus kubischem Silsesquioxan verankerte sich lokal an der Oberfläche der Nanoröhren, während sich die Arme des RAFT-Polymers in die wässrige Lösung erstreckten, wodurch der Nanoröhrendispersion eine sterische Stabilisierung verliehen wurde.

57)
Ge, D., Marguet, S., Issa, A. *et al.* (2020). **Hybrid plasmonic nano-emitters with controlled single quantum emitter positioning on the local excitation field**. *Nat Commun* **11**, 3414 (2020)
https://www.nature.com/articles/s41467-020-17248-8
https://doi.org/10.1038/s41467-020-17248-8

Topic: Nano-Emitter, Quantenpunkt-Emittern (QD), plasmonischen Nanoantennen.

Abstract:
Hybride plasmonische Nano-Emitter basierend auf der Kombination von Quantenpunkt-Emittern (QD) und plasmonischen Nanoantennen eröffnen neue Perspektiven in der Steuerung von Licht. Die genaue Positionierung eines aktiven Mediums im Nanobereich ist

jedoch eine Herausforderung. Hier berichten wir über die optimale Überlappung von Nahfeld und aktivem Medium der Antenne, deren räumliche Verteilung über eine Plasmonen-getriggerte 2-Photonen-Polymerisation einer lichtempfindlichen Formulierung mit QDs gesteuert wird. Es werden Au-Nanopartikel verschiedener Geometrien betrachtet. Es wurde gezeigt, dass die Reaktion dieser Hybrid-Nanoemitter sehr empfindlich auf die Lichtpolarisation reagiert. Unterschiedliche Lichtemissionszustände werden durch Photolumineszenzmessungen nachgewiesen. Diese Zustände entsprechen einer polarisationsempfindlichen Überlappung im Nanomaßstab zwischen dem anregenden lokalen Feld und der Verteilung des aktiven Mediums. Die Abnahme der QD-Konzentration innerhalb der Monomerformulierung ermöglicht das Einfangen eines einzelnen Quantenpunkts in der Nähe des Au-Partikels. Letztere Objekte zeigen polarisationsabhängiges Schalten im Einphotonenregime.

58)
Vasilios Georgakilas, Michal Otyepka, Athanasios B. Bourlinos, Vimlesh Chandra, Namdong Kim, K. Christian Kemp, Pavel Hobza, Radek Zboril, and Kwang S. Kim (2012). **Functionalization of Graphene: Covalent and Non-Covalent Approaches, Derivatives and Applications**. Chem. Rev. 2012, 112, 11, 6156–6214
https://pubs.acs.org/doi/10.1021/cr3000412
https://doi.org/10.1021/cr3000412

Topic: Klassifizierung von Graphen und Graphenderivaten, Dotierung und Hybridisierung mit Nanopartikeln, Nanodrähten und anderen Materialien. Bioimaging oder Bandlückenöffnung in der Elektronik. 3-D-Manipulation des 2-D-Graphenmaterials. Superkondensatoren, Brennstoffzellen, Wasseraufbereitung, und Arzneimittelabgabe. Stammzelldifferenzierung, hochselektiver Trennung, Graphen-Nanodraht.

Zusammenfassung und Ausblick:
Im Jahr 2004 sorgten die ersten Messungen der elektrischen Leitfähigkeit von Graphen durch Geim und Novoselov für Aufregung

in der wissenschaftlichen Gemeinschaft. In den vergangenen Jahren hat das anfängliche Interesse an dem sogenannten „Wunder"-Material nicht nachgelassen, wobei bereits eine Reihe potenzieller Anwendungen vorgeschlagen wurden, die von der Wasseraufbereitung bis hin zu Superkondensatoren, DNA-Sequenzierung, Photokatalysatoren und Katalysatoren für Sauerstoffreduktionsreaktionen reichen. Dies bedeutet, dass noch viel zu tun ist, um die Eigenschaften von Graphen und funktionalisiertem Graphen zu verstehen, wodurch neue Forschungswege eröffnet werden. Man muss nur die Struktur von GO betrachten, um zu erkennen, dass es mehrere Manipulationen gibt, die chemisch erreicht werden können, wenn wir nur die Struktur vollständig verstehen. (450) Diese Übersicht bietet Einblicke in die verschiedenen Möglichkeiten zur Funktionalisierung von Graphen und Graphenderivaten, wodurch die Zahl potenzieller Anwendungen für Materialien auf Graphenbasis erweitert wird. Die Funktionalisierungsmodi können gemäß dem verwendeten Verfahren und den verwendeten Materialien klassifiziert werden und wurden als solche in kovalente Funktionalisierung, nichtkovalente Funktionalisierung, substitutionelle Dotierung von Graphen und Hybridisierung mit Nanopartikeln, Nanodrähten und anderen Materialien kategorisiert. Diese verschiedenen Methoden der Funktionalisierung bieten verschiedene Möglichkeiten, die derzeitigen Anwendungen von Graphen zu erweitern, d. h. Bioimaging oder Bandlückenöffnung, die in der Elektronik verwendet werden können. Graphen als 2-D-Material leidet immer noch unter kontrollierten synthetischen Wachstumsbedingungen, insbesondere wenn Graphenderivate in Betracht gezogen werden. Es ist zwingend erforderlich, dass diese synthetischen Probleme angegangen werden, damit Graphen und seine Derivate das vielversprechende Anwendungspotenzial erreichen können. Mit verbesserten Syntheseverfahren sollte Graphen viel einfacher in der Elektronik sowie in anderen Anwendungen eingesetzt werden können, die einen schnellen Elektronentransfer erfordern, wie photokatalytische Anwendungen für erneuerbare Energien. Die 3-D-Manipulation des 2-D-Graphenmaterials ist ein weiteres sehr wichtiges Thema, das angegangen werden muss, da die Manipulation von Graphen zu Nanostrukturen höherer Ordnung bereits vielversprechend in Superkondensatoren, (451) Brennstoffzellen, (452) Wasseraufbereitung, (422) und Arzneimittelabgabe (453) unter anderem. Wie jedoch im Haupttext angemerkt wurde, werden die Hauptanwendungen von Graphen und Graphen-Verbundmaterialien höchstwahrscheinlich in Geräten liegen. (454) Die Verwendung von Graphen-Nanopartikelmaterialien ist ein weiteres wichtiges Thema, das Lösungen in Bezug auf wiederholbare und kontrollierbare Syntheseverfahren finden muss, wenn ihr wahres Potenzial erreicht werden soll. Die Leistung dieser Graphen-Nanokompositmaterialien hängt stark von der Architektur der nanoskaligen Bausteine ab, was oft zu nicht wiederholbaren Experimenten führen kann, was dies zu einem weiteren wichtigen Punkt macht, der angegangen werden muss. Nur mit Fortschritten in diesen synthetischen Bereichen werden die versprochenen Anwendungen von Graphen-Nanokompositmaterial in der grünen Chemie endlich erreicht. Es kann sein, dass für die photokatalytische Wasserspaltung die Trennung von Löchern und Elektronen erfolgreich unter Verwendung eines Graphen-Nanopartikel-Verbundmaterials erreicht werden kann. Was auch immer die Zukunft für die Graphenforschung bereithält, man kann sicher sein, dass es immer wieder interessante Themen geben wird, da das Material bereits interessante Anwendungen in so weit voneinander entfernten Bereichen wie Stammzelldifferenzierung, (455) hochselektiver Trennung, (456) Graphen-Nanodraht gefunden hat auf Hybridstrukturen basierende photoleitfähige Bauelemente, (457) auf Graphen-Ladungsdotierung basierende π-Plasmonkontrolle, (458) und hochauflösende Spektroskopie. (459) Mit Blick auf die zukünftige Verwendung von Graphen könnte es sein, dass in der Erweiterung der bereits untersuchten Syntheseverfahren ein Schlüssel zur Erschließung eines neuen Bereichs von Möglichkeiten für dieses Material liegt.

59)
Saim Ghafoor; Noureddine Boujnah; Mubashir Husain Rehmani; Alan Davy (2020). **MAC Protocols for Terahertz Communication: A Comprehensive Survey**. IEEE Communications Surveys & Tutorials, Volume: 22, Issue: 4, Fourthquarter 2020) pp.2236-2282
https://ieeexplore.ieee.org/document/9170557

https://doi.org/10.1109/COMST.2020.3017393

Topic: Terahertz-Kommunikation. MAC-Protokolle. Netzwerktopologie.

Abstract:
Die Terahertz-Kommunikation entwickelt sich zu einer zukünftigen Technologie zur Unterstützung von Terabit-pro-Sekunde-Verbindungen mit herausragenden Merkmalen wie hohem Durchsatz und vernachlässigbarer Latenz. Die einzigartigen Merkmale des Terahertz-Bands wie hohe Pfaddämpfung, Streuung und Reflexion stellen jedoch neue Herausforderungen dar und führen zu kurzen Kommunikationsentfernungen. Die Richtwirkung der Antenne wiederum ist erforderlich, um die Kommunikationsentfernung zu erhöhen und den hohen Pfadverlust zu überwinden. Diese Merkmale in Kombination machen jedoch die Verwendung traditioneller Medium Access Protocols (MAC) zunichte. Daher sind neuartige MAC-Protokolldesigns erforderlich, um ihre potenziellen Vorteile voll auszuschöpfen, darunter effizienter Kanalzugriff, Steuernachrichtenaustausch, Verbindungsaufbau, Mobilitätsmanagement und Minderung von Sichtlinienblockaden. In diesem Artikel wird eine eingehende Übersicht über Terahertz-MAC-Protokolle vorgestellt. Das Papier hebt die Hauptmerkmale des Terahertz-Bandes hervor, die beim Entwerfen eines effizienten Terahertz-MAC-Protokolls berücksichtigt werden sollten, sowie die Entscheidungen, die, wenn sie auf der Terahertz-MAC-Schicht getroffen werden, die Netzwerkleistung verbessern können. Verschiedene Terahertz-Anwendungen im Makro- und Nanobereich werden mit Designanforderungen für ihre MAC-Protokolle hervorgehoben. Die Designprobleme und -überlegungen des MAC-Protokolls werden hervorgehoben. Ferner werden die existierenden MAC-Protokolle auch basierend auf Netzwerktopologie, Kanalzugriffsmechanismen und Verbindungsherstellungsstrategien als Sender- und Empfänger-initiierte Kommunikation klassifiziert. Offene Herausforderungen und zukünftige Forschungsrichtungen zu Terahertz-MAC-Protokollen werden ebenfalls hervorgehoben.

60)
M. K. Gheith, T. C. Pappas, A. V. Liopo, V. A. Sinani, B. S. Shim, M. Motamedi, J. P. Wicksted, N. A. Kotov (2006). **Stimulation of Neural Cells by Lateral Currents in Conductive Layer-by-Layer Films of Single-Walled Carbon Nanotubes.** Advanced Materials 18(22), pp.2975-2979
https://onlinelibrary.wiley.com/doi/10.1002/adma.200600878
https://doi.org/10.1002/adma.200600878

Topic: Single-walled Carbon nanotube (carbon as SWCNT). Implantierbarer biomedizinische Geräte aus SWNT/Polymer-Mehrfachschichten. Neuronenprothesen, Schmerzbehandlung und Muskelstimulation.

Abstract:
Das erste Beispiel einer neuronalen Stimulation durch ein SWNT-Material, das durch Schicht-für-Schicht-Abscheidung zusammengesetzt wurde, wird beschrieben (siehe Abbildung). Die Anregung durch laterale Ströme in der Nanoröhrenbeschichtung führt zur Öffnung von spannungsabhängigen Na+-Ionenkanälen. Die experimentellen Beobachtungen weisen auf die Möglichkeit der Entwicklung implantierbarer biomedizinischer Geräte aus SWNT/Polymer-Mehrfachschichten hin, die für Neuronenprothesen, Schmerzbehandlung und Muskelstimulation verwendet werden können.

61)
Manosij Ghosh, Anirban Chakraborty, Maumita Bandyopadhyay, Anita Mukherjee (2011). **Multi-walled carbon nanotubes (MWCNT): Induction of DNA damage in plant and mammalian cells.** Journal of Hazardous Materials Volume 197, 15 December 2011, Pages 327-336
https://www.sciencedirect.com/science/article/abs/pii/S030438941 1012039?via%3Dihub
https://doi.org/10.1016/j.jhazmat.2011.09.090

Topic: Genotoxizität durch MWCNT (reversible oder irreversible Schädigung des Erbguts (DNA) durch chemische Substanzen oder physikalische Einflüsse). Chromosomenaberrationen und DNA-Strangbrüche.

Abstract:
Die zunehmende Verwendung von mehrwandigen Kohlenstoffnanoröhren (MWCNT) erfordert ein besseres Verständnis ihrer potenziellen Auswirkungen auf die Gesundheit der Umwelt. In der vorliegenden Studie haben wir die Genotoxizität von MWCNT in Pflanzen- und Säugetiertestsystemen bewertet. Genotoxische Reaktionen wie Chromosomenaberrationen und DNA-Strangbrüche wurden in Allium cepa, menschlichen Lymphozyten, Maus-Knochenmarkszellen und pBR322-Plasmid-DNA untersucht. Die Ergebnisse zeigten, dass MWCNT Chromosomenaberrationen, DNA-Fragmentierung und Apoptose in Allium-Wurzelzellen verursachen könnte, die mit der Internalisierung von MWCNT in Pflanzenzellen korrelieren könnten. Bei menschlichen Lymphozyten wurde bei einer Konzentration von 2 µg/ml eine signifikante genotoxische Reaktion beobachtet. Höhere Konzentrationen führten zu einer Abnahme der Werte des Schwanz-DNA-Prozentsatzes, was auf die Bildung von Quervernetzungen zurückzuführen sein kann. Die Annexin-V-FITC-PI-Färbung zeigte, dass nur ein kleiner Prozentsatz der Zellen Apoptose durchmachte. Genotoxische Wirkungen wurden durch Mikronuklei (MN)-Frequenzen in Experimenten an Maus-Knochenmarkszellen gezeigt. Im zellfreien DNA-System (Plasmid pBR322) wurde eine starke Korrelation zwischen DNA-Strangbruch und Konzentration beobachtet. Basierend auf den Ergebnissen der vorliegenden Studie kann MWCNT einen signifikanten Einfluss auf genomische Aktivitäten haben.
Höhepunkte
▶ MWCNT induziert bei Allium Chromosomenaberrationen, DNA-Fragmentierung und Apoptose. ▶ Das Vorhandensein von „schwarzen Punkten" in Allium-Wurzelzellen bestätigte die Internalisierung von MWCNT. ▶ MWCNT induzierte DNA-Schäden und Apoptose in menschlichen Lymphozyten. ▶ MN- und Comet-Assays in Knochenmarkszellen in vivo zeigten Genotoxizität. ▶ Studienergebnisse weisen auf die Bildung von Quervernetzungen durch MWCNT mit DNA hin.

62)
Carlo Gilardi, Paolo Pedrinazzi, Kishan Ashokbhai Patel, Luca Anzi, Birong Luo, Timothy J. Booth, Peter Bøggild and Roman Sordan (2019). **Graphene–Si CMOS oscillators**. Nanoscale, 11(8) 2011, Pages 3619-3625
https://pubs.rsc.org/en/content/articlelanding/2019/NR/C8NR07862A
https://doi.org/10.1039/C8NR07862A

Topic: Graphen-Feldeffekttransistoren (GFETs). Ambipolarität von Graphen

Abstract:
Graphen-Feldeffekttransistoren (GFETs) bieten eine Möglichkeit, die einzigartigen physikalischen Eigenschaften von Graphen für die Realisierung neuartiger elektronischer Schaltungen zu nutzen. Allerdings fehlt Graphenschaltungen oft der Spannungshub und die Schaltbarkeit von komplementären Si-Metalloxid-Halbleiter(CMOS)-Schaltungen, die der Hauptbaustein der modernen Elektronik sind. Hier führen wir Graphen in Si-CMOS-Schaltungen ein, um die günstigen elektronischen Eigenschaften beider Technologien auszunutzen und eine neue Klasse einfacher Oszillatoren zu realisieren, die nur einen GFET, einen Si-CMOS-D-Latch und eine Zeitsteuerungs-RC-Schaltung verwenden. Der Betrieb der beiden Arten von realisierten Oszillatoren basiert auf der Ambipolarität von Graphen, d. h. der Symmetrie der Transferkurve von GFETs um den Dirac-Punkt. Die Ambipolarität von Graphen ermöglichte es auch, die Oszillatoren ohne Schaltungsmodifikationen in Pulsweitenmodulatoren (mit einem Tastverhältnis von ~1 : 4) und spannungsgesteuerte Oszillatoren (mit einem Frequenzverhältnis von ~1 : 8) zu verwandeln. Die Oszillationsfrequenz lag im Bereich von 4 kHz bis 4 MHz und war nur durch die externen Schaltungsverbindungen und nicht durch die Komponenten selbst begrenzt. Die demonstrierten Graphen-Si-CMOS-Hybridschaltkreise ebnen den Weg für eine breitere Anwendung von Graphen in der Elektronik.

63)
A V Gritsienko, N S Kurochkin, P V Lega, A P Orlov, A S Ilin, S P Eliseevand A G Vitukhnovsky (2015). **Optical properties of new hybrid nanoantenna in submicron cavity**. Journal of Physics: Conference Series 2015, 012052. PDF
https://iopscience.iop.org/article/10.1088/1742-6596/2015/1/012052
https://doi.org/10.1088/1742-6596/2015/1/012052

Topic: Nanophotonik. Plasmonen-Nanoantennen.

Abstract:
Ein wesentlicher Bereich der Nanophotonik ist die Schaffung effizienter Quantenemitter, die bei hohen Frequenzen arbeiten. In dieser Hinsicht sind Plasmonen-Nanoantennen auf der Basis von Nanopartikeln auf Metall (Nanopatch-Antennen) unglaublich relevant. Wir haben eine neue hybride Nanoantenne mit einem Würfel auf Metall und Quantenemittern erstellt und untersucht. Wir demonstrieren einen bis zu 60-fachen Anstieg der Rate der spontanen Emission und der Spalt-Plasmon-Modusänderung für die Nanopatch-Antenne in der metallischen Wanne. Die Ergebnisse zeigen die Möglichkeit, Plasmonenantennen auf kontrollierte Weise herzustellen, indem ein Array von regelmäßig angeordneten Hohlräumen-Resonatoren im Nanomaßstab erzeugt wird.

64)
Erica Guerriero, Laura Polloni, Massimiliano Bianchi, Ashkan Behnam, Enrique Carrion, Laura Giorgia Rizzi, Eric Pop and Roman Sordan (2013). **Gigahertz Integrated Graphene Ring Oscillators**. ACS Nano 2013, 7, 6, 5588–5594
https://pubs.acs.org/doi/10.1021/nn401933v
https://doi.org/10.1021/nn401933v

Topic: Graphentransistorkomponenten. Ringoszillatoren (ROs). Gigahertz-Multitransistor-Graphen-integrierten Schaltungen
Abstract
Ringoszillatoren (ROs) sind die wichtigste Klasse von Schaltungen, die verwendet werden, um die Leistungsgrenzen jeder digita-

len Technologie zu bewerten. Allerdings haben ROs auf der Basis von niedrigdimensionalen Nanomaterialien (z. B. 1-D-Nanoröhren, Nanodrähte, 2-D-MoS2) bisher eine begrenzte Leistung aufgrund von niedrigem Stromantrieb oder großen Parasiten gezeigt. Hier zeigen wir integrierte ROs, die aus Graphen im Wafermaßstab hergestellt wurden, das durch chemische Gasphasenabscheidung gewachsen ist. Die höchste Oszillationsfrequenz betrug 1,28 GHz, während der größte Ausgangsspannungshub 0,57 V betrug. Beide Werte bleiben eher durch parasitäre Kapazitäten in der Schaltung als durch intrinsische Eigenschaften der Graphentransistorkomponenten begrenzt, was darauf hindeutet, dass weitere Verbesserungen möglich sind. Die hergestellten ROs sind die bisher am schnellsten realisierten niederdimensionalen Nanomaterialien und auch am wenigsten empfindlich gegenüber Schwankungen in der Versorgungsspannung. Sie stellen die ersten integrierten Graphen-Oszillatoren jeglicher Art dar und können auch in einer Vielzahl von Anwendungen in der analogen Elektronik eingesetzt werden. Als Demonstration haben wir auch die ersten eigenständigen Graphen-Mischer realisiert, die keine externen Oszillatoren zur Frequenzwandlung benötigen. Die ersten hier demonstrierten Gigahertz-Multitransistor-Graphen-integrierten Schaltungen ebnen den Weg für die Anwendung von Graphen in digitalen und analogen Hochgeschwindigkeitsschaltungen, bei denen eine hohe Betriebsgeschwindigkeit gegen den Stromverbrauch eingetauscht werden könnte.

65)
Sanju Gupta & Romney Meek (2020). **Optical properties of new hybrid nanoantenna in submicron cavity**. Applied Physics A volume 126(9), Article number: 704 (2020) pp.1-12
https://link.springer.com/article/10.1007/s00339-020-03902-x
https://doi.org/10.1007/s00339-020-03902-x

Topic: Thermisch reduzierte Graphenoxid-Nanoblättern und Kohlenstoff-Nanoröhren als potenzielle thermoelektrochemische Energiesammler. Vernetzung von Graphenoxid-Nanoblättern mit Kohlenstoff-Nanoröhren. Aerogel-Netzwerke mit ultraniedriger Dichte, einstellbarer mesoskopischer Porengröße, maßgeschneiderter Funktionalität und Morphologie. Höhere Seebeck-Koeffizienten Abstract: Dreidimensionale Gerüstanordnungen, die aus thermisch reduzierten Graphenoxid-Nanoblättern und Kohlenstoff-Nanoröhren mit kleinem Durchmesser bestehen, wurden als potenzielle thermoelektrochemische Energiesammler aus reinem Kohlenstoff synthetisiert. Der einfache Hydrothermal-Solvothermal-Syntheseweg, bei dem die organische Nasschemie verwendet wurde, bestand darin, die gut dispergierten Graphenoxid-Nanoblätter mit Kohlenstoff-Nanoröhren zu vernetzen, gefolgt von Gefriertrocknung, um monolithische Aerogel-Netzwerke mit ultraniedriger Dichte, einstellbarer mesoskopischer Porengröße, maßgeschneiderter Funktionalität und Morphologie herzustellen . Sie zeigten eine hohe elektrische Leitfähigkeit aufgrund von Multiplex-Topologien aufgrund der Integration mit Kohlenstoffnanoröhren, die eine hohe Zustandsdichte bei Van-Hove-Singularitäten aufweisen, begleitet von einer erwarteten größeren Oberfläche und ausreichenden Kantenebenenstellen, die wiederum die Oberflächenadsorption und schnelle Ionen verbessern Transport. Wir führten eine thermoelektrische und thermoelektrochemische Stromerzeugung aus diesen „Hybrid"-Aerogelmaterialien und unter Verwendung von zwei verschiedenen Designs von galvanischen Thermozellen durch. Folglich wurden höhere Seebeck-Koeffizienten (elektronisch; Se sowie ionisch; Sion) und Thermokrafterzeugung gemessen, die eine geringe thermische Ansprechbarkeit bestätigten, die auf eine kleinere Domänengröße zurückzuführen ist, die durch hierarchische Mesoporosität und offenes Netzwerk erzeugt wird. Diese vielfältigen Merkmale demonstrieren das erhebliche Potenzial dieser neuartigen Elektroden in galvanischen Thermozellen für geringgradige Wärmeenergie-Harvester mit höherer relativer Umwandlungseffizienz.

66)
Hamid R. Hamedi, Emmanuel Paspalakis and Vassilios Yannopapas (2021). **Effective Control of the Optical Bistability of a Three-Level Quantum Emitter near a Nanostructured Plasmonic Metasurface.** Photonics 2021, 8(7), 285

https://www.mdpi.com/2304-6732/8/7/285
https://doi.org/10.3390/photonics8070285

Topic: Hybride quantenplasmonische Systeme, Bistabilität/Multistabilität

Abstract:
Wir untersuchen theoretisch die Phänomene optische Bistabilität und Multistabilität eines hybriden quantenplasmonischen Systems, das in einen optischen Ringresonator eingetaucht ist. Das hybride quantenplasmonische System besteht aus einem dreistufigen Quantenemitter vom V-Typ und einer zweidimensionalen plasmonischen Metaoberfläche aus Gold-Nanoschalen. Der Quantenemitter und die plasmonische Metaoberfläche werden in unmittelbarer Nähe zueinander platziert, so dass eine starke Quanteninterferenz der spontanen Emission auftritt, was die starke Modifikation von optischen Bistabilitäts-/Multistabilitäts-Hysteresekurven ermöglicht. Darüber hinaus ermöglicht die starke Wechselwirkung zwischen dem Emitter und der plasmonischen Metaoberfläche eine aktive Steuerung der entsprechenden bistabilen Schwellenintensität. Darüber hinaus zeigen wir, dass durch Variation des Metaoberflächen-Emitter-Abstands ein Übergang von Bistabilität zu Multistabilität des Hybridsystems beobachtet wird. Schließlich haben wir durch Einführen eines zusätzlichen inkohärenten Pumpens in das System das Auftreten von Phänomenen wie Sondenabsorption und Verstärkung mit oder ohne Besetzungsinversion. Die Ergebnisse können technologische Anwendung in nanoskaligen On-Chip-Photonengeräten, der Optoelektronik und der Festkörper-Quanteninformationswissenschaft finden.

67)
Hui Hu, Yingchun Ni, Swadhin K. Mandal, Vedrana Montana, Bin Zhao, Robert C. Haddon and Vladimir Parpura (2005). **Polyethyleneimine Functionalized Single-Walled Carbon Nanotubes as a Substrate for Neuronal Growth.** J. Phys. Chem. B 2005, 109, 10, 4285–4289
https://pubs.acs.org/doi/10.1021/jp0441137
https://doi.org/10.1021/jp0441137

Topic: Einwandige Kohlenstoffnanoröhren (SWNT). Substrat für kultivierte Neuronen. Wachstums und Verzweigung von Neuriten.

Abstract:
Wir berichten über die Synthese eines Pfropfcopolymers aus einwandigen Kohlenstoffnanoröhren (SWNT). Dieses Polymer wurde durch die Funktionalisierung von SWNTs mit Polyethylenimin (PEI) hergestellt. Wir verwendeten dieses Pfropfcopolymer, SWNT-PEI, als Substrat für kultivierte Neuronen und stellten fest, dass es das Wachstum und die Verzweigung von Neuriten fördert.

68)
Wenchuang Hu; K. Sarveswaran; M. Lieberman; G.H. Bernstein (2005). **High-resolution electron beam lithography and DNA nano-patterning for molecular QCA.** IEEE Transactions on Nanotechnology (Volume: 4, Issue: 3, May 2005). Pp: 312 - 316
https://ieeexplore.ieee.org/document/1430665
https://doi.org/10.1109/TNANO.2005.847034

Topic: Hochauflösende Elektronenstrahllithographie (EBL). Molekulare Auflösung: wenige Nanometer für zelluläre Automaten mit Quantenpunkten zu strukturieren.

Abstract:
Die Elektronenstrahllithographie (EBL)-Strukturierung von Poly(methylmethacrylat) (PMMA) ist ein vielseitiges Werkzeug zur Definition molekularer Strukturen im Sub-10-nm-Bereich. Wir demonstrieren eine lithographische Auflösung von etwa 5 nm unter Verwendung einer Kaltentwicklungstechnik. Das Abheben von Sub-10-nm-Au-Nanopartikeln und Metallleitungen beweist, dass die Kaltentwicklung die PMMA-Rückstände auf den belichteten Bereichen vollständig entfernt. Molekulares Liftoff wird durchgeführt, um DNA-Flöße mit hoher Genauigkeit bei Linienbreiten von etwa 100 nm zu strukturieren. Hochauflösende EBL und molekularer Liftoff können angewendet werden, um Creutz-Taube-

Moleküle im Maßstab von wenigen Nanometern für zelluläre Automaten mit Quantenpunkten zu strukturieren.

69)
Gangliang Huang & Hualiang Huang (2018). **Application of dextran as nanoscale drug carriers.** NANOMEDICINE, Vol. 13(24) pp. 3149-3158
https://www.futuremedicine.com/doi/10.2217/nnm-2018-0331
https://doi.org/10.2217/nnm-2018-0331

Topic: Gentransfektion und Arzneimittelabgabe. Arzneimittelabgabesystemen.

Abstract:
Dextran ist eine Art biokompatibler, nicht toxischer und nicht immunogener biologischer Substanz, die in Arzneimittelabgabesystemen weit verbreitet ist. Mit weiterer Forschung und Verständnis von Dextran und seinen Derivaten können Menschen die Sequenz von Dextran nach Bedarf durch chemische und biosynthetische Methoden genauer steuern und verschiedene Strukturen modifizieren, um die Eigenschaften von Dextran zu verbessern, wie z. B. Hydrophilie, Hydrophobie, Temperaturempfindlichkeit, pH-Empfindlichkeit und Ionenstärkeempfindlichkeit, die die Anwendung von Dextran und seinen Derivaten in Arzneimittelabgabesystemen weiter erweitern wird. Hierin wurde die Anwendung von Dextran und seinen Derivaten bei der Gentransfektion und Arzneimittelabgabe zusammengefasst und analysiert, und die Probleme wurden untersucht. Gleichzeitig werden die Anwendungsaussichten prognostiziert.

70)
J.Huang, M.Momenzadeh, F.Lombardi (2007). **Design of sequential circuits by quantum-dot cellular automata.** Microelectronics Journal, Volume 38, Issues 4–5, April–May 2007, Pages 525-537
https://www.sciencedirect.com/science/article/abs/pii/S0026692907000572?via%3Dihub
https://doi.org/10.1016/j.mejo.2007.03.013

Topic: Sequentiellen Schaltungen für Quantenpunkt-Zellularautomaten (QCA). Algorithmus zum Zuordnen geeigneter Taktzonen zu einer sequentiellen QCA-Schaltung.

Abstract:
Dieses Papier schlägt eine detaillierte Entwurfsanalyse von sequentiellen Schaltungen für Quantenpunkt-Zellularautomaten (QCA) vor. Diese Analyse umfasst sowohl Flip-Flop (FF)-Geräte als auch Schaltkreise. Zunächst wird ein neuartiger FF vom RS-Typ vorgeschlagen, der einer QCA-Implementierung zugänglich ist. Dieser FF erweitert eine frühere schwellenwertbasierte Konfiguration auf QCA, indem er die mit dem adiabatischen Schalten dieser Technologie verbundenen Timing-Probleme berücksichtigt. Die Charakterisierung eines D-Typ-FF als ein Gerät, das aus einem eingebetteten Draht besteht, wird ebenfalls vorgestellt. Einzigartige zeitliche Beschränkungen im sequentiellen QCA-Logikdesign werden identifiziert und untersucht. Es wird ein Algorithmus zum Zuordnen geeigneter Taktzonen zu einer sequentiellen QCA-Schaltung vorgeschlagen. In dem Algorithmus wird eine Technik verwendet, die als Strecken bezeichnet wird, um eine Zeit- und Verzögerungsanpassung sicherzustellen. Dieser Algorithmus beruht auf einem topologischen Sortier- und Aufzählungsschritt, um konsistent nur einmal die Ränder der Graphendarstellung der sequentiellen QCA-Schaltung zu durchlaufen. Es werden Beispiele für sequenzielle QCA-Schaltungen bereitgestellt.

71) Jianhong Huang, Guangjun, Xie, Rui Kuang, Feifei Deng, Yongqiang Zhang (2021). **QCA-based Hamming code circuit for nano communication network**. Microprocessors and Microsystems, Volume 84, July 2021, 104237
https://www.sciencedirect.com/science/article/abs/pii/S0141933121004051?via%3Dihub
https://doi.org/10.1016/j.micpro.2021.104237

Topic: Digitale Schaltungen mit hoher Integration, extrem niedrigem Energieverbrauch und hoher Schaltgeschwindigkeit.

Abstract:
Quantum-Dot Cellular Automata (QCA) ist eine der vielversprechendsten Technologien zum Entwerfen digitaler Schaltungen mit hoher Integration, extrem niedrigem Energieverbrauch und hoher Schaltgeschwindigkeit. Die effiziente Implementierung basierend auf QCA wurde in einigen Nanokommunikations-Codeschaltungen verifiziert. In diesem Manuskript wird eine Bottom-up-Methode angewendet, um neuartige 3–8- und 4–16-Decoder zu entwerfen und zu implementieren. Basierend auf der vorgeschlagenen Struktur werden (7,4)- und (15,11)-Hamming-Codec-Schaltungen implementiert. Das allgemeine Designverfahren des QCA-Hamming-Code-Kommunikationsnetzwerks wird ebenfalls angegeben. Für unterschiedliche Generatormatrizen in Hamming-Codes muss der vorgeschlagene Entwurf nur die entsprechenden Verbindungsleitungen im Kommunikationsnetz ohne größere Anpassungen an der Schaltungsstruktur modifizieren, um die gleiche Funktion zu erreichen. Verglichen mit den auf den Hamming-Code bezogenen Entwürfen in anderen Studien weist der vorgeschlagene Entwurf eine bessere Hardwarekomplexität auf. Die vorgeschlagene Hamming-Code-Schaltung weist eine große Leistungsverbesserung in Bezug auf Zellenzahl, Fläche und Taktverzögerung auf. Die obigen Designs wurden vom QCADesigner funktional verifiziert.

72)
Guang Jia, Haifang Wang, Lei Yan, Xiang Wang, Rongjuan Pei, Tao Yan, Yuliang Zhao, and Xinbiao Guo (2005). **Cytotoxicity of Carbon Nanomaterials: Single-Wall Nanotube, Multi-Wall Nanotube, and Fullerene**. Environ. Sci. Technol. 2005, 39, 5, 1378–1383
https://pubs.acs.org/doi/10.1021/es0487291

Topic: Nekrose und Degeneration bei hohen Dosen von SWNTs oder MWNT10.

Abstract:
Ein Zytotoxizitätstestprotokoll für einwandige Nanoröhren (SWNTs), mehrwandige Nanoröhren (mit Durchmessern von 10

bis 20 nm, MWNT10) und Fulleren (C60) wurde getestet. Bei Alveolarmakrophagen (AM) wurde nach 6-stündiger In-vitro-Exposition eine ausgeprägte Zytotoxizität von SWNTs beobachtet. Die Zytotoxizität nimmt um bis zu 35 % zu, wenn die Dosierung von SWNTs um 11,30 µg/cm2 erhöht wurde. Für C60 wurde bis zu einer Dosis von 226,00 µg/cm2 keine signifikante Toxizität beobachtet. Die Zytotoxizität folgt offensichtlich einer Sequenzreihenfolge auf Massenbasis: SWNTs > MWNT10 > Quarz > C60. SWNTs beeinträchtigten die Phagozytose von AM bei der niedrigen Dosis von 0,38 µg/cm2 signifikant, während MWNT10 und C60 nur bei der hohen Dosis von 3,06 µg/cm2 eine Schädigung induzierten. Die Makrophagen, die SWNTs oder MWNT10 von 3,06 µg/cm2 ausgesetzt waren, zeigten charakteristische Merkmale von Nekrose und Degeneration. Wahrscheinlich lag ein Zeichen für apoptotischen Zelltod vor. Kohlenstoff-Nanomaterialien mit unterschiedlichen geometrischen Strukturen weisen in vitro eine recht unterschiedliche Zytotoxizität und Bioaktivität auf, obwohl sie sich möglicherweise nicht genau in der vergleichenden Toxizität in vivo widerspiegeln.

73)
Agnes Aruna John, Aruna Priyadharshni Subramanian, Muthu Vignesh Vellayappan, Arunpandian Balaji, Hemanth Mohandas, and Saravana Kumar Jaganathan (2015). **Carbon nanotubes and graphene as emerging candidates in neuroregeneration and neurodrug delivery**. Microprocessors and Microsystems 2015; 10: 4267–4277.
https://www.ncbi.nlm.nih.gov/pmc/articles/PMC4495782/

Topic: Neuroregeneration, Neurodegeneration, Nanomedizin, Kohlenstoffnanoröhrchen, Graphen, Nanodrug Delivery.

Abstract:
Neuroregeneration ist das Nachwachsen oder die Reparatur von Nervengewebe, Zellen oder Zellprodukten, die an Neurodegeneration und entzündlichen Erkrankungen des Nervensystems wie Alzheimer und Parkinson beteiligt sind. Heutzutage wird die Anwendung der Nanotechnologie üblicherweise bei der Entwicklung von

Nanomedikamenten verwendet, um die Pharmakokinetik und Arzneimittelabgabe ausschließlich für Pathologien des zentralen Nervensystems zu verbessern. Darüber hinaus führen nanomedizinische Fortschritte zu Therapien, die die ungeordnete Proteinaggregation im zentralen Nervensystem stören, funktionelle neuroprotektive Wachstumsfaktoren liefern und den oxidativen Stress und die Exzitotoxizität betroffener Nervengewebe verändern, um die geschädigten Neuronen zu regenerieren. Kohlenstoffnanoröhren und Graphen sind Allotrope von Kohlenstoff, die von Forschern aufgrund ihrer hervorragenden physikalischen Eigenschaften und ihrer Fähigkeit, mit Neuronen und neuronalen Schaltkreisen zu interagieren, genutzt wurden. Diese Übersicht beschreibt die Rolle von Kohlenstoffnanoröhren und Graphen bei der Neuroregeneration. Für die Zukunft hofft man, dass die Vorteile der Nanotechnologien ihre Risiken überwiegen werden und dass das nächste Jahrzehnt einen enormen Spielraum für die Entwicklung und Bereitstellung von Technologien im Bereich der Neurowissenschaften bieten wird.

74)
Josep Miquel Jornet; Ian F. Akyildiz (2012). **Joint Energy Harvesting and Communication Analysis for Perpetual Wireless Nanosensor Networks in the Terahertz Band.** IEEE Transactions on Nanotechnology (Volume: 11, Issue: 3, May 2012, 570-580)
https://ieeexplore.ieee.org/document/6144047
https://doi.org/10.1109/TNANO.2012.2186313

Topic: Drahtlose Nanosensornetzwerke (WNSNs) für intrakörperliche Arzneimittelverabreichungssysteme oder Überwachungsnetzwerke. Überwinden des Energieengpasses durch neuartige Energy-Harvesting-Mechanismen. Energieautarke Nanosensor-Motes mittels eines piezoelektrischen Nanogenerators.

Abstract:
Drahtlose Nanosensornetzwerke (WNSNs) bestehen aus Kommunikationsgeräten in Nanogröße, die neuartige Ereignisse im Nanomaßstab erkennen und messen können. WNSNs sind die Basis-

technologie für einzigartige Anwendungen wie intrakörperliche Arzneimittelverabreichungssysteme oder Überwachungsnetzwerke zur Verhinderung chemischer Angriffe. Einer der größten Engpässe bei WNSNs ist die sehr begrenzte Energie, die in einem Nanosensor-Teilchen gespeichert werden kann, im Gegensatz zu der Energie, die das Gerät zur Kommunikation benötigt. Kürzlich wurden neuartige Energy-Harvesting-Mechanismen vorgeschlagen, um die in Nanogeräten gespeicherte Energie wieder aufzufüllen. Mit diesen Mechanismen können WNSNs ihren Energieengpass überwinden und sogar eine unbegrenzte Lebensdauer haben (perpetual WNSNs), sofern die Energiegewinnungs- und Verbrauchsprozesse gemeinsam gestaltet werden. In dieser Arbeit wird ein Energiemodell für energieautarke Nanosensor-Motes entwickelt, das erfolgreich die Korrelation zwischen den Energiegewinnungs- und den Energieverbrauchsprozessen erfasst. Der Energy-Harvesting-Prozess wird mittels eines piezoelektrischen Nanogenerators realisiert, für den ein neues Schaltungsmodell entwickelt wird, das vorhandene experimentelle Daten genau reproduzieren kann. Der Energieverbrauchsprozess beruht auf der Kommunikation zwischen Nanosensorpartikeln im Terahertzband (0,1–10 THz). Das vorgeschlagene Energiemodell erfasst das dynamische Netzwerkverhalten mittels einer probabilistischen Analyse des gesamten Netzwerkverkehrs und der Multiuser-Interferenz. Ein mathematischer Rahmen wird entwickelt, um die Wahrscheinlichkeitsverteilung der Nanosensor-Mote-Energie zu erhalten und die Wahrscheinlichkeit einer erfolgreichen Paketzustellung von Ende zu Ende, die Paketverzögerung von Ende zu Ende und den erreichbaren Durchsatz von WNSNs zu untersuchen. Nanosensorpartikel wurden noch nicht gebaut, und daher ist die Entwicklung eines analytischen Energiemodells ein grundlegender Schritt in Richtung des Entwurfs von WNSNs-Architekturen und -Protokollen.

75)
Josep Miquel Jornet; Ian F. Akyildiz (2014). **Joint Energy Harvesting and Communication Analysis for Perpetual Wireless Nanosensor Networks in the Terahertz Band**. IEEE Transactions on Communications (Volume: 62, Issue: 5, May 2014) Page(s): 1742 - 1754

https://ieeexplore.ieee.org/document/6804405
Topic: Übertragung von einhundert Femtosekunden langen Impulsen durch Befolgen einer asymmetrischen On-Off Keying-Modulation Spread in Time (TS-OOK). Unterstützung einer sehr großen Anzahl von Nanogeräten, die gleichzeitig mit mehreren Gigabit pro Sekunde und bis zu Terabit pro Sekunde übertragen können.

Abstract:
Nanonetzwerke bestehen aus Kommunikationsgeräten in Nanogröße, die einfache Aufgaben im Nanomaßstab ausführen können. Nanonetzwerke sind die Basistechnologie für lang erwartete Anwendungen wie fortschrittliche Gesundheitsüberwachungssysteme oder hochleistungsfähige verteilte Nano-Computing-Architekturen. Die Besonderheiten neuartiger plasmonischer Nano-Transceiver und Nano-Antennen, die im Terahertz-Band (0,1-10 THz) arbeiten, erfordern die Entwicklung maßgeschneiderter Kommunikationsschemata für Nanonetzwerke. In dieser Arbeit wird ein Modulations- und Kanalzugriffsschema für Nanonetzwerke im Terahertz-Band entwickelt. Die vorgeschlagene Technik basiert auf der Übertragung von einhundert Femtosekunden langen Impulsen durch Befolgen einer asymmetrischen On-Off Keying-Modulation Spread in Time (TS-OOK). Die Leistungsfähigkeit von TS-OOK wird hinsichtlich der erreichbaren Informationsrate im Single-User- und im Multi-User-Fall bewertet. Ein genaues Terahertz-Band-Kanalmodell, validiert durch COMSOL-Simulation, wird verwendet, und neuartige stochastische Modelle für das molekulare Absorptionsrauschen im Terahertz-Band und für die Mehrbenutzerinterferenz in TS-OOK werden entwickelt. Die Ergebnisse zeigen, dass die vorgeschlagene Modulation je nach Modulationsparametern und Netzwerkbedingungen eine sehr große Anzahl von Nanogeräten unterstützen kann, die gleichzeitig mit mehreren Gigabit pro Sekunde und bis zu Terabit pro Sekunde übertragen.

76)
Josep Miquel Jornet; Ian F. Akyildiz (2011). **Information capacity of pulse-based Wireless Nanosensor Networks**. 2011 8th Annual IEEE Communications Society Conference on Sensor, Mesh and Ad Hoc Communications and Networks, pp. 80-88
https://ieeexplore.ieee.org/document/5984951
https://doi.org/10.1109/SAHCN.2011.5984951

Topic: TS-OOK (Time Spread On-Off Keying) for Elektromagnetische drahtlose Nanosensornetzwerke (WNSNs)

Abstract:
Die Nanotechnologie ermöglicht die Entwicklung von Sensorgeräten mit einer Größe von nur wenigen hundert Nanometern, die in der Lage sind, neue Arten von Ereignissen im Nanomaßstab zu messen, indem sie die Eigenschaften neuartiger Nanomaterialien ausnutzen. Die drahtlose Kommunikation zwischen diesen Nanosensoren wird das Anwendungsspektrum der Nanotechnologie unter anderem in den Bereichen Biomedizin, Umwelt und Militär erweitern. Unter den verschiedenen Alternativen für die Kommunikation im Nanomaßstab deuten die jüngsten Fortschritte bei Nanomaterialien auf das Terahertz-Band (0,1–10,0 THz) als den Frequenzbereich für den Betrieb zukünftiger elektronischer Nanogeräte hin. Dieses noch nicht lizenzierte Band kann theoretisch sehr große Übertragungsbitraten im Nahbereich unterstützen, d. h. für Entfernungen unter einem Meter. Noch wichtiger ist, dass das Terahertz-Band auch sehr einfache Kommunikationsmechanismen ermöglicht, die für die sehr begrenzten Fähigkeiten von Nanosensoren geeignet sind. In diesem Artikel wird ein neues Kommunikationsparadigma namens TS-OOK (Time Spread On-Off Keying) für elektromagnetische drahtlose Nanosensornetzwerke (WNSNs) vorgestellt. Diese neue Technik basiert auf der Übertragung von femtosekundenlangen Impulsen, indem sie einer zeitlich gespreizten Ein-Aus-Tastmodulation folgt. Die Leistung dieses Schemas wird im Hinblick auf die Informationskapazität für den Einzelbenutzerfall sowie die aggregierte Netzwerkkapazität für den Mehrbenutzerfall bewertet. Die Ergebnisse zeigen, dass dieses Schema durch Ausnutzung der Besonderheiten des Terahertz-Bandes eine

sehr einfache, aber robuste Kommunikationstechnik für WNSNs bereitstellt. Darüber hinaus wird gezeigt, dass aufgrund des besonderen Verhaltens des Rauschens im Terahertz-Band die Einzelbenutzerkapazität und die aggregierte Netzwerkkapazität die der klassischen drahtlosen AWGN-Kanal-Netzwerke überschreiten können, wenn die entsprechenden Kanalcodes verwendet werden.

77)
Josep Miquel Jornet; Ian F. Akyildiz (2013). **Graphene-based Plasmonic Nano-Antenna for Terahertz Band Communication in Nanonetworks**. Published in: IEEE Journal on Selected Areas in Communications (Volume: 31, Issue: 12, December 2013) , Page(s): 685 - 694
https://ieeexplore.ieee.org/document/6708549
https://doi.org/10.1109/JSAC.2013.SUP2.1213001

Topic: Nanonetzwerke in Biologie, Industrie und Militär. Neuartige Graphen-basierte Nano-Antenne.

Abstract:
Nanonetzwerke, d. h. Netzwerke von Geräten in Nanogröße, sind die Schlüsseltechnologie für lang erwartete Anwendungen in den Bereichen Biologie, Industrie und Militär. Zurzeit begrenzen die Größen- und Leistungsbeschränkungen von Nanogeräten die Anwendbarkeit der klassischen drahtlosen Kommunikation in Nanonetzwerken. Alternativ können Nanomaterialien verwendet werden, um eine elektromagnetische (EM) Kommunikation zwischen Nanogeräten zu ermöglichen. In diesem Artikel wird eine neuartige Graphen-basierte Nano-Antenne vorgeschlagen, modelliert und analysiert, die das Verhalten von Surface Plasmon Polariton (SPP)-Wellen in Graphen-Nanobändern (GNRs) halb-endlicher Größe ausnutzt. Zunächst wird die Leitfähigkeit von GNRs analytisch und numerisch untersucht, indem vom Kubo-Formalismus ausgegangen wird, um den Einfluss des seitlichen Elektroneneinschlusses in GNRs zu erfassen. Zweitens wird die Ausbreitung von SPP-Wellen in GNRs analytisch und numerisch untersucht und der SPP-Wellenvektor und die Ausbreitungslänge berechnet. Abschließend wird die Nanoantenne als resonanter plasmonischer Hohlraum

modelliert und ihr Frequenzgang bestimmt. Die Ergebnisse zeigen, dass plasmonische Nanoantennen auf Graphenbasis durch Ausnutzung des hohen Modenkompressionsfaktors von SPP-Wellen in GNRs in der Lage sind, bei viel niedrigeren Frequenzen zu arbeiten als ihre metallischen Gegenstücke, z. B. das Terahertz-Band für eine Länge von einem Mikrometer zehn Nanometer breite Antenne. Dieses Ergebnis hat das Potenzial, EM-Kommunikation in Nanonetzwerken zu ermöglichen.

78)
Josep Miquel Jornet (2014). **Low-weight error-prevention codes for electromagnetic nanonetworks in the Terahertz Band**. Nano Communication Networks, Volume 5, Issues 1–2, March–June 2014, Pages 35-44
https://www.sciencedirect.com/science/article/abs/pii/S1878778914000039?via%3Dihub
https://dx.doi.org/10.1016/j.nancom.2014.04.001

Topic: Fehlerkontrollstrategie für elektromagnetische Nanonetzwerke

Abstract:
In diesem Artikel wird eine neuartige Fehlerkontrollstrategie für elektromagnetische Nanonetzwerke vorgeschlagen, die auf der Verwendung von Kanalcodes mit geringem Gewicht basiert und auf die Verhinderung von Kanalfehlern abzielt. Insbesondere wird zunächst analytisch gezeigt, dass sowohl das molekulare Absorptionsrauschen als auch die Multi-User-Interferenz in Nanonetzwerken durch eine Verringerung des Kanalcodegewichts gemildert werden können, was zu einer geringeren Kanalfehlerwahrscheinlichkeit führt. Dann wird die Beziehung zwischen dem Kanalcodegewicht und der Codewortlänge für den Fall der Verwendung von Codes mit konstantem Gewicht analysiert. Abschließend wird die Leistungsfähigkeit der vorgeschlagenen Strategie hinsichtlich der erreichbaren Informationsrate nach Codierung und der Codeword Error Rate (CER) analytisch und numerisch untersucht. Es werden zwei unterschiedliche Empfängerarchitekturen betrachtet, nämlich ein idealer Soft-Empfänger und ein Hard-Empfänger. Ein genaues

Terahertz-Band-Kanalmodell und neuartige stochastische Modelle für das molekulare Absorptionsrauschen und die Multi-User-Interferenz, die mit COMSOL validiert wurden, werden verwendet. Die Ergebnisse zeigen, dass leichtgewichtige Kanalcodes verwendet werden können, um die CER zu reduzieren, ohne die erreichbare Informationsrate zu beeinträchtigen oder sogar zu erhöhen, insbesondere für die Hard-Receiver-Architektur. Darüber hinaus wird gezeigt, dass es ein optimales Codegewicht gibt, für das die Informationsrate maximiert wird.

79)
Soumen Karmakar (2020). **Selective synthesis of DC carbon arc-generated carbon nanotube and layered-graphene and the associated mechanism.** Nanotechnology 32 105602
https://dx.doi.org/10.1088/1361-6528/abcdcd
https:// doi.org/10.1088/1361-6528/abcdcd

Topic: Erzeugung von selektiv sowohl Kohlenstoff-Nanoröhren (CNTs) als auch geschichtete Graphenblätter (LGs) mittels Lichtbogenströmen in einer DC-Kohlebogenentladung

Abstract:
Hier berichten wir, wie eine Anode erodiert wird und die erodierte Masse auf der Kathodenoberfläche bei verschiedenen Lichtbogenströmen I_arc in einer DC-Kohlebogenentladung unter Verwendung von grob orientiertem Graphit (ROG) als Elektroden abgeschieden wird. Es wurde festgestellt, dass die Art der Anodenerosion entscheidend von I_arc abhängt und tiefgreifende Auswirkungen auf die Morphologie der synthetisierten Kathodenablagerungen (CDs) und die Umwandlungseffizienz des Systems zur Bildung der CDs hat und ihre Kompositionen. Durch Charakterisierung der so synthetisierten CDs in ihrer Gesamtheit durch Transmissionselektronenmikroskopie, Raman-Spektroskopie und Röntgenbeugung wurde festgestellt, dass es einen kritischen Wert von I_arc gibt, unterhalb dessen der Bogen eingeschnürt bleibt, und darüber wird der Lichtbogen intensiv. Es wurde ferner festgestellt, dass das System selektiv sowohl Kohlenstoff-Nanoröhren (CNTs) als auch geschichtete Graphenblätter (LGs) erzeugen kann, wenn der Koh-

lenstoffbogen im eingeschnürten bzw. intensiven Modus läuft. Durch entsprechende Einstellung von I_arc kann zwischen den oben genannten Arc-Modi umgeschaltet werden. Basierend auf den experimentellen Ergebnissen wurde ein halbempirisches Modell entwickelt, das die plausiblen Auswirkungen einer schnellen und zufälligen Bewegung des Anodenflecks auf der verwendeten ROG-Anodenoberfläche umfasst, um neue Einblicke in den Wachstumsmechanismus von lichtbogenerzeugten CNTs und LGs zu liefern. Der in diesem Artikel vorgestellte Stand der Technik könnte den Kohlebogenentladungsweg für die maßgeschneiderte Synthese von hochkristallinen CNTs und LGs erleichtern.

80)
Hideo Kohno, Hideto Yoshida, Jun Kikkawa, Koji Tanaka and Seiji Takeda (2005). **Carbon Beads on Semiconductor Nanowires**. Jpn. J. Appl. Phys. 44 6862
https://iopscience.iop.org/article/10.1143/JJAP.44.6862
https:// doi.org/10.1143/JJAP.44.6862

Topic: Halbleiter-Nanodrähte

Abstract:
Wir berichten über das Perlen von kohlenstoffreichem Material auf Halbleiter-Nanodrähten. Es scheint, dass die Perlenbildung auf eine Kohlenwasserstoffverunreinigung zurückzuführen war, die an den Nanodrähten anhaftete, nachdem sie gewachsen waren. Unser Ergebnis eröffnet die Möglichkeit, neue Arten von Nanodrähten unter Verwendung von sekundären adhäsiven viskosen Materialien herzustellen.

81)
Annamalai Senthil Kumar, Palani Barathi, K.Chandrasekara Pillai (2011). **In situ precipitation of Nickel-hexacyanoferrate within multi-walled carbon nanotube modified electrode and its selective hydrazine electrocatalysis in physiological pH**. Journal of

Electroanalytical Chemistry 654, Issues 1–2, 1 May 2011, Pages 85-95
https://www.sciencedirect.com/science/article/abs/pii/S1572665711000427

Topic: Hochstabile, empfindliche und selektive amperometrische Messung von Hydrazin in physiologischen Lösungen

Abstract:
Eine Hybrid-Nickel-Hexacyanoferrat-funktionalisierte mehrwandige Kohlenstoffnanoröhren-modifizierte Glaskohlenstoffelektrode (GCE/Ni-NCFe@f-MWCNT) wurde unter Verwendung von galvanisch abgeschiedenem Ni auf funktionalisiertem MWCNT-modifiziertem GCE (GCE/Ni@f-MWCNT) als Templat und als Templat hergestellt In-situ chemisches Fällungsmittel, ohne zusätzlichen Linker. Die Charakterisierung des GCE/Ni-NCFe@f-MWCNT durch Röntgenbeugung, Röntgenphotoelektronenspektroskopie, Feldemissionsrasterelektronenmikroskopie, energiedispersive Röntgenanalyse, Transmissionselektronenmikroskopie und zyklische Voltammetrie (CV) ergab gemeinsam, dass die funktionalisiertes MWCNT ist wirksam, um eine große Menge an Ni-Spezies und damit eine beträchtliche Menge an Ni-NCFe-Einheiten in seine innere Struktur aufzunehmen. Zyklovoltammetrie des GCE/Ni-NCFe@f-MWCNT zeigte ein nicht-stöchiometrisches K+/e−- und Insertion/Exertion-Verhalten ($\partial Epa/\partial \log$ [KCl] = 42,9 und ($\partial Epc/\partial \log$ [KCl] = 117 mV). /Dekade) aufgrund einer gewissen kinetischen Beschränkung der Insertion von K+-Ion durch die hydrophoben Basalebenen der Hybridelektrode.Ein quantitatives Modell wurde vorgeschlagen, um die beeinflussenden Komponenten abzuschätzen(unterliegender Träger, funktionelle Oberflächengruppen, Baselebene, Verunreinigungenund Insertion). in Kantenebenendefekte) bei der Bildung des Ni@f-MWCNT-Hybrids und wiederum des Ni-NCFe@f-MWCNT. Die elektrokatalytische Hydrazinoxidation auf dem GCE/Ni-NCFe@f-MWCNT zeigte eine 33-fache Verstärkung in das Stromsignal über GCE/f-MWNT in einer Phosphatpufferlösung mit pH 7. Die amperometrische i-t-Methode der Hydrazindetektion ergab eine Stromempfindlichkeit und einen

Kalibrierbereich von 120,2 µA/µM bzw. 20–200 µM. NCFe@f-MWCNT-Material verträgt andere gleichzeitig vorhandene Interferenzen wie Oxalsäure, Zitronensäure und Nitrit. Schließlich wurden drei verschiedene Wasserprobenanalysen mit nennenswerten Wiederfindungswerten erfolgreich demonstriert.

82)
M. Ram Kumar (2019). **A Compact Graphene Based Nano-Antenna for Communication in Nano-Network**. Journal of the Institute of Electronics and Computer, 2019, 1, 17-27
https://iecscience.org/jpapers/34
https:// doi.org/10.33969/JIEC.2019.11003

Topic: Nanoantenne, Strahlungsmuster, Reflexionskoeffizient, Mikrostreifenantenne, Oberflächenplasma-Polariton; Nanonetzwerke, Bereich medizinischer, kommerzieller und militärischer Anwendungen

Abstract:
Aufgrund der jüngsten Fortschritte in der Nanotechnologie wird die Verwendung von Nanogeräten und deren Netzwerk im Bereich medizinischer, kommerzieller und militärischer Anwendungen immer beliebter. Eines der Hauptprobleme beim Entwerfen von Nanonetzwerken ist die Miniaturisierung von Nanogeräten, die aufgrund der in diesem Gerät verwendeten Kommunikationsantenne und ihrer Leistungsbeschränkungen eingeschränkt sind. Bei einer Größe von 1000 nm schwingt eine Antenne bei etwa 100 THz mit, was unter größeren Ausbreitungsverlusten leidet und eine Signalabdeckung von Mikrometerentfernungen bietet. Daher besteht ein Bedarf an Nanoantennen mit reduzierter Größe, die auch bei mittleren Infrarotfrequenzen arbeiten, um eine gute Signalabdeckung bereitzustellen. In diesem Artikel wird eine auf Graphen basierende Nanoantenne vorgestellt. Das Modell resoniert bei einer Frequenz von 55 THz mit einer Spitzenverstärkung von 5,47 dB in Ausbreitungsrichtung. Das Modell nutzt das Prinzip der Oberflächenplasma-Polaritonwellen zur Miniaturisierung und erreicht eine 50%ige Größenreduzierung im Vergleich zu herkömmlichen Na-

noantennen und eignet sich am besten für die Kommunikation in Nanonetzwerken.

83)
Radhouane Laajimi (2017). **Nanoarchitecture of Quantum-Dot Cellular Automata (QCA) Using Small Area for Digital Circuits**. From the Edited Volume, Advanced Electronic Circuits, Edited by Mingbo Niu, Published: June 13th, 2018
https://www.intechopen.com/chapters/58619

Topic: Quantum-Dot Cellular Automata (QCA)

Abstract:
Neuartige digitale Technologien führen immer zu einer hohen Dichte und einem sehr geringen Stromverbrauch. Eines dieser Konzepte – Quantum-Dot Cellular Automata (QCA), eine der neu entstehenden Nanotechnologien, basiert auf der Coulomb-Abstoßung. Dieses Kapitel stellt ein neuartiges Design von Exklusiv-NOR (XNOR)/Exklusiv-ODER (XOR)-Gattern mit 2 Eingängen und Exklusiv-NOR (XNOR)-Gattern mit 3 Eingängen vor, die aus 10 Zellen auf einer Fläche von 0,006 µm2 bestehen. Eine neuartige Architektur des Exklusiv-ODER-Gatters (XOR) mit 3 Eingängen wird durch 12 Zellen auf einer Fläche von 0,008 µm2 definiert. Das vorgeschlagene Design von XOR/XNOR-Gate-Strukturen mit zwei Eingängen bietet weniger Fläche und geringe Komplexität als das am besten beschriebene Design. Die Simulationsergebnisse der vorgeschlagenen Designs wurden mit der Version 2.0.3 des QCA Designer-Tools erzielt.

84)
Chiu-Wing Lam, John T. James, Richard McCluskey, Robert L. Hunter (2004). **Pulmonary Toxicity of Single-Wall Carbon Nanotubes in Mice 7 and 90 Days After Intratracheal Instillation**. Toxicological Sciences, Volume 77, Issue 1, January 2004, Pages 126–134,
https://doi.org/10.1093/toxsci/kfg243
https://academic.oup.com/toxsci/article/77/1/126/1711749

Topic: Kohlenstoffnanoröhren, Lungentoxizität, epitheloide Granulome, Nanoröhrentoxizität. Toxizität von Nanoröhren in der Lunge (Test an Mäusen): Entzündungen und Nekrosen (viel toxischer als Ruß und Quarz)

Abstract:
Nanomaterialien sind Teil einer industriellen Revolution zur Entwicklung leichter, aber robuster Materialien für eine Vielzahl von Zwecken. Einwandige Kohlenstoffnanoröhren sind ein wichtiges Mitglied dieser Materialklasse. Sie ähneln strukturell aufgerollten Graphitplatten, normalerweise mit einem verschlossenen Ende; einzeln haben sie einen Durchmesser von etwa 1 nm und eine Länge von mehreren Mikrometern, aber sie packen sich oft eng zusammen, um Stäbchen oder Seile von mikroskopischer Größe zu bilden. Kohlenstoffnanoröhren besitzen einzigartige elektrische, mechanische und thermische Eigenschaften und haben viele potenzielle Anwendungen in der Elektronik-, Computer- und Luft- und Raumfahrtindustrie. Unverarbeitete Nanoröhren sind sehr leicht und könnten in die Luft gelangen und möglicherweise die Lunge erreichen. Da die Toxizität von Nanoröhren in der Lunge nicht bekannt ist, wurde ihre Lungentoxizität untersucht. Die drei untersuchten Produkte wurden nach unterschiedlichen Verfahren hergestellt und enthielten unterschiedliche Arten und Mengen an katalytischen Metallrückständen. Mäuse wurden intratracheal mit 0, 0,1 oder 0,5 mg Kohlenstoffnanoröhren, einer Ruß-Negativkontrolle oder einer Quarz-Positivkontrolle instilliert und 7 Tage oder 90 Tage nach der Einzelbehandlung für die histopathologische Untersuchung der Lungen eingeschläfert. Alle Nanotube-Produkte induzierten dosisabhängig epitheloide Granulome und in einigen Fällen interstitielle Entzündungen bei den Tieren der 7-d-Gruppen. Diese Läsionen blieben bestehen und waren in den 90-Tage-Gruppen ausgeprägter; die Lungen einiger Tiere zeigten auch peribronchiale Entzündungen und Nekrosen, die sich bis in die Alveolarsepten erstreckt hatten. Die Lungen der mit Ruß behandelten Mäuse waren normal, während die mit hochdosiertem Quarz behandelten Mäuse eine leichte bis mittelschwere Entzündung zeigten. Diese Ergebnisse zeigen, dass Kohlenstoffnanoröhren unter den hier beschriebenen Testbedingungen und auf gleicher Gewichtungsbasis,

wenn sie in die Lunge gelangen, viel toxischer als Ruß sind und toxischer sein können als Quarz, der als ernsthafte Gefahr für die Gesundheit am Arbeitsplatz gilt bei chronischer Inhalationsbelastung.

85)
Petr Lazar, František Karlický, Petr Jurečka, Mikuláš Kocman, Eva Otyepková, Klára Šafářová, and Michal Otyepka (2013). **Adsorption of Small Organic Molecules on Graphene.** J. Am. Chem. Soc. 2013, 135, 16, 6372–6377,
https://pubs.acs.org/doi/10.1021/ja403162r

Topic: Adsorptionsenthalpien von sieben organischen Molekülen (Aceton, Acetonitril, Dichlormethan, Ethanol, Ethylacetat, Hexan und Toluol) auf Graphen

Abstract:
Wir präsentieren eine kombinierte experimentelle und theoretische Quantifizierung der Adsorptionsenthalpien von sieben organischen Molekülen (Aceton, Acetonitril, Dichlormethan, Ethanol, Ethylacetat, Hexan und Toluol) auf Graphen. Die Adsorptionsenthalpien wurden durch inverse Gaschromatographie gemessen und lagen im Bereich von −5,9 kcal/mol für Dichlormethan bis −13,5 kcal/mol für Toluol. Die Stärke der Wechselwirkung zwischen Graphen und den organischen Molekülen wurde durch Dichtefunktionaltheorie (PBE, B97D, M06-2X und optB88-vdW), Wellenfunktionstheorie (MP2, SCS(MI)-MP2, MP2.5, MP2) geschätzt. X und CCSD(T)) und empirische Berechnungen (OPLS-AA) unter Verwendung von zwei Graphenmodellen: Coronene und unendliches Graphen. Berechnungen der Symmetrie-angepassten Störungstheorie zeigten, dass die Wechselwirkungen selbst für die polaren Moleküle von London-Dispersionskräften bestimmt wurden (die etwa 60 % der anziehenden Wechselwirkungen ausmachten). Die Ergebnisse zeigten auch, dass die Adsorptionsenthalpien weitgehend von der Wechselwirkungsenergie kontrolliert wurden. Adsorptionsenthalpien, die aus der Ab-initio-Molekulardynamik unter Verwendung des nichtlokalen optB88-vdW-Funktionals erhalten wurden, stimmten her-

vorragend mit den experimentellen Daten überein, was darauf hinweist, dass das Funktional physikalische Phänomene hinter der Adsorption organischer Moleküle auf Graphen ausreichend gut abdecken kann.

86)
Seung-Yeol Lee (2019) **The use of chalcogenide phase change materials for optical phase control and its plasmonic applications**. CONFERENCE PROCEEDINGS. Proceedings Volume 10982, Micro- and Nanotechnology Sensors, Systems, and Applications XI; 109820T (2019)
https://www.spiedigitallibrary.org/conference-proceedings-of-spie/10982/2518381/The-use-of-chalcogenide-phase-change-materials-for-optical-phase/10.1117/12.2518381.short?SSO=1
https://doi.org/10.1117/12.2518381

Topic: Nanophotonik, Nanostrukturen, räumlichen Lichtmodulatoren

Abstract:
Auf dem Gebiet der Nanophotonik haben sich Nanostrukturen für die aktive Abstimmung der optischen Phase als vielseitige Plattform für neuartige Arten von räumlichen Lichtmodulatoren, integrierten optischen Geräten und Anzeigepixeln mit ultrahoher Auflösung herauskristallisiert. Die Abstimmung optischer Wellenfronten mit Phasenwechselmaterialien (PCMs) wie $Ge_2Sb_2Te_5$ kann eine aktiv abgestimmte künstliche Wellenfront mit der Konvergenz der Metaoberflächen-Designtechnologie manipulieren. Verschiedene Lichtphänomene wie perfekte Absorber, Abstrahlwinkelpinzetten und willkürliche Phasenprofilgenerierungen für optische Hologrammanwendungen wurden mit einer aktiven Plattform erreicht, indem PCMs in optische Nanostrukturen übernommen wurden. Die Präsentation wird auch einige plasmonische Anwendungen wie optische Schalter und Richtungswerfer vorstellen, die durch Phasenwechsel von $Ge_2Sb_2Te_5$ betrieben werden können.

87)
Suk Jin Lee, Changyong (Andrew) Jung, Kyusun Choi, and Sungun Kim, Changyong (Andrew) Jung, [...], Kyusun Choi, and Sungun Kim (2015) **Design of Wireless Nanosensor Networks for Intrabody Application.** International Journal of Distributed Sensor Networks.
https://journals.sagepub.com/doi/10.1155/2015/176761
https://doi.org/10.1155/2015/176761

Topic: Datenübertragung vom Nanosensor zum Gateway . Nanoskalige Geräte können in das Internet eingebunden werden. Internet of Nanothings (IoNT)

Abstract:
Die aufkommende Nanotechnologie bietet ein großes Potenzial, die menschliche Gesellschaft zu verändern. Nanoskalige Geräte können in das Internet eingebunden werden. Dieses neue Kommunikationsparadigma, das als Internet of Nanothings (IoNT) bezeichnet wird, erfordert Verbindungen zwischen Nanogeräten mit sehr kurzer Reichweite. IoNT wirft viele Herausforderungen auf, um es zu realisieren. Aktuelle Netzwerkprotokolle und -techniken können möglicherweise nicht direkt zur Kommunikation mit Nanosensoren angewendet werden. Aufgrund der sehr begrenzten Leistungsfähigkeit von Nanogeräten müssen die Geräte über eine einfache Kommunikation und einen einfachen Medium-Sharing-Mechanismus verfügen, um die Daten effektiv von Nanosensoren zu sammeln. Darüber hinaus können Nanosensoren an Organen des menschlichen Körpers eingesetzt werden und große Datenmengen erzeugen. Dabei soll die Datenübertragung vom Nanosensor zum Gateway unter energetischen Gesichtspunkten gesteuert werden. In diesem Papier schlagen wir ein drahtloses Nanosensornetzwerk (WNSN) im Nanomaßstab vor, das für die Erkennung von Krankheiten im Körper nützlich wäre. Das vorgeschlagene konzeptionelle Netzwerkmodell basiert auf dem On-Off-Keying(OOK)-Protokoll und dem TDMA-Framework. Das Modell geht von sechseckigen zellenbasierten Nanosensoren aus, die in einem zylindrischen 3D-Sechskantpol eingesetzt werden. Wir präsentieren in diesem Papier auch die Analyse der Datenübertragungseffizienz

für die verschiedenen Kombinationen von Übertragungsverfahren unter Nutzung von Hybrid-, Direkt- und Multi-Hop-Verfahren.

88)
William Lee M.S & Vladimir Parpura (2010) **Carbon Nanotubes as Electrical Interfaces with Neurons**. "Brain Protection in Schizophrenia, Mood and Cognitive Disorders", pp 325–340
https://doi.org/10.1007/978-90-481-8553-5_11

Topic: Kohlenstoffnanoröhren (CNTs) als elektrische Schnittstellen zum Gehirn, insbesondere zu Neuronen. Schnittstelle zwischen Gehirn und Maschine

Abstract:
Kohlenstoffnanoröhren (CNTs) entwickeln sich zu vielversprechenden Nanomaterialien für biomedizinische Anwendungen. Aufgrund ihrer einzigartigen strukturellen, mechanischen und elektronischen Eigenschaften können CNTs als elektrische Schnittstellen zum Gehirn, insbesondere zu Neuronen, verwendet werden. CNT-basierte neurale Schnittstellen/Elektroden wurden in Zellkulturen und in vivo eingesetzt; Sie bieten Vorteile gegenüber Standardelektroden auf Metallbasis in Bezug auf die Überwachung und Stimulation der neuronalen Aktivität. Eine der Herausforderungen für die Schnittstelle zwischen Gehirn und Maschine ist die Biokompatibilität der für den Elektrodenbau verwendeten Materialien. Obwohl CNT biokompatibel erscheinen, wurden die Expositionsgrenzwerte bisher nicht festgelegt. Es müssen geeignete (inter)nationale Standards/Regeln für die Verwendung von CNTs festgelegt werden, bevor CNT-basierte Elektroden/Geräte bei Menschen verwendet werden können.

89)
Filip Lemic; Sergi Abadal; Wouter Tavernier; Pieter Stroobant; Didier Colle; Eduard Alarcón; Johann Marquez-Ba (2021) **Survey on Terahertz Nanocommunication and Networking: A Top-Down Perspective**. IEEE Journal on Selected Areas in Communications (Volume: 39, Issue: 6, June 2021) Page(s): 1506 - 1543

https://ieeexplore.ieee.org/document/9399162
Topic: Kommunikation mit und zwischen Nanogeräten. THz-Band-Nanokommunikation und damit auf die Nanovernetzung.

Abstract:
Jüngste Entwicklungen in der Nanotechnologie kündigen nanometergroße Geräte an, von denen erwartet wird, dass sie Licht in eine Reihe bahnbrechender Anwendungen bringen. Die Kommunikation mit und zwischen Nanogeräten wird benötigt, um das volle Potenzial solcher Anwendungen auszuschöpfen. Da die traditionellen Kommunikationsansätze nicht direkt in der Nanokommunikation angewendet werden können, haben sich mehrere alternative Paradigmen herausgebildet. Unter ihnen ist die elektromagnetische Nanokommunikation im Terahertz (THz)-Frequenzband besonders vielversprechend, hauptsächlich aufgrund des Durchbruchs neuartiger Materialien wie Graphen. Aus diesem Grund zielen heutzutage zahlreiche Forschungsanstrengungen auf die THz-Band-Nanokommunikation und damit auf die Nanovernetzung. Da erwartet wird, dass sich diese Trends auch in Zukunft fortsetzen werden, halten wir es für sinnvoll, den aktuellen Stand in diesen Forschungsbereichen zusammenzufassen. In dieser Umfrage möchten wir daher einen Überblick über die aktuelle THz-Nanokommunikations- und Nanonetzwerkforschung geben. Insbesondere erörtern wir die Anwendungen, die von Nanonetzwerken unterstützt werden sollen, die im THz-Band arbeiten, zusammen mit den Anforderungen, die solche Anwendungen an die zugrunde liegenden Nanonetzwerke stellen. Anschließend geben wir einen Überblick über die aktuellen Beiträge zu den verschiedenen Schichten des Protokollstacks sowie über die verfügbaren Kanalmodelle und Experimentierwerkzeuge. Abschließend identifizieren wir eine Reihe offener Forschungsherausforderungen und skizzieren mehrere zukünftige Forschungsrichtungen.

90)
Christos Liaskos; Angeliki Tsioliaridou; Sotiris Ioannidis; Nikolaos Kantartzis; Andreas Pitsillides (2016) **A deployable routing system for nanonetworks**. 2016 IEEE International Con-

ference on Communications (ICC). Date of Conference: 22-27 May 2016
https://ieeexplore.ieee.org/document/7511151

Topic: Nanonetzwerke.

Abstract:
Nanonetzwerke bestehen aus zahlreichen drahtlosen Knoten, die im Mikro- bis Nanomaßstab zusammengesetzt sind. Die einzigartigen Herstellungsherausforderungen und Kostenerwägungen dieser Netzwerke sorgen für Lösungen mit minimaler Komplexität auf allen Netzwerkebenen. Aus Netzwerkaspekten sollten Paketneuübertragungen minimal gehalten werden, während die Kommunikation zwischen zwei beliebigen Nanoknoten sichergestellt wird. Darüber hinaus ist die Zuweisung eindeutiger Adressen zu Nanoknoten nicht einfach, da dies eine unerschwinglich hohe Anzahl von Paketaustauschen nach sich ziehen kann. Daher gilt effizientes Datenrouting als offenes Thema in Nanonetzwerken. Das vorliegende Papier schlägt ein Routing-System vor, das innerhalb eines Nanonetzwerks dynamisch eingesetzt werden kann. Untersucht werden statische, dichte Topologien mit zahlreichen identischen Knoten. Diese Attribute sind besonders wichtig im Zusammenhang mit kürzlich vorgeschlagenen Anwendungen von Nanonetzwerken. Das vorgeschlagene Schema bringt einen trivialen Setup-Overhead mit sich und erfordert nur ganzzahlige Verarbeitungsfähigkeiten. Sobald es eingesetzt ist, arbeitet es effizient und führt zu niedrigeren Paketneuübertragungsraten als verwandte Schemata.

91)
Liopo, Anton V.; Stewart, Michael P.; Hudson, Jared; Tour, James M.; Pappas, Todd C. (2006) **Biocompatibility of Native and Functionalized Single-Walled Carbon Nanotubes for Neuronal Interface.** Journal of Nanoscience and Nanotechnology, Volume 6, Number 5, May 2006, pp. 1365-1374(10)
https://www.ingentaconnect.com/content/asp/jnn/2006/00000006/00000005/art00022
https://doi.org/10.1166/jnn.2006.155

Topic: Sensoren und Stimulatoren in der neuronalen Gewebezüchtung. elektrische Kopplung von Neuronen an Einwandige Kohlenstoffnanoröhren (SWNTs)

Abstract:
Einwandige Kohlenstoffnanoröhren (SWNTs) haben einzigartige mechanische, elektrische und optische Eigenschaften und können einfach chemisch modifiziert werden; Merkmale, die sie zu hervorragenden Kandidatenmaterialien für Anwendungen als Sensoren und Stimulatoren in der neuronalen Gewebezüchtung machen. Der Zweck dieser Studie war es zu zeigen, dass SWNTs neuronale Anhaftung und Wachstum unterstützen können, dass einfache chemische Modifikationen zur Kontrolle des Zellwachstums eingesetzt werden können, dass SWNTs die laufende neuronale Funktion nicht stören und dass Neuronen elektrisch an SWNTs gekoppelt werden können. Wachstum und Anheftung des Neuroblastom*-Glioms NG108, einer neuronalen Modellzelle, wurde auf unmodifizierten SWNT-Substraten oder Substraten von SWNTs, die mit funktionellen 4-Benzoesäure- oder 4-tert-Butylphenylgruppen modifiziert wurden, unter Verwendung eines einfachen Funktionalisierungsverfahrens bewertet. SWNT-Folien unterstützen das Zellwachstum, jedoch im Vergleich zu mit Gewebekultur behandeltem Polystyrol in geringerem Maße. Die Reihenfolge der Lebensfähigkeit und Zellanhaftung war Gewebekulturbehandeltes Polystyrol > SWNTs > 4-tert-Butylphenyl-funktionalisierte SWNTs > 4-Benzoesäure-funktionalisierte SWNTs. Verringertes Zellwachstum nach Kultur auf unbehandeltem (nicht haftendem) Polystyrol legte nahe, dass die Zellanhaftung eine kritische Determinante der Proliferation und des Zellwachstums auf SWNTs war. Fluoreszenz- und Rasterelektronenmikroskopie zeigten ein verringertes Neuritenwachstum in NG108, das auf SWNT-Substraten gezüchtet wurde. Wir gehören auch zu den ersten Gruppen, die die elektrische Kopplung von SWNTs und Neuronen demonstrieren, indem wir zeigen, dass NG108 und primäre periphere Neuronen von Ratten robuste spannungsaktivierte Ströme zeigten, wenn sie durch transparente, leitfähige SWNT-Filme elektrisch stimuliert wurden. Unsere Daten deuten darauf hin, dass SWNTs flexible Ressourcenmaterialien für die Gewebe-

züchtung sind, die elektrisch erregbare Gewebe wie Muskeln und Nerven betreffen.

92)
Jiaming Liu, Jingjing Wei and Zhijie Yang (2021) **Building ordered nanoparticle assemblies inspired by atomic epitaxy.** Journal of Nanoscience and Nanotechnology, Physical Chemistry Chemical Physics, Issue 36, 2021
https://pubs.rsc.org/en/content/articlelanding/2021/CP/D1CP02373J
https://doi.org/10.1039/D1CP02373J

Topic: Selbstorganisation von anorganischen Nanopartikeln zu mesoskopischen oder makroskopischen Nanopartikelanordnungen, weiches epitaxiales Wachstum

Abstract:
Die Selbstorganisation von anorganischen Nanopartikeln zu mesoskopischen oder makroskopischen Nanopartikelanordnungen ist eine effiziente Strategie zur Herstellung fortschrittlicher Geräte mit neu entstehenden Funktionalitäten im Nanomaßstab. Darüber hinaus kann die Anordnung von Nanopartikeln auf Substraten die Herstellung von substratintegrierten Vorrichtungen ermöglichen, ähnlich dem atomaren Kristallwachstum auf einem Substrat. Jüngste Fortschritte bei der Anordnung von Nanopartikeln legen nahe, dass geordnete Anordnungen von Nanopartikeln gut auf einem ausgewählten Substrat hergestellt werden könnten, was als weiches epitaxiales Wachstum bezeichnet wird. Hier werden die jüngsten Fortschritte beim weichen epitaktischen Wachstum einer Nanopartikelanordnung vorgestellt, einschließlich der Aufbaustrategien, der Wahl des Substrats und der Epitaxiemodi. Auch für das Materialdesign auf Basis von substratintegriertem weichem epitaktischem Wachstum werden Perspektiven diskutiert.

93)
Luis Sousa Lobo (2016) **Catalytic carbon formation: clarifying the alternative kinetic routes and defining a kinetic linearity**

for sustained growth concept. Reaction Kinetics, Mechanisms and Catalysis, volume 118, pages 393–414 (2016)
https://link.springer.com/article/10.1007/s11144-016-0993-x
https://doi.org/10.1007/s11144-016-0993-x

Topic: Kohlenstoffbildungsmechanismen, Ficks 1. Gesetz und Ficks 2. Gesetz

Abstract:
Das Verständnis stabiler Kohlenstoffbildungsmechanismen erfordert isotherme kinetische Studien. Die Unterscheidung zwischen vorläufigen Festkörperänderungen und dem vorherrschenden stationären (anhaltenden) Weg der Kohlenstoffbildung ist wesentlich. Die drei alternativen kinetischen Wege zur Kohlenstoffbildung werden aufgeklärt: dualer Katalysatorweg, Gasphasenpyrolyse und Hybridweg – eine Kombination der beiden vorherigen. Wenn kinetische Linearität in einer Reaktion beobachtet wird, die die katalytische Bildung oder Vergasung eines Feststoffs beinhaltet, ist dies ein Beweis dafür, dass nur ein stationärer Kohlenstoffdiffusionsprozess abläuft, der dem 1. Fickschen Gesetz in einer stabilen Geometrie gehorcht. Ficks 2. Gesetz gilt in der anfänglichen Übergangsphase, die Keimbildung und Festkörperreaktionsprozesse umfasst. Die Dualität des Katalysators wird unter Berücksichtigung der Rollen diskutiert, die die beiden unterschiedlichen Oberflächenregionen spielen, zwischen denen der Massenkohlenstofffluss während der stationären Reaktion aufrechterhalten wird.

94)
Luis Sousa Lobo (2017) **Nucleation and growth of carbon nanotubes and nanofibers: Mechanism and catalytic geometry control.** Carbon, Volume 114, April 2017, Pages 411-417
https://www.sciencedirect.com/science/article/abs/pii/S0008622316310740?via%3Dihub
https://doi.org/10.1016/j.carbon.2016.12.005

Topic: Keimbildungs- und Wachstumskinetik von Kohlenstoffnanoröhren und –nanofasern. Ficksche Gesetze

Abstract:
Gewünscht sind Kohlenstoffnanoröhren und Nanofasern mit bestimmter Form, Größe und Struktur. Die Untersuchung der Keimbildungs- und Wachstumskinetik von Kohlenstoffnanoröhren und -nanofasern ist ein wichtiger Schlüssel zum Verständnis und zur Kontrolle des Wachstumsprozesses. Dieses Wissen wird unsere Fähigkeit, Strukturformen zu optimieren und Wachstumsraten zu erhöhen, erheblich verbessern. Dieser Perspectives-Artikel stützt sich auf die Literatur zum Wachstum von Kohlenstoffnanoröhren und analysiert sie, um einige Aspekte aufzuzeigen, die den Reaktionsmechanismen zugrunde liegen. In jedem Katalysator-Nanopartikel wirkt ein konstanter Kohlenstoff-Bulk-Diffusionsfluss zwischen zwei verschiedenen katalytischen Bereichen mit unterschiedlichen Rollen: 1) Oberflächenkatalyse, die in einigen Bereichen Kohlenstoffatome erzeugt; 2) Graphen-Keimbildung und -Wachstum in anderen Bereichen. Vorläufige Festkörperänderungen – die dem 2. Fickschen Gesetz gehorchen – können stattfinden. Die anschließende kinetische Linearität ist das Zeichen dafür, dass sich ein stationärer, durch das 1. Ficksche Gesetz kontrollierter Wachstumsprozess etabliert hat. Daten aus der Literatur zur Aktivität verschiedener Kristallorientierungen werden diskutiert. Die Dualität des Katalysators kann auf unterschiedlichen Kristallflächen oder auf Festkörperphasen beruhen, die während des stationären Wachstums vorherrschen. Das Wachstum von Kohlenstoffnanoröhren aus Ni-Nanopartikeln, die üblicherweise als „Oktopus"-Kohlenstoff bezeichnet werden, liefert Hinweise auf die Rolle der Geometrie, der „Katalyse" der Fünfeckbildung und der Katalysatordualität, die bei niedrigen Temperaturen arbeitet.

95)
Viviana Lovat, Davide Pantarotto, Laura Lagostena, Barbara Cacciari, Micaela Grandolfo, Massimo Righi, Giampiero Spalluto, Maurizio Prato, and Laura Ballerini (2005) **Carbon Nanotube Substrates Boost Neuronal Electrical Signaling**. Nano Lett. 2005, 5, 6, 1107–1110
https://pubs.acs.org/doi/10.1021/nl050637m
https://doi.org/10.1021/nl050637m

Topic: neuronale Signalübertragung. Dendritendehnung und Zelladhäsion. Wachstum neuronaler Schaltkreise auf einem CNT-Gitter (carbon nanotube).

Abstract:
Wir demonstrieren die Möglichkeit, Kohlenstoffnanoröhren (CNTs) als potenzielle Geräte zu verwenden, die in der Lage sind, die neuronale Signalübertragung zu verbessern und gleichzeitig die Dendritendehnung und Zelladhäsion zu unterstützen. Die Ergebnisse deuten stark darauf hin, dass das Wachstum neuronaler Schaltkreise auf einem CNT-Gitter von einer signifikanten Zunahme der Netzwerkaktivität begleitet wird. Die Steigerung der Effizienz der neuronalen Signalübertragung kann mit den spezifischen Eigenschaften von CNT-Materialien wie der hohen elektrischen Leitfähigkeit zusammenhängen.

96)
Jiong Lu, Pei Shan Emmeline Yeo, Chee Kwan Gan, Ping Wu & Kian Ping Loh (2011) **Transforming C60 molecules into graphene quantum dots**. Nature Nanotechnology volume 6, pages 247–252 (2011)
https://www.nature.com/articles/nnano.2011.30
https://doi.org/10.1038/nnano.2011.30

Topic: Graphen-Quantenpunkte

Abstract:
Die Fragmentierung von Fullerenen durch Ionen, Oberflächenkollisionen oder thermische Effekte ist ein komplexer Prozess, der typischerweise zur Bildung kleiner Kohlenstoffcluster unterschiedlicher Größe führt. Hier zeigen wir, dass geometrisch wohldefinierte Graphen-Quantenpunkte auf einer Rutheniumoberfläche mit C60-Molekülen als Vorläufer synthetisiert werden können. Rastertunnelmikroskopische Bildgebung, unterstützt durch Berechnungen der Dichtefunktionaltheorie, legt nahe, dass die Strukturen durch die Ruthenium-katalysierte Käfigöffnung von C60 gebildet werden. Dabei induziert die starke C60-Ru-Wechselwirkung die Bildung von Oberflächenleerstellen im Ru-Einkristall und eine an-

schließende Einbettung von C60-Molekülen in die Oberfläche. Die Fragmentierung der eingebetteten Moleküle bei erhöhten Temperaturen erzeugt dann Kohlenstoffcluster, die einer Diffusion und Aggregation unterliegen, um Graphen-Quantenpunkte zu bilden. Die Gleichgewichtsform des Graphens kann durch Optimieren der Glühtemperatur und der Dichte der Kohlenstoffcluster maßgeschneidert werden.

(97)
Luca Maiolo, Vincenzo Guarino, Emanuela Saracino, Annalisa Convertino, Manuela Melucci, Michele Muccini, Luigi Ambrosio, Roberto Zamboni, Valentina Benfenati (2020) **Glial Interfaces: Advanced Materials and Devices to Uncover the Role of Astroglial Cells in Brain Function and Dysfunction**. ADVANCED HEALTHCARE MATERIALS Volume10, Issue1, January 6, 2021, 2001268
https://onlinelibrary.wiley.com/doi/epdf/10,1002/adhm.202001 268

Topic: Biomaterialschnittstellen, Gliazellen (bestimmte Gehirnzellen)

Abstract:
Die Forschung der letzten vier Jahrzehnte hat die Bedeutung bestimmter Gehirnzellen, die sogenannten Gliazellen, hervorgehoben und die neurozentrische Sichtweise der Struktur, Funktion und Pathologie des Nervensystems in Richtung einer ganzheitlicheren Perspektive verschoben. Aus dieser Sicht entwickelt sich die Nachfrage nach Technologien, die in der Lage sind, Gliazellen anzuvisieren und sowohl selektiv zu überwachen als auch zu kontrollieren, zu einer Herausforderung in den Neurowissenschaften, Ingenieurwissenschaften, Chemie und Materialwissenschaften. Häufig vernachlässigt oder am Rande als zu überwindende Barriere zwischen neuralen Implantaten und neuronalen Zielen betrachtet, werden Gliazellen und insbesondere Astrozyten zunehmend als aktive Akteure bei der Bestimmung der Ergebnisse der Geräteimplantation betrachtet. Diese Übersicht bietet einen kurzen Überblick nicht nur über die zuvor etablierten, sondern auch über die neu entstehenden physiologischen und pathologischen Rollen von

Astrozyten. Es diskutiert auch kritisch die jüngsten Fortschritte bei Biomaterialschnittstellen und Geräten, die mit Gliazellen interagieren und es Wissenschaftlern somit ermöglicht haben, beispiellose Einblicke in die Rolle von Astrogliazellen bei der Gehirnfunktion und -funktion zu gewinnen. Diese Arbeit schlägt Glia-Schnittstellen und Glia-Engineering als multidisziplinäre Bereiche vor, die das Potenzial haben, signifikante Fortschritte im Wissen um kognitive Funktionen und akute und chronische Neuropathologien zu ermöglichen.

(98)
Derya Malak; Ozgur B. Akan (2014) **Communication theoretical understanding of intra-body nervous nanonetworks**. IEEE Communications Magazine (Volume: 52, Issue: 4, April 2014)
https://ieeexplore.ieee.org/document/6807957
https://doi.org/10.1109/MCOM.2014.6807957

Topic: Kommunikation zwischen, Bildung von Nanonetzwerke. Nanoskalige Neuro-Spike-Kommunikationskanäle. Multi-Terminal-Nanonetzwerke des Nervensystems.

Abstract:
Aufkommende Anwendungen im Nanomaßstab, z. B. kooperative intelligente Arzneimittelabgabe im Nanomaßstab oder mehrere Nanosensoren im Körper zur Gesundheitsüberwachung, erfordern es, Nanomaschinen zu ermöglichen, miteinander zu kommunizieren und somit Nanonetzwerke zu bilden, um die Einschränkungen einer einzelnen Nanomaschine zu überwinden. Tatsächlich ist der menschliche Körper ein riesiges molekulares Kommunikationsnetzwerk im Nanomaßstab, das aus Milliarden interagierender Nanomaschinen besteht, d. h. Zellen, deren Funktionalitäten von der molekularen Kommunikation im Nanomaßstab abhängen. In diesem Artikel stellen wir zunächst die elementaren Modelle für nanoskalige Neuro-Spike-Kommunikationskanäle vor und diskutieren ihre Erweiterungen auf Multi-Terminal-Nanonetzwerke des Nervensystems. Unser Ziel ist es, von den eleganten molekularen Kommunikationsmechanismen im menschlichen Körper zu lernen, um praktische Kommunikationstechniken für neu entstehende Na-

nonetzwerke zu entwickeln. Außerdem wollen wir den Weg für die Weiterentwicklung revolutionärer Diagnose- und Behandlungstechniken für neurale Erkrankungen ebnen, die von Informations- und Kommunikationstechnologien (IKT) inspiriert sind, was vielversprechend für zukünftige Neurobehandlungen und bioinspirierte molekulare Kommunikationsanwendungen ist.

(99)
Sunil K. Manna, Shubhashish Sarkar, Johnny Barr, Kimberly Wise, Enrique V. Barrera, Olufisayo Jejelowo, Allison C. Rice-Ficht and Govindarajan T. Ramesh (2005) **Single-Walled Carbon Nanotube Induces Oxidative Stress and Activates Nuclear Transcription Factor-κB in Human Keratinocytes**. Nano Lett. 2005, 5, 9, 1676–1684
https://pubs.acs.org/doi/10.1021/nl0507966
https://doi.org/10.1021/nl0507966

Topic: Kommunikation Toxizität von einwandigen Kohlenstoffnanoröhren (SWCNT)

Abstract:
Aufgrund ihrer einzigartigen physikalischen Eigenschaften werden Kohlenstoffnanoröhren heute zu einem wichtigen Material für den Einsatz im täglichen Leben. Die toxikologischen Auswirkungen dieser Materialien wurden noch nicht im Detail untersucht, was ihre Verwendung einschränkt. In der vorliegenden Studie wurde die Toxizität von einwandigen Kohlenstoffnanoröhren (SWCNT) in menschlichen Keratinozytenzellen untersucht. Die Ergebnisse zeigen einen erhöhten oxidativen Stress und eine Hemmung der Zellproliferation als Reaktion auf die Behandlung von Keratinozyten mit SWCNT-Partikeln. Darüber hinaus wurde der Signalmechanismus in Keratinozyten bei Exposition gegenüber SWCNT-Partikeln untersucht. Die Ergebnisse der Studie deuten darauf hin, dass SWCNT-Partikel NF-κB in menschlichen Keratinozyten dosisabhängig aktivieren. Darüber hinaus beruhte der Mechanismus der Aktivierung von NF-κB auf der Aktivierung von stressbedingten Kinasen durch SWCNT-Partikel in

Keratinozyten. Zusammenfassend zeigen diese Studien den Mechanismus der durch SWCNT-Partikel induzierten Toxizität.

(100)
Mathieu Massicotte, Victor Yu, Eric Whiteway, Dan Vatnik and Michael Hilke (2013) **Quantum Hall effect in fractal graphene: growth and properties of graphlocons**. Nanotechnology 2013, 24 325601
https://iopscience.iop.org/article/10.1088/0957-4484/24/32/325601
https://doi.org/10.1088/0957-4484/24/32/325601

Topic: Quantum Hall effect in fractal graphene. Oberflächendiffusion ist der wachstumsbegrenzende Schritt, der für die Bildung von Dendriten verantwortlich ist. Sechszählige Symmetrie und ihre fraktalartige Form ähnelt Schneeflocken-Kristallen.

Abstract:
Hochgradig dendritische Graphenkristalle mit einem Durchmesser von bis zu 0,25 mm werden durch chemische Dampfabscheidung bei niedrigem Druck in einem Kupfergehäuse synthetisiert. Mit ihrer sechszähligen Symmetrie und ihrer fraktalartigen Form ähneln die Kristalle Schneeflocken. Die Entwicklung der dendritischen Wachstumsmerkmale wird für verschiedene Wachstumsbedingungen untersucht, und es wurde festgestellt, dass die Oberflächendiffusion der wachstumsbegrenzende Schritt ist, der für die Bildung von Dendriten verantwortlich ist. Die elektronischen Eigenschaften der dendritischen Kristalle werden bis zu Sub-Kelvin-Temperaturen untersucht und zeigen eine Mobilität von bis zu 6300 cm2 V−1 s−1 und Quanten-Hall-Oszillationen werden oberhalb von 4 T beobachtet. Diese Ergebnisse demonstrieren die hohe Qualität der Transporteigenschaften trotz ihrer rauen dendritischen Kanten.

(101)
Mark P. Mattson, Robert C. Haddon & Apparao M. Rao (2000) **Molecular functionalization of carbon nanotubes and use as substrates for neuronal growth**. Journal of Molecular Neuroscience volume 14, pages 175–182 (2000)

https://link.springer.com/article/10.1385/JMN:14:3:175
https://doi.org/10.1385/JMN:14:3:175

Topic: Züchtung von embryonale Rattenhirnneuronen auf mehrwandigen Kohlenstoffnanoröhren. Nanoröhren als Substrate für das Wachstum von Nervenzellen und als Sonden für neuronale Funktionen im Nanometerbereich.

Abstract:
Kohlenstoffnanoröhren sind stark, flexibel, leiten elektrischen Strom und können mit verschiedenen Molekülen funktionalisiert werden, Eigenschaften, die in der Grundlagen- und angewandten neurowissenschaftlichen Forschung nützlich sein können. Wir berichten über die erste Anwendung der Kohlenstoff-Nanoröhren-Technologie in der neurowissenschaftlichen Forschung. Es wurden Verfahren entwickelt, um embryonale Rattenhirnneuronen auf mehrwandigen Kohlenstoffnanoröhren zu züchten. Auf unmodifizierten Nanoröhren erweitern Neuronen nur ein oder zwei Neuriten, die sehr wenige Verzweigungen aufweisen. Im Gegensatz dazu entwickeln Neuronen, die auf Nanoröhren wachsen, die mit dem bioaktiven Molekül 4-Hydroxynonenal beschichtet sind, mehrere Neuriten, die eine ausgedehnte Verzweigung aufweisen. Diese Ergebnisse belegen die Machbarkeit der Verwendung von Nanoröhren als Substrate für das Wachstum von Nervenzellen und als Sonden für neuronale Funktionen im Nanometerbereich.

(102)
Andrea Mazzatenta, Michele Giugliano, Stephane Campidelli, Luca Gambazzi, Luca Businaro, Henry Markram, Maurizio Prato and Laura Ballerini (2007) **Interfacing Neurons with Carbon Nanotubes: Electrical Signal Transfer and Synaptic Stimulation in Cultured Brain Circuits**. Journal of Neuroscience 27 June 2007, 27 (26) 6931-6936
https://www.jneurosci.org/content/27/26/6931
https://doi.org/10.1523/JNEUROSCI.1051-07.2007

Topic: Integriertes SWNT-Neuronensystem. (einwandiger Kohlenstoffnanoröhren = SWNTs). Stimulierung von Gehirnschaltkreisaktivität durch SWNTs.

Abstract:
Die einzigartigen Eigenschaften einwandiger Kohlenstoffnanoröhren (SWNTs) und die Anwendung der Nanotechnologie auf das Nervensystem können einen enormen Einfluss auf die zukünftige Entwicklung von Mikrosystemen für die Nervenprothetik sowie unmittelbare Vorteile für die Grundlagenforschung haben. Trotz des zunehmenden Interesses an neurowissenschaftlichen Nanotechnologien ist wenig über die elektrischen Wechselwirkungen zwischen Nanomaterialien und Neuronen bekannt. Wir haben ein integriertes SWNT-Neuronensystem entwickelt, um zu testen, ob eine über SWNT abgegebene elektrische Stimulation eine neuronale Signalübertragung induzieren kann. Zu diesem Zweck wurden Hippocampuszellen auf reinen SWNT-Substraten gezüchtet und Patch-clamped. Wir verglichen neuronale Reaktionen auf Spannungsschritte, die entweder über leitfähige SWNT-Substrate oder über die Patch-Pipette abgegeben wurden. Unsere experimentellen Ergebnisse, unterstützt durch mathematische Modelle zur Beschreibung der elektrischen Wechselwirkungen, die in SWNT-Neuronen-Hybridsystemen auftreten, weisen eindeutig darauf hin, dass SWNTs die Gehirnschaltkreisaktivität direkt stimulieren können.

(103)
CéciliaMénard-Moyon (2018) **6 - Applications of Carbon Nanotubes in the Biomedical Field**. Smart Nanoparticles for Biomedicine Micro and Nano Technologies 2018, Pages 83-101
https://www.sciencedirect.com/science/article/pii/B9780128141564000069?via%3Dihub
https://doi.org/10.1016/B978-0-12-814156-4.00006-9

Topic: Nanoröhren für die Arzneimittelabgabe.

Abstract:
Aufgrund ihrer herausragenden physikalisch-chemischen Eigenschaften haben Kohlenstoffnanoröhren (CNTs) großes Interesse in verschiedenen Bereichen und insbesondere in der Nanomedizin auf sich gezogen. Aufgrund ihres hohen Aspektverhältnisses haben sie die Fähigkeit, biologische Barrieren leicht zu überwinden und von Zellen aufgenommen zu werden. Die Funktionalisierung ermöglicht es, ihre Dispergierbarkeit und Biokompatibilität zu erhöhen, biologisch aktive Moleküle zu konjugieren und Multimodalität zu verleihen. In diesem Kapitel gebe ich einen Überblick über verschiedene biomedizinische Anwendungen von CNTs. Insbesondere konzentriere ich mich auf die Verwendung von Nanoröhren für die Arzneimittelabgabe, photothermische und photodynamische Therapie, biomedizinische Bildgebung, Gewebezüchtung und regenerative Medizin sowie Biosensorik. Auch die Probleme im Zusammenhang mit ihrer potenziellen Toxizität und den Aussichten ihrer biologischen Abbaubarkeit werden diskutiert.

(104)
Samir Mitragotri, Daniel G. Anderson, Xiaoyuan Chen, Edward K. Chow, Dean Ho, Alexander V. Kabanov, Jeffrey M. Karp, Kazunori Kataoka, Chad A. Mirkin, Sarah Hurst Petrosko, Jinjun Shi, Molly M. Stevens, Shouheng Sun, Sweehin Teoh, Subbu S. Venkatraman, Younan Xia, Shutao Wang, Zhen Gu, and Chenjie Xu (2015) **Accelerating the Translation of Nanomaterials in Biomedicine**. ACS Nano 2015, 9, 7, 6644–6654
https://pubs.acs.org/doi/10.1021/acsnano.5b03569
https://doi.org/10.1021/acsnano.5b03569

Topic: Nanomaterialien und deren Übertragung vom Labor in die Klinik.

Abstract:
Aufgrund ihrer Größe und anpassbaren physikalisch-chemischen Eigenschaften sind Nanomaterialien eine aufstrebende Klasse von Strukturen, die in biomedizinischen Anwendungen eingesetzt werden. Mittlerweile gibt es viele prominente Beispiele für den Einsatz von Nanomaterialien zur Verbesserung der menschlichen Gesund-

heit in Bereichen, die von Bildgebung und Diagnostik bis hin zu Therapeutika und regenerativer Medizin reichen. Ein Überblick über diese Beispiele zeigt mehrere gemeinsame Synergiebereiche und zukünftige Herausforderungen. Dieser Nano-Fokus diskutiert anhand einiger erfolgreicher Beispiele den aktuellen Stand und das zukünftige Potenzial vielversprechender Nanomaterialien und deren Übertragung vom Labor in die Klinik.

(105)
Mohammad Nasser Moghadasi, Ramazan Ali Sadeghzadeh, Mohammad Toolabi, Payam Jahangiri, Ferdows B.Zarrabi (2016) **Fractal cross aperture nano-antenna with graphene coat for bio-sensing application**. Microelectronic Engineering Volume 162, 16 August 2016, Pages 1-5
https://www.sciencedirect.com/science/article/abs/pii/S0167931716302234?via%3Dihub
https://doi.org/10.1016/j.mee.2016.04.022

Topic: Graphenbeschichtung zur optischen Feldverstärkung. Die Graphenbeschichtung erhöhte den Q-Faktor und die Durchlässigkeit der Nanoantenne. Design-Biosensor.

Abstract:
In diesem Artikel haben wir eine neuartige Form für Nanoaperturen für biomedizinische und spektroskopische Anwendungen vorgestellt. Wenn die Graphen-Überzugsschicht zur Struktur hinzugefügt wird, erreichen wir außerdem ein rekonfigurierbares Partikel mit mehr Durchlässigkeit, und die Impedanzparameter können die Wirkung der Graphen-Schicht beschreiben. Die Prototypstruktur wird mit dem FDTD-Verfahren durch das Mikrowellenstudio CST simuliert und als Substrat wird die SiN-Schicht mit einem Brechungsindex von 1,98 und einer Dicke von 80 nm ausgewählt. Das Palik-Modell wird für die Goldschicht mit einer Dicke von 30 nm implementiert, und eine einzelne Graphenschicht wird für eine Beschichtung mit einer Dicke von 1 nm ausgewählt. Die Prototypantenne hat die Dualband-Charakteristik bei 46 und 86 THz für die biomedizinische Erfassung bei Anwendungen im mittleren Infrarotbereich. Die Graphenbeschichtung verbessert die Durchlässig-

keit im Prototyp-Nanopartikel. Hier zeigen wir, dass die Implementierung der Graphenschicht nützlich ist, um Biosensoren mit größerer Genauigkeit und Empfindlichkeit herzustellen. Die Prototypstruktur weist orthogonale Eigenschaften auf, die sie für die Solarzellenanwendung und Energiegewinnung durch Verstärkung des elektrischen Felds sowohl in X- als auch in Y-Richtung nützlich machten.

(106)
Somaye Mohammadyan, Shaahin Angizi and Keivan Navi (2016) **New fully single layer QCA full-adder cell based on feedback model**. International Journal of High Performance Systems Architecture, Vol. 5, No. 4
https://www.inderscienceonline.com/doi/abs/10.1504/IJHPSA.2015.072847
https://doi.org/10.1504/IJHPSA.2015.072847

Topic: Quantum-Dot Cellular Automata (QCA) ist einer der Pioniere der Nanoelektronik für den möglichen Ersatz herkömmlicher CMOS-Schaltungen.

Abstract:
Quantum-Dot Cellular Automata (QCA) ist einer der Pioniere der Nanoelektronik für den möglichen Ersatz herkömmlicher CMOS-Schaltungen. In diesem Artikel wird ein mit Nanoelektronik kompatibles Design auf Gate-Ebene für eine Ein-Bit-Volladderzelle vorgeschlagen. Dieses Design ist für die Anwendung in den meisten Mehrheits-Gate-basierten Technologien geeignet. Daher wird unter Verwendung dieser Zelle eine vollständig einschichtige QCA-Struktur für eine Ein-Bit-Volladderzelle implementiert. Die Additionsoperation in der dargestellten Zelle wird unter Verwendung einer Rückkopplungsschleife durchgeführt. Diese Schleife speichert den Carry-Wert durch eine synchronisierte vierphasige QCA-Leitung, um einen Summenwert auf der nächsten Ebene zu erzeugen. Die vorgeschlagene Ein-Bit-Volladderzelle übertrifft die meisten zuvor berichteten Strukturen, indem sie den Overhead für Drahtkreuzungen beseitigt und die Zellenkomplexität verringert. Das QCA Designer-Tool als beliebte Simulationsmaschine im

QCA-Bereich wird verwendet, um die ordnungsgemäße Funktionalität der vorgeschlagenen Schaltung zu bestätigen.

(107)
Shahram Mohrehkesh; Michele C. Weigle (2014) **Optimizing Energy Consumption in Terahertz Band Nanonetworks**. IEEE Journal on Selected Areas in Communications 32(12):2432-2441
https://www.researchgate.net/publication/273170291_Optimizing_Energy_Consumption_in_Terahertz_Band_Nanonetworks

Topic: Nanoknoten. Energie in permanenten drahtlosen Nanonetzwerken

Abstract:
In diesem Artikel entwickeln wir eine Technik, um die maximale Nutzung der gewonnenen Energie in permanenten drahtlosen Nanonetzwerken zu erreichen, in denen Nanoknoten im THz-Frequenzband kommunizieren. Aufgrund ihrer Größe im Nanobereich können Nanoknoten keine großen Energiemengen speichern. Erschwerend kommt hinzu, dass die Energiezufuhr nicht konstant ist, sondern einem stochastischen Prozess folgt. Daher ist eine optimale Auslegung für den Verbrauch dieser begrenzten Energiemenge erforderlich. Wir modellieren das Problem als Markov-Entscheidungsprozess, bei dem wir die Energie sowohl für den Empfang als auch für die Übertragung von Paketen einbeziehen. Wir analysieren die Leistung der Energiegewinnungs- und Verbrauchsprozesse für sehr niedrige Energiegewinnungsraten und kleine Energiespeicherkapazitäten. Wir vergleichen die Leistung der optimalen Richtlinie mit intuitiven Energieverbrauchsrichtlinien. Da das Lösen eines optimierten Problems dieser Art für Nanoknoten mit begrenzten Ressourcen zu rechenintensiv ist, schlagen wir als Nächstes eine leichte heuristische Methode vor, die nahezu optimal funktionieren kann. Simulationsergebnisse zeigen, dass unser heuristisches Modell und das optimale Modell als Rahmen für das Design von Nanoknoten dienen können, die unter Bedingungen einer stochastischen Energiegewinnung mit niedriger Rate und begrenzter Energiespeicherung arbeiten.

(108)
Shahram Mohrehkesh; Michele C. Weigle; Sajal K. Das (2015) **DRIH-MAC: A Distributed Receiver-Initiated Harvesting-Aware MAC for Nanonetworks**. IEEE Transactions on Molecular, Biological and Multi-Scale Communications (Volume: 1, Issue: 1, March 2015)
https://ieeexplore.ieee.org/document/7181714
https://doi.org/10.1109/TMBMC.2015.2465519

Topic: DRIH-MAC, Kommunikation zwischen Nanoknoten in einem drahtlosen elektromagnetischen Nanonetzwerk

Abstract:
In diesem Artikel stellen wir DRIH-MAC vor, ein verteiltes empfängerinitiiertes Medienzugriffskontrollprotokoll für die Kommunikation zwischen Nanoknoten in einem drahtlosen elektromagnetischen Nanonetzwerk. DRIH-MAC wurde basierend auf den folgenden Prinzipien entwickelt: 1) Kommunikation beginnt über den Empfänger mit dem Ziel, die Energieausnutzung zu maximieren; 2) das verteilte Schema für den Zugriff auf das Medium wird basierend auf der Graphenfärbung entworfen; und 3) die Kommunikationsplanung arbeitet in Koordination mit dem Energy-Harvesting-Prozess. DRIH-MAC basiert auf einem probabilistischen Schema, um eine skalierbare und leichte Lösung zu schaffen, die Kollisionen minimiert und die Nutzung der gewonnenen Energie maximiert und in einer Vielzahl von Anwendungen eingesetzt werden kann. Durch Simulationsexperimente demonstrieren wir die Effizienz von DRIH-MAC in einer beispielhaften medizinischen Überwachungsanwendung. Insbesondere kann DRIH-MAC die Energienutzung im Vergleich zu einem zufälligen MAC-Protokoll um 50 % verbessern. Darüber hinaus kann es Anwendungsanforderungen wie Verzögerung selbst bei niedrigen Energiegewinnungsraten erfüllen.

(109)
Seyyed Mohammad Mehdi Moshiri & Najmeh Nozhat (2021) **Smart optical cross dipole nanoantenna with multibeam pattern**. Scientific Reports volume 11, Article number: 5047 (2021)

https://www.nature.com/articles/s41598-021-84495-0
https://doi.org/10.1038/s41598-021-84495-0

Topic: optisch intelligente Mehrstrahl-Kreuzdipol-Nanoantenne. Drahtlose Multipath-Verbindung mit der Fähigkeit, die Erreichbarkeit jedes Empfängers zu steuern.

Abstract:
In diesem Artikel wurde eine optisch intelligente Mehrstrahl-Kreuzdipol-Nanoantenne vorgeschlagen, indem die Absorptionseigenschaften von Graphen kombiniert und verschiedene Anordnungen von Direktoren angewendet wurden. Durch die Einführung einer Kreuzdipol-Nanoantenne mit zwei V-förmig gekoppelten Elementen wurde die maximale Richtwirkung von 8,79 dBi für ein unidirektionales Strahlungsmuster erreicht. Durch Anwenden verschiedener Anordnungen kreisförmiger Sektoren als Direktor wurden auch verschiedene Arten von Strahlungsmustern, wie z. B. bi- und vierdirektional, mit Richtwirkungen von 8,63 bzw. 8,42 dBi bei der Wellenlänge von 1550 nm erreicht. Die maximale Absorptionskraft von Graphen kann durch die Wahl eines geeigneten chemischen Potentials eingestellt werden. Daher wurde der Strahlungsstrahl der vorgeschlagenen Mehrstrahl-Kreuzdipol-Nanoantenne dynamisch durch Aufbringen einer Monoschicht aus Graphen gesteuert. Durch Auswahl eines geeigneten chemischen Potentials von Graphen für jeden Arm der vorgeschlagenen Kreuzdipol-Nanoantenne ohne den Direktor verschiebt sich das unidirektionale Strahlungsmuster bei der Wellenlänge von 1550 nm um ± 13°. Auch für die Mehrstrahl-Nanoantenne mit unterschiedlichen Anordnungen von Direktoren wurden die bi- und vierdirektionalen Strahlungsmuster intelligent in uni- und bidirektionale mit Richtwirkungen von 10,1 bzw. 9,54 dBi modifiziert. Dies liegt an der Leistung von Graphen als absorbierendes oder transparentes Element für verschiedene chemische Potentiale. Diese Funktion hilft uns, eine drahtlose Multipath-Verbindung mit der Fähigkeit zu erstellen, die Erreichbarkeit jedes Empfängers zu steuern.

(110)
Julie Muller, Ilse Decordier, Peter H. Hoet, Noömi Lombaert, Leen Thomassen, François Huaux, Dominique Lison, Micheline Kirsch-Volders (2008) **Clastogenic and aneugenic effects of multi-wall carbon nanotubes in epithelial cells.** Carcinogenesis, Volume 29, Issue 2, February 2008, Pages 427–43
https://academic.oup.com/carcin/article/29/2/427/2526882
https://doi.org/10.1093/carcin/bgm243

Topic: Apoptose, fluoreszierende In-situ-Hybridisierung, Lunge, Fibrose, Zentromer, Mikronukleus, Mikronukleustests, Pneumonie, Ratten, Trachea, fluoreszierende Sonden, Epithelzellen, toxische Wirkung, Zytokinese, Pneumozyten, Typ 2, Kohlenstoffnanoröhren, mcf-7 Zellen

Abstract:
Informationen über die Toxizität von Kohlenstoffnanoröhren sind noch lückenhaft, weisen jedoch darauf hin, dass diese Partikel schädliche Wirkungen hervorrufen können. Wir haben zuvor bei Ratten gezeigt, dass gereinigte mehrwandige Kohlenstoffnanoröhren (MWCNT), wenn sie die Lunge erreichen, biobeständig sind und Lungenentzündungen sowie Fibrose induzieren. Die vorliegende Studie wurde entwickelt, um das genotoxische Potenzial dieses Materials bei derselben Spezies zu untersuchen. In vivo wurden Mikrokerne (MN) in Typ-II-Pneumozyten 3 Tage nach einer einzelnen intratrachealen Verabreichung von MWCNT (0,5 oder 2 mg) bewertet. Wir verwendeten auch den Zytokinese-Block-Mikronukleus-Assay in Lungenepithelzellen von Ratten, die in vitro MWCNT (10, 25, 50 µg/ml) ausgesetzt wurden. Schließlich haben wir eine humane panzentromere Fluoreszenzsonde (Fluoreszenz-in-situ-Hybridisierungsassay) angewendet, um klastogene und/oder aneugene Mechanismen in einer humanen Epithelzelllinie (MCF-7) zu differenzieren. In vivo fanden wir eine signifikante und dosisabhängige Zunahme mikrokernhaltiger Pneumozyten nach einer einzigen Verabreichung von MWCNT (ca. 2-fache Zunahme bei der höchsten Dosis). In vitro beobachteten wir einen signifikanten Anstieg von MN in Epithelzellen nach Exposition gegenüber MWCNT (bis zu einem 2-fachen Anstieg bei

der zytotoxischen Dosis von 50 µg/ml). Schließlich fanden wir heraus, dass MWCNT sowohl Zentromer-positive als auch - negative MN in MCF-7-Zellen induzierte. Insgesamt liefert diese Studie den ersten Beweis für das Potenzial von MWCNT, sowohl klastogene als auch aneugene Ereignisse zu induzieren.

(111)
Thomas E. Murphy, M. Mehdi Jadidi, Martin Mittendorff, Andrei B. Sushkov, H. Dennis Drew, Michael S. Fuhrer (2018) **Terahertz detection in 2D materials**. Proceedings Volume 10540, Quantum Sensing and Nano Electronics and Photonics XV; 105401X (2018) Event: SPIE OPTO, 2018, San Francisco, California, United States
https://www.spiedigitallibrary.org/conference-proceedings-of-spie/10540/2287523/Terahertz-detection-in-2D-materials/10.1117/12.2287523.short?SSO=1
https://doi.org/10.1117/12.2287523

Topic: Terahertz radiation, Graphene, Sensors, Phosphorus, Electrons, Terahertz detection, Thermoelectric materials, Imaging spectroscopy, Millimeter wave sensors, Photovoltaics

Abstract:
Der Terahertz (THz)-Bereich des elektromagnetischen Spektrums, breit definiert als zwischen 300 GHz und 30 THz, ist von wachsender Bedeutung in so unterschiedlichen Bereichen wie Kommunikation, Medizin, Astronomie, Sicherheit, Biologie und Materialwissenschaften. Trotzdem sind die Technologien zur Detektion von THz-Strahlung noch vergleichsweise unausgereift. Die empfindlichsten THz-Detektoren sind typischerweise langsam und erfordern eine kryogene Kühlung, und umgekehrt fehlt den schnellsten Detektoren die Empfindlichkeit, um schwache Signale zu messen. Wir beschreiben hier die jüngsten Arbeiten zur Verwendung neuer zweidimensionaler (2D) Materialien für die Detektion von THz-Wellen.

(112)
Tadashi Nakano, Michael J Moore, Fang Wei, Athanasios Vasilakos (2012) **Molecular Communication and Networking:**

Opportunities and Challenges. IEEE transactions on nanobioscience 11(2):135-48
https://www.researchgate.net/publication/225186390_Molecular_Communication_and_Networking_Opportunities_and_Challenges
https://doi.org/10.1117/12.2287523

Topic: molekulare Kommunikation, Vernetzungsmechanismen und Kommunikationsprotokollen, Bio-Nanomaschinen, Kommunikation von technisch hergestellten biologischen Nanomaschinen mit biologischen Systemen auf molekularer Ebene.

Abstract:
Die Fähigkeit technisch hergestellter biologischer Nanomaschinen, mit biologischen Systemen auf molekularer Ebene zu kommunizieren, wird voraussichtlich zukünftige Anwendungen wie die Überwachung des Zustands eines menschlichen Körpers, die Regeneration biologischer Gewebe und Organe und die Verbindung künstlicher Geräte mit neuronalen Systemen ermöglichen. Aus kommunikationstheoretischer und technischer Sicht wird die molekulare Kommunikation als neues Paradigma für konstruierte biologische Nanomaschinen vorgeschlagen, um mit den natürlichen biologischen Nanomaschinen zu kommunizieren, die ein biologisches System bilden. Anders als das derzeitige Telekommunikationsparadigma verwendet die molekulare Kommunikation Moleküle als Träger von Informationen; Biologische Nanomaschinen des Senders kodieren Informationen auf Molekülen und setzen die Moleküle in die Umgebung frei, die Moleküle breiten sich dann in der Umgebung zu biologischen Nanomaschinen des Empfängers aus, und die biologischen Nanomaschinen des Empfängers reagieren biochemisch mit den Molekülen, um Informationen zu entschlüsseln. Die aktuelle molekulare Kommunikationsforschung ist auf kleine Netzwerke mehrerer biologischer Nanomaschinen beschränkt. Zu den wichtigsten Herausforderungen, um die Lücke zwischen aktueller Forschung und praktischen Anwendungen zu schließen, gehört die Entwicklung robuster und skalierbarer Techniken zur Schaffung eines funktionalen Netzwerks aus einer großen Anzahl biologischer Nanomaschinen. Es wird erwartet, dass die Entwicklung von Netzwerkmechanismen und Kommunikati-

onsprotokollen neue Wege zur Integration technisch hergestellter und natürlicher biologischer Nanomaschinen in ein einziges vernetztes System eröffnen wird. In diesem Artikel präsentieren wir den Stand der Technik auf dem Gebiet der molekularen Kommunikation, indem wir ihre Architektur, Funktionen, Anwendungen, Design, Technik und physikalische Modellierung diskutieren. Anschließend diskutieren wir Herausforderungen und Chancen bei der Entwicklung von Vernetzungsmechanismen und Kommunikationsprotokollen, um aus einer Vielzahl von Bio-Nanomaschinen ein Netzwerk für zukünftige Anwendungen zu schaffen.

(113)
Yoshikazu Nakayama Yoshikazu Nakayama and Mei Zhang Mei Zhang (2001) **Synthesis of Carbon Nanochaplets by Catalytic Thermal Chemical Vapor Deposition**. Jpn. J. Appl. Phys. 40 L492
https://iopscience.iop.org/article/10.1143/JJAP.40.L492
https://doi.org/10.1143/JJAP.40.L492

Topic: Synthese von Kohlenstoffkränzen in Nanometergröße

Abstract:
Wir haben Kohlenstoffkränze in Nanometergröße synthetisiert, die aus einem Nanoröhrchen mit Kügelchen durch katalytische thermische chemische Dampfabscheidung bestehen. Der Katalysator ist ein gemusterter, geschichteter dünner Film aus Eisen und Indium (Fe/In), der mit Indium-Zinn-Oxid beschichtet ist. Die buschartigen Kränze wachsen sowohl auf Fe/In-beschichteten als auch auf Fe/In-unbeschichteten Regionen, indem Acetylen bei Temperaturen von 680 bis 725°C zugeführt wird. Es wurde festgestellt, dass sich der Fe/In-Film in zusammengesetzte Partikel ändert, um Keime der Kränze zu sein. Einige Partikel wandern in den Fe/In-unbeschichteten Bereich, um die Kränze zu züchten, die die Kügelchen mit einer Vielzahl von Formen tragen, abhängig vom Keim.

(114)
Daniel Neumaier1 and Herbert Zirath (2015) **High frequency graphene transistors: can a beauty become a cash cow?**. 2015 2D Mater. 2 030203
https://iopscience.iop.org/article/10.1088/2053-1583/2/3/030203
https://doi.org/10.1088/2053-1583/2/3/030203

Topic: zweidimensionale Materialien. Arbeitspaket „Hochfrequenzelektronik"

Abstract:
Dies ist ein speziell in Auftrag gegebenes Editorial des Graphene Flagship Work Package on High Frequency Electronics. Dieser Leitartikel ist Teil der Fokussammlung 2D-Materialien zum Thema „Fortschritte in Wissenschaft und Anwendung zweidimensionaler Materialien", die in Zusammenarbeit mit Graphene Flagship veröffentlicht wurde. Es bietet einen Überblick über die wichtigsten jüngsten Fortschritte aus dem Arbeitspaket „Hochfrequenzelektronik" und ist nicht als umfassender Überblick über dieses Gebiet gedacht.

(115)
Neupane, Semanta Raj (2014) **Routing In Resource Constrained Sensor Nanonetworks**. TAMPERE UNIVERSITY OF TECHNOLOGY Master of Science Information Technology
https://trepo.tuni.fi/handle/123456789/22494

Topic: Nanonetzwerk, Nanoknoten Routing-Modell: RADAR-Routing.

Abstract:
Nanonetzwerk ist das Kommunikationsnetzwerk von Nanoknoten mit einer Größe von einem bis zu hundert Nanometern. Nano-Knoten sind aufgrund ihrer geringen Größe ressourcenbeschränkt. Begrenzte Batterieleistung, kleine Speichereinheit und geringe Verarbeitungskapazität sind die Merkmale von Nanonetzwerken. Um die Kommunikation zwischen Nanoknoten zu ermöglichen, wird ein Protokollstapel ins Auge gefasst. Der Protokollstapel be-

steht aus vier Schichten, die sind: Nachrichtenverarbeitungseinheit, Netzwerkschicht, Medienzugriffskontrollinstanz und PHY-Schnittstelle. Unter diesen Schichten wird die PHY-Schnittstelle unter Verwendung des Time-Spread-On-Off-Keying-(TS-OOK)-Verfahrens implementiert und die Media-Access-Control-Entität wird unter Verwendung von Transparent MAC implementiert. In ähnlicher Weise wird die Netzwerkschicht unter Verwendung von Flooding-Techniken implementiert. Die Netzwerkschicht ist die am wenigsten erforschte und am wenigsten untersuchte Schicht im Protokollstapel. Viele Algorithmen wurden für die PHY-Schnittstelle entwickelt, aber es wurde keine bedeutende Arbeit an der Routing-Technik geleistet. In dieser Diplomarbeit stellen wir die Lösung des Netzwerkschichtproblems vor. Als Routing-Technik wird ein einfacher Routing-Algorithmus namens Flooding vorgeschlagen. Flooding allein kann das Netzwerkschichtproblem nicht lösen. Es wird ein neuer Algorithmus benötigt, der die große Anzahl redundanter Nachrichten adressiert und gleichzeitig die Speicher- und Rechenbeschränkungen von Nanoknoten erfüllt. Um Flooding effizient und für Nanonetzwerke geeignet zu machen, wird ein neues Routing-Modell namens RADAR-Routing vorgeschlagen. Im RADAR-Modell generieren nur einige der Knoten zu einem bestimmten Zeitpunkt eine Nachricht. Dieses Modell hilft, die Anzahl von Paketen zu reduzieren, was zu einer Reduzierung von Kollisionen und einer Erhöhung des Netzwerkdurchsatzes führt. Auch hinsichtlich des Energieverbrauchs ist dieses Modell geeignet. Das RADAR-Modell wird mit dem Simulationstool Nano-Sim implementiert und untersucht. Simulationen werden durch Implementieren des RADAR-Modells und ohne Implementieren des RADAR-Modells durch Einstellen verschiedener Parameter durchgeführt. Die Simulationsausgabe wird verarbeitet und die Wahrscheinlichkeit, dass ein Paket das Ziel erreicht, wird für jeden Simulationslauf berechnet. Das Ergebnis zeigte, dass der Wahrscheinlichkeitswert durch die Implementierung des RADAR-Modells im Vergleich zu ohne RADAR-Modell zunimmt. Dies zeigt eine erhöhte Leistung des RADAR-Modells.

(116)
Dong Kyo Oh, Heonyeong Jeong, Joohoon Kim, Yeseul Kim, Inki Kim, Jong G. Ok & Junsuk Rho (2021) **Top-down nanofabrication approaches toward single-digit-nanometer scale structures**. Journal of Mechanical Science and Technology volume 35, pages 837–859 (2021)
https://link.springer.com/article/10.1007/s12206-021-0243-7
https://doi.org/10.1007/s12206-021-0243-7

Topic: Sub-10-nm-Nanostrukturen. Feldlokalisierung und -verstärkung, Quantentunneleffekt und starke Kopplung

Abstract:
Sub-10-nm-Nanostrukturen haben aufgrund ihrer faszinierenden nanooptischen Phänomene, wie z. B. extreme Feldlokalisierung und -verstärkung, Quantentunneleffekt und starke Kopplung, breites Interesse geweckt. Mit der Entwicklung von Nanofabrikationstechnologien hat sich das Spektrum innovativer Anwendungen auf der Grundlage von Strukturen im einstelligen Nanometerbereich erweitert. Es bleiben jedoch noch Herausforderungen bei der Überwindung von Herstellungsgrenzen wie Skalierbarkeit, Steuerbarkeit und Reproduzierbarkeit für weitere praktische Anwendungen der Sub-10-nm-Nanostrukturen. In diesem Aufsatz diskutieren wir die jüngsten Fortschritte bei Top-down-Nanofabrikationsmethoden hin zu Strukturen im einstelligen Nanometerbereich. Zu den bekannten Beispielen gehören Elektronenstrahllithographie (EBL), Fräsen oder Lithographie mit fokussiertem Ionenstrahl (FIB), Atomlagenabscheidung (ALD) und andere unkonventionelle Techniken zum Erhalten von Sub-10-nm-Nanostrukturen oder Nanolücken. Wir diskutieren hochmoderne Anwendungen für Sub-10-nm-Nanophotonik wie optische Fallen- oder Sensorgeräte, Bildgebungsgeräte und elektronische Geräte.

(117)
Karen M. Oprych, Raymond L. D. Whitby, Sergey V. Mikhalovsky, Paul Tomlins, Jimi Adu (2016) **Repairing Peripheral Nerves: Is there a Role for Carbon Nanotubes?**

ADVANCED HEALTHCARE MATERIALS, Progress Report, 5(11), pp, 1253-1271
https://onlinelibrary.wiley.com/doi/10.1002/adhm.201500864
https://doi.org/10.1002/adhm.201500864

Topic: Kohlenstoffnanoröhren (CNTs) für biomedizinische Anwendungen, Wiederherstellung des beschädigten Nervenwegs unter Verwendung eines Nervenautotransplantats..

Abstract:
Die Verletzung peripherer Nerven ist nach wie vor ein großes globales Gesundheitsproblem, das zu schwächenden neurologischen Defiziten und neuropathischen Schmerzen führen kann. Die derzeitige Behandlung auf dem neuesten Stand der Technik umfasst die Wiederherstellung des beschädigten Nervenwegs unter Verwendung eines Nervenautotransplantats. Konstruierte Nervenreparaturleitungen können eine Alternative zum Nervenautotransplantat darstellen, wobei die unvermeidlichen Gewebeschäden vermieden werden, die an der Transplantatspenderstelle verursacht werden. Kommerziell erhältliche Nervenreparaturleitungen gelten derzeit nur als geeignet zur Reparatur kleiner Nervenläsionen; Das Design und die Leistung von technisch hergestellten Conduits erfordern erhebliche Verbesserungen, um ihre Verwendung zur Reparatur größerer Nervendefekte zu ermöglichen. Kohlenstoffnanoröhren (CNTs) sind ein aufstrebendes neuartiges Material für biomedizinische Anwendungen, das derzeit für eine Reihe von therapeutischen Technologien entwickelt wird, darunter Gerüste für die Konstruktion und die Verbindung mit neurologischen Geweben. CNTs besitzen eine einzigartige Reihe physikalisch-chemischer Eigenschaften, die in Nervenreparaturkanälen nützlich sein könnten. Dieser Fortschrittsbericht zielt darauf ab, die aktuelle Literatur zu CNTs als Biomaterial zur Unterstützung der peripheren Nervenregeneration zu bewerten und zu konsolidieren. Der Bericht wird im Zusammenhang mit dem Stand der Technik im Design von Nervenreparaturkanälen präsentiert; skizziert, wie CNTs die Leistung von Reparaturkanälen für periphere Nerven der nächsten Generation verbessern können.

(118)
Kishan Ashokbhai Patel, Ryan **W Grady, Kirby K H Smithe, Eric Pop and Roman Sordan (2019) Ultra-scaled MoS2 transistors and circuits fabricated without nanolithography.** 2D Mater. 7 (2020) 015018
http://poplab.stanford.edu/pdfs/Patel-UltraScaledMoS2woNanolitho-2dmat20.pdf

Topic: Ultra-skalierte MoS2-Feldeffekttransistoren (FETs), hergestellt durch ein Schattenverdampfungsverfahren

Abstract:
Die zukünftige Skalierung von Halbleiterbauelementen kann nur durch die Entwicklung neuartiger Nanofabrikationstechniken und atomar dünne Transistorkanäle fortgeführt werden. Hier demonstrieren wir ultra- skalierte MoS2-Feldeffekttransistoren (FETs), die durch ein Schattenverdampfungsverfahren realisiert werden, das dies tut erfordern keine Nanofabrikation. Das Verfahren ermöglicht eine großtechnische Herstellung von MoS2-FETs mit vollständiger Gated ~10 nm lange Kanäle. Die realisierten ultraskalierten MoS 2 -FETs weisen eine sehr kleine Hysterese von auf Strom-Spannungs-Charakteristik, hohe Drain-Ströme bis ~560 A m−1 , sehr guter Drainstrom Sättigung für solche ultrakurzen Geräte, unterschwelliger Hub von ~120 mV dec−1 , und Strom ablassen auf/ Ausschaltverhältnis von ~106 in Umgebungsluft. Die hergestellten ultraskalierten MoS2-FETs werden auch zur Realisierung von Logik Gatter in n-Typ-Verarmungslasttechnologie verwendet. Die Wechselrichter weisen bei einer Leistung eine Spannungsverstärkung von ~50 auf Versorgungsspannung von nur 1,5 V und sind in/out-Signalanpassung fähig.

(119)
Tommaso Patriarchi, Jounhong Ryan Cho, Katharina Merten, Mark W. Howe, Aaron Marley, Wei-Hong Xiong, Robert W. Folk, Gerard Joey Broussard, Ruqiang Liang, Lin Tian (2018) **Ultrafast neuronal imaging of dopamine dynamics with designed genetically encoded sensors.** Science 31 May 2018 Vol 360, Issue 6396
https://www.science.org/doi/10.1126/science.aat4422

https://doi.org/10.1126/science.aat4422

Topic: Messung der Dynamik neuromodulatorischer Signale und gleichzeitige Manipulierung der Elemente des Zielschaltkreises. Fluoreszierende proteinbasierte Dopaminindikatoren, um die räumliche und zeitliche Freisetzung von Dopamin direkt mit hoher Genauigkeit und Auflösung zu visualisieren.

Abstract:
Bildgebung der Dopamin-Freisetzung im Gehirn. Die Freisetzung von Neuromodulatoren verändert die Funktion von Zielschaltkreisen auf wenig bekannte Weise. Ein wesentlicher Schritt, um diese Wissenslücke zu schließen, besteht darin, die Dynamik neuromodulatorischer Signale zu messen und gleichzeitig die Elemente des Zielschaltkreises während des Verhaltens zu manipulieren. Patriarchi et al. entwickelten fluoreszierende proteinbasierte Dopaminindikatoren, um die räumliche und zeitliche Freisetzung von Dopamin direkt mit hoher Genauigkeit und Auflösung zu visualisieren. Im Kortex wurde eine Zwei-Photonen-Bildgebung mit diesen Indikatoren verwendet, um die Dopaminaktivität mit zellulärer Auflösung abzubilden.

(120)
Tommaso Patriarchi, Ali Mohebi, Junqing Sun, Aaron Marley, Ruqiang Liang, Chunyang Dong, Kyle Puhger, Grace Or Mizuno, Carolyn M. Davis, Brian Wiltgen, Mark von Zastro, Joshua D. Berke, Lin Tian (2020) **An expanded palette of dopamine sensors for multiplex imaging in vivo.** Nature Methods volume 17, pages 1147–1155 (2020)
https://www.nature.com/articles/s41592-020-0936-3
https://doi.org/10.1038/s41592-020-0936-3

Topic: Dopaminbiologie. Dopamin-Sensoren auf der Basis von grün fluoreszierendem Protein (GFP), rotverschobene Varianten von Dopaminsensoren (RdLight1)

Abstract:
Genetisch codierte Dopamin-Sensoren auf der Basis von grün fluoreszierendem Protein (GFP) ermöglichen eine hochauflösende Bildgebung der Dopamin-Dynamik in sich verhaltenden Tieren. Allerdings lassen sich diese GFP-basierten Varianten aufgrund spektraler Überlappung nicht ohne Weiteres mit gängigen optischen Sensoren und Aktoren kombinieren. Wir haben daher rotverschobene Varianten von Dopaminsensoren namens RdLight1 entwickelt, die auf mApple basieren. RdLight1 kann mit GFP-basierten Sensoren mit minimaler Interferenz kombiniert werden und zeigt eine hohe Photostabilität, die eine längere kontinuierliche Bildgebung ermöglicht. Wir demonstrieren die Nützlichkeit von RdLight1 für die rezeptorspezifische pharmakologische Analyse in Zellkulturen, die gleichzeitige Bewertung der Dopaminfreisetzung und der zelltypspezifischen neuronalen Aktivität und die gleichzeitige Überwachung mehrerer Neurotransmitter in Sekundenbruchteilen bei sich frei bewegenden Ratten. Die zweifarbige Photometrie zeigte, dass die Freisetzung von Dopamin im Nucleus Accumbens, die durch belohnungsvoraussagende Hinweise hervorgerufen wird, von einer schnellen Unterdrückung der Glutamatfreisetzung begleitet wird. Durch die Ermöglichung der Multiplex-Bildgebung von Dopamin mit anderen Schaltungskomponenten in vivo eröffnet RdLight1 Wege zum Verständnis vieler Aspekte der Dopaminbiologie.

(121)
Stefano Pierini (2021) **Experimental study of perovskite nanocrystals as single photon sources for integrated quantum photonics**. Quantum Physics, arXiv:2105.14245 [quant-ph]
https://arxiv.org/abs/2105.14245

Topic: Atomic and Molecular Clusters (physics.atm-clus); Optics (physics.optics). Kopplung eines einzelnen Perowskit-Nanokristalls mit einer Nanofaser, Prinzip einer hybrid integrierten Einzelphotonenquelle.

Abstract:
Diese Diplomarbeit widmet sich der Untersuchung der Kopplung von Einzelphotonenemittern mit photonischen Nanostrukturen unter Nutzung der Eigenschaften des Nahfeldes einer photonischen Struktur im Hinblick auf die Realisierung einer kompakten integrierten Einzelphotonenquelle für Quantenanwendungen. Der erste Teil meiner Diplomarbeit war der Optimierung von Perowskit-Nanokristallen gewidmet. Obwohl Perowskit-Nanokristalle sehr vielversprechende Einzelphotonenquellen sind, müssen sie noch verbessert werden: In dieser Arbeit bespreche ich die Haupteigenschaften dieser Emitter und präsentiere eine vollständige Charakterisierung von Perowskit-Nanokristallen mit verbesserter Photostabilität, reduziertem Blinken und starkem Antibunching. Im zweiten Teil der Arbeit konzentriere ich mich auf die Kopplung von Quantenemittern mit verschiedenen photonischen Strukturen: nämlich den verjüngten optischen Nanofasern und den Ionenaustausch-Wellenleitern. Das Herstellungsverfahren und die optischen Eigenschaften der Nanofasern werden detailliert beschrieben und die Kopplung eines einzelnen Perowskit-Nanokristalls mit einer Nanofaser wird erreicht, was einen Beweis für das Prinzip einer hybrid integrierten Einzelphotonenquelle darstellt. Schließlich zeige ich, wie das Nahfeld um Ionenaustausch-Wellenleiter herum zusammen mit der Nahfeld-Polymerisation eingesetzt werden kann, um Einzelphotonen-Emitter auf den Wellenleitern einzufangen.

(122)
Massimiliano Pierobon; Ian F. Akyildiz (2011) **Noise Analysis in Ligand-Binding Reception for Molecular Communication in Nanonetworks**. IEEE Transactions on Signal Processing (Volume: 59, Issue: 9, September 2011)
https://ieeexplore.ieee.org/document/5875906
https://doi.org/10.1109/TSP.2011.2159497

Topic: Molekulare Kommunikation (MC) zwischen nanoskaligen Geräten.

Abstract:
Molekulare Kommunikation (MC) wird den Informationsaustausch zwischen nanoskaligen Geräten ermöglichen. In diesem neuartigen bioinspirierten Kommunikationsparadigma werden Moleküle eingesetzt, um Informationen zu kodieren, zu übertragen und zu empfangen. Im allgemeinsten Fall werden diese Moleküle durch freie Diffusion im Medium verbreitet. Eine informationstheoretische Analyse der diffusionsbasierten MC ist erforderlich, um das Potenzial dieses neuartigen Kommunikationsmechanismus besser zu verstehen. Für diese Analyse ist die Untersuchung und Modellierung der Geräuschquellen von größter Bedeutung. Das Ziel dieser Arbeit ist es, eine mathematische Untersuchung des Rauschens beim Empfang der molekularen Information in einem Diffusionsbasierten MC-System bereitzustellen, wenn der Ligandenbindungs-Empfang verwendet wird. Das auf Diffusion basierende MC-Referenzsystem für diese Analyse ist das physikalische End-to-End-Modell, das in einer früheren Arbeit derselben Autoren eingeführt wurde, wobei der Rezeptionsprozess durch Ligandenbindende chemische Rezeptoren realisiert wird. Das Empfangsrauschen wird in dieser Arbeit modelliert, indem zwei verschiedene Ansätze verfolgt werden, nämlich durch die Ligand-Rezeptor-Kinetik und durch die stochastische chemische Kinetik. Die Ligand-Rezeptor-Kinetik ermöglicht es, die zufälligen Störungen in den chemischen Prozessen des Empfangs zu simulieren, während die stochastische chemische Kinetik die Werkzeuge bereitstellt, um eine Lösung in geschlossener Form für die Modellierung des Empfangsrauschens abzuleiten. Das Modell der Ligand-Rezeptor-Kinetik wird durch ein Blockschema ausgedrückt, während die stochastische chemische Kinetik zur Charakterisierung des Empfangsrauschens unter Verwendung stochastischer Differentialgleichungen führt. Numerische Ergebnisse werden bereitgestellt, um zu demonstrieren, dass die analytische Formulierung des Empfangsrauschens in Bezug auf stochastische chemische Kinetik mit dem Empfangsrauschverhalten konform ist, das sich aus den Ligand-Rezeptor-Kinetik-Simulationen ergibt.

(123)
Massimiliano Pierobon, Josep Miquel Jornet, Nadine Akkari, Suleiman Almasri & Ian F. Akyildiz (2014) A routing framework for energy harvesting wireless nanosensor networks in the Terahertz Band. Wireless Networks volume 20, pages 1169–1183 (2014)
https://link.springer.com/article/10.1007/s11276-013-0665-y
https://doi.org/10.1007/s11276-013-0665-y

Topic: Drahtlose Nanosensornetzwerke (WNSNs). Neuartige intelligente Sensoren auf Nanomaterialbasis, Nanosensoren

Abstract:
Drahtlose Nanosensornetzwerke (WNSNs) werden es neuartigen intelligenten Sensoren auf Nanomaterialbasis oder Nanosensoren ermöglichen, neue Arten von Ereignissen im Nanobereich auf verteilte Weise über ausgedehnte Gebiete zu erkennen. Es wird erwartet, dass zwei Hauptmerkmale das Design von WNSNs-Architekturen und -Protokollen leiten werden, nämlich ihre drahtlose Terahertz-Band-Kommunikation und ihr Energiegewinnungsprozess im Nanomaßstab. In diesem Dokument wird ein Routing-Framework für WNSNs vorgeschlagen, um die Nutzung der gewonnenen Energie zu optimieren, um den ununterbrochenen Betrieb des WNSN zu gewährleisten und gleichzeitig den gesamten Netzwerkdurchsatz zu erhöhen. Das vorgeschlagene Routing-Framework, das auf einem zuvor vorgeschlagenen Medium Access Control-Protokoll für die gemeinsame Durchsatz- und Lebensdaueroptimierung in WNSNs basiert, verwendet eine hierarchische Cluster-basierte Architektur, die die Komplexität des Netzwerkbetriebs von den einzelnen Nanosensoren auf die Cluster-Köpfe oder Nano verlagert -Controller. Dieses Framework basiert auf der Bewertung der Wahrscheinlichkeit der Energieeinsparung durch eine Multi-Hop-Übertragung, der Abstimmung der Sendeleistung jedes Nanosensors zur Durchsatz- und Hop-Distanz-Optimierung und der Auswahl des nächsten Hop-Nanosensors auf der Grundlage ihrer Verfügbarkeit Energie und Strombelastung. Die Leistung dieses Frameworks wird auch numerisch in Bezug auf Energie, Kapazität und Verzögerung bewertet und mit der Single-Hop-Kommunikation für dasselbe WNSN-Szenario verglichen. Die

Ergebnisse zeigen, wie der Energieverbrauch pro Bit und der erreichbare Durchsatz gemeinsam maximiert werden können, indem die Besonderheiten dieses Vernetzungsparadigmas ausgenutzt werden.

(124)
Michelle Pillers, Valerie Goss and Marya Lieberman (2014) **Electron-Beam Lithography and Molecular Liftoff for Directed Attachment of DNA Nanostructures on Silicon: Top-down Meets Bottom-up**. Acc. Chem. Res. 2014, 47, 6, 1759–1767
https://pubs.acs.org/doi/10.1021/ar500001e
https://doi.org/10.1021/ar500001e

Topic: lithografischen Strukturierung von DNA-Nanostrukturen. Quantenpunkt-Zellularautomaten (QCA). Integration von Arrays molekularer Schaltkreise mit herkömmlichen elektronischen Ein- und Ausgängen. Chemische Selbstorganisation. DNA-Nanostrukturen als selbstorganisierende Leiterplatten für elektrische oder magnetische QCA-Systeme.
Elektronenstrahllithographie

Abstract:
Unsere Arbeit zur lithografischen Strukturierung von DNA-Nanostrukturen wurde durch eine Zusammenarbeit an molekularelektronischen Geräten inspiriert, die als Quantenpunkt-Zellularautomaten oder QCA bekannt sind. QCA ist ein Berechnungsparadigma, bei dem Informationen durch die Wechselwirkung gekoppelter elektrischer Ladungen oder magnetischer Dipole übertragen und verarbeitet werden. Wir begannen, die Idee der QCA auf molekularer Ebene zu erforschen und stellten fest, dass Ab-initio-Methoden, ein thermodynamisches Ising-Modell und Schaltungsdesignarbeiten in größerem Maßstab darauf hindeuteten, dass Schaltungen, die rechnerisch interessante Dinge leisteten, bei Raumtemperatur funktionieren könnten, wenn sie aus chemisch vernünftigen molekularen QCA-Zellen hergestellt würden Entwurf. Aber wie könnten die QCA-Zellen gemustert werden, um die komplexen Arrays zu bilden, die für rechentechnisch interessante Schaltkreise benötigt werden, und wie könnten diese Arrays mole-

kularer Schaltkreise mit herkömmlichen elektronischen Ein- und Ausgängen integriert werden? Top-down-Methoden fehlten die räumliche Auflösung und das hohe Maß an Parallelität, die für die Herstellung molekularer Schaltkreise erforderlich sind. Der chemischen Bottom-up-Synthese fehlte die Fähigkeit, willkürliche und heterogene Strukturen mit einer Größe von mehreren zehn bis hundert Nanometern herzustellen. Die damalige chemische Selbstorganisation konnte Strukturen in der richtigen Größenskala erzeugen, war aber auf homogene Anordnungen beschränkt. Eine mögliche Lösung für dieses Rätsel wurde gerade Ende der 1990er und Anfang der 2000er Jahre demonstriert: DNA-Nanostrukturen, die sich selbst aus Oligonukleotiden zusammensetzen, deren hohe Informationsdichte die Schaffung beliebiger Strukturen und chemischer Inhomogenität handhaben könnte. Unsere Gruppe begann sich dafür zu interessieren, ob DNA-Nanostrukturen als selbstorganisierende Leiterplatten für elektrische oder magnetische QCA-Systeme fungieren könnten. Dieser Bericht konzentriert sich auf das, was wir über die Wechselwirkungen von DNA-Nanostrukturen mit Siliziumsubstraten gelernt haben, und insbesondere darauf, wie die Elektronenstrahllithographie verwendet werden könnte, um die Bindung von DNA-Nanostrukturen an eine Vielzahl von funktionellen Substraten zu steuern.

(125)
Valentin N Popov (2004) **Carbon nanotubes: properties and application**. Materials Science and Engineering: R: Reports Volume 43, Issue 3, 15 January 2004, Pages 61-102
https://www.sciencedirect.com/science/article/abs/pii/S0927796X03001268?via%3Dihub
https://doi.org/10.1016/j.mser.2003.10.001

Topic: Die Nanoröhren können metallisch oder halbleitend sein. Quasi-eindimensionale (1D) Struktur. Abstand benachbarter Schalen von ~0,34 nm. Anwendung der Nanoröhren als zentrale Elemente in elektronischen Geräten, einschließlich Feldeffekttransistoren (FET), Einzelelektronentransistoren und Gleichrichterdioden.

Abstract:

Kohlenstoffnanoröhren sind einzigartige röhrenförmige Strukturen mit einem Durchmesser im Nanometerbereich und einem großen Verhältnis von Länge zu Durchmesser. Die Nanoröhrchen können aus einer bis zu zehn und hundert konzentrischen Schalen aus Kohlenstoff mit einem Abstand benachbarter Schalen von ~0,34 nm bestehen. Das Kohlenstoffnetzwerk der Schalen hängt eng mit der wabenförmigen Anordnung der Kohlenstoffatome in den Graphitschichten zusammen. Die erstaunlichen mechanischen und elektronischen Eigenschaften der Nanoröhren beruhen auf ihrer quasieindimensionalen (1D) Struktur und der graphitähnlichen Anordnung der Kohlenstoffatome in den Hüllen. Daher haben die Nanoröhren einen hohen Elastizitätsmodul und eine hohe Zugfestigkeit, was sie für Verbundmaterialien mit verbesserten mechanischen Eigenschaften bevorzugt macht. Die Nanoröhren können je nach Strukturparameter metallisch oder halbleitend sein. Dies eröffnet die Möglichkeiten für die Anwendung der Nanoröhren als zentrale Elemente in elektronischen Geräten, einschließlich Feldeffekttransistoren (FET), Einzelelektronentransistoren und Gleichrichterdioden. Auch Möglichkeiten zur Nutzung der Nanoröhren als hochkapazitive Wasserstoffspeichermedien wurden berücksichtigt. Dieser Bericht soll einige der wichtigsten Errungenschaften auf dem Gebiet der experimentellen und theoretischen Erforschung von Kohlenstoffnanoröhren in Verbindung mit den möglichen industriellen Anwendungen der Nanoröhren zusammenfassen.

(126)
Florian Praetorius, Benjamin Kick, Karl L. Behler, Maximilian N. Honemann, Dirk Weuster-Botz & Hendrik Dietz (2017) **Biotechnological mass production of DNA origami**. Nature volume 552, pages 84–87 (2017)
https://www.nature.com/articles/nature24650
https://doi.org/10.1038/nature24650

Topic: DNA-Nanotechnologie. Selbstorganisation

Abstract:
DNA-Nanotechnologie, insbesondere DNA-Origami, ermöglicht die Bottom-up-Selbstorganisation von dreidimensionalen Struktu-

ren im Mikrometermaßstab mit nanometergenauen. Diese Strukturen sind insofern anpassbar, als sie standortspezifisch funktionalisiert werden können oder konstruiert werden können, um ein maschinenähnliches oder logisches Gating-Verhalten aufzuweisen. Ihre Verwendung war aufgrund der Beschränkungen der derzeitigen Herstellungsverfahren auf Anwendungen beschränkt, die nur geringe Materialmengen (in der Größenordnung von Mikrogramm) erfordern. Aber viele vorgeschlagene Anwendungen, zum Beispiel als Therapeutika oder in komplexen Materialien, könnten realisiert werden, wenn mehr Material verwendet werden könnte. Bei DNA-Origami wird eine Nanostruktur aus einem sehr langen einzelsträngigen Gerüstmolekül zusammengesetzt, das von vielen kurzen einzelsträngigen Oligonukleotiden gehalten wird. Nur die von Bakteriophagen abgeleiteten Gerüstmoleküle eignen sich für eine skalierbare und effiziente Massenproduktion; die kürzeren Stapelstränge werden durch kostspielige Festphasensynthese oder enzymatische Prozesse erhalten. Hier zeigen wir, dass einzelne DNA-Stränge praktisch beliebiger Länge und mit praktisch beliebigen Sequenzen skalierbar und kostengünstig hergestellt werden können, indem Bakteriophagen verwendet werden, um einzelsträngige Vorläufer-DNA zu erzeugen, die Zielstrangsequenzen enthält, die mit selbstschneidenden Kassetten verschachtelt sind ', wobei jede Kassette zwei Zn^{2+}-abhängige DNA-spaltende DNA-Enzyme umfasst. Wir produzieren alle notwendigen DNA-Einzelstränge für mehrere DNA-Origami mithilfe von Schüttelkolbenkulturen und demonstrieren die End-to-End-Produktion makroskopischer Mengen eines DNA-Origami-Nanostäbchens in einem Rührkessel-Bioreaktor im Litermaßstab. Unser Verfahren ist mit bestehenden DNA-Origami-Design-Frameworks kompatibel und behält die Modularität und Adressierbarkeit von DNA-Origami-Objekten bei, die für die Implementierung benutzerdefinierter Modifikationen unter Verwendung funktioneller Gruppen erforderlich sind. Da alle Produktions- und Reinigungsschritte einer Skalierung zugänglich sind, erwarten wir, dass unsere Methode den Anwendungsbereich der DNA-Nanotechnologie in vielen Bereichen der Wissenschaft und Technologie erweitern wird.

Erläuterung (Wikipedia): Als DNA-Origami bezeichnet man in der Biochemie und Biophysik das Falten von DNA, um beliebige zwei- und dreidimensionale Formen auf der Nanoskala zu erzeugen.

Prinzip:
In dem von Paul Rothemund am California Institute of Technology entwickelten Prozess des scaffolded DNA origami wird ein langer Einzelstrang meist viraler DNA verwendet, der scaffold strand (Gerüst-Strang). Mit Hilfe vieler kürzerer DNA-Einzelstränge, den staple strands (Heft-Strang), die jeweils an zwei Stellen des scaffold strands binden, wird der scaffold strand gefaltet, um die gewünschte Form anzunähern.[1] Durch das Verbinden von Gerüst-Strängen mit mehreren kurzen Heft-Strängen entsteht gezielt eine dreidimensionale Struktur.

Grundlage der Methode ist, dass aufgrund der Basenpaarung zueinander passende (revers komplementäre) Sequenzen von Nukleotiden dank der spezifischen Bindung zwischen komplementären Basen miteinander hybridisieren, was für eine Selbstassemblierung verwendet werden kann. Ein staple strand etwa, dessen zwei Hälften komplementär zu zwei Abschnitten des scaffold strands sind, bindet mit jeder seiner Hälften an den jeweiligen Abschnitt des scaffold strands. Hierzu muss sich das lange DNA-Molekül falten, da beide Abschnitte nun durch den staple strand „zusammengeheftet" werden.

Die Basensequenz der Viren-DNA (des scaffold strand) ist bekannt. Es werden Oligonukleotide (die staple strands) entworfen und synthetisiert, die den scaffold strand möglichst geschickt in der gewünschten Form halten. Üblicherweise wird die Viren-DNA zeilenweise in ein Raster gefaltet, das die Form annähert. Werden scaffold strands mit staple strands unter geeigneten Bedingungen gemischt und erhitzt, bilden sich die beabsichtigten Figuren ohne lenkende Einwirkung von außen. Aus diesem Grund wird diese Methode als selbstorganisierend (self-assembling) bezeichnet. Verschiedenste zweidimensionale Formen, darunter Landkarten, Sterne und Smileys, sowie dreidimensionale Strukturen, etwa Tetraeder, wurden bereits erzeugt.

Die Vorteile dieser Methode sind die relative Einfachheit, hohe Ausbeute und geringen Kosten. Viele mögliche Anwendungen wurden in der Literatur vorgeschlagen, darunter Hülsen für den Wirkstofftransport, Positionierung von Nanopartikeln und Herstellung von Auflösungslinealen für die Lichtmikroskopie (sogenannte Nanometerlineale).[2] DNA-Origami wird unter anderem zur Herstellung von DNA-Maschinen verwendet. Da die Basenpaarung eine relativ hohe Bindungsenergie aufweist und sich erst bei Temperaturen über 90 °C auflöst, werden für temporäre Verbindungen (z. B. bei beweglichen Teilen einer DNA-Maschine) andere intramolekulare Anziehungs- und Abstoßungskräfte wie die Basenstapelung verwendet, die durch geringere Temperaturänderungen oder durch Zugabe von Kationen gesteuert werden können.[3]

(127)
Karin Pulskamp, Silvia Diabaté and Harald F. Krug (2007) **Carbon nanotubes show no sign of acute toxicity but induce intracellular reactive oxygen species in dependence on contaminants**. Toxicology Letters Volume 168, Issue 1, 10 January 2007, Pages 58-74
https://www.sciencedirect.com/science/article/abs/pii/S037842740
6013178?via%3Dihub
https://doi.org/10.1016/j.toxlet.2006.11.001

Topic: Toxikologie zu Kohlenstoffnanoröhren (CNTs).

Abstract:
Heute werden weltweit massive Investitionen in die Nanowissenschaften getätigt, obwohl die Forschung zu toxikologischen Aspekten dieser Partikel in Nanogröße gerade erst begonnen hat und bis heute keine klaren Richtlinien zur Quantifizierung der Auswirkungen existieren. In der vorliegenden Studie konzentrieren wir uns auf Kohlenstoffnanoröhren (CNTs), die eines der am häufigsten untersuchten Kohlenstoffnanopartikel darstellen. Die vorliegenden Daten weisen darauf hin, dass CNTs in der Lage sind, die Zellmembran von Rattenmakrophagen (NR8383) zu durchqueren und daher möglicherweise einen Einfluss auf die Zellphysiologie und -funktion haben. NR8383- und humane A549-Lungenzellen wurden mit kommerziellen einwandigen (NT-1) und mehrwandigen (NT-2,

NT-3) CNTs, Ruß und Quarz als Referenzpartikel sowie einem säurebehandelten einwandigen inkubiert CNT-Herstellung (SWCNT a.t.) mit reduziertem Metallkatalysatorgehalt. Wir haben keine akute Toxizität auf die Zellviabilität (WST-1, PI-Färbung) bei der Inkubation mit allen CNT-Produkten beobachtet. Keines der CNTs induzierte die Entzündungsmediatoren NO, TNF-α und IL-8. Es konnte eine steigende Tendenz der TNF-α-Freisetzung aus LPS-geprimten Zellen aufgrund der CNT-Behandlung beobachtet werden. Wir haben jedoch bei den kommerziellen CNTs in beiden Zelltypen nach Partikelbehandlung eine dosis- und zeitabhängige Zunahme der intrazellulären reaktiven Sauerstoffspezies und eine Abnahme des mitochondrialen Membranpotentials festgestellt, während die Inkubation mit den gereinigten CNTs (SWCNT a.t.) keinen Effekt hatte. Dies führt uns zu dem Schluss, dass die mit den kommerziellen Nanoröhren assoziierten Metallspuren für die biologischen Wirkungen verantwortlich sind.

(128)
Marialuigia Raimondo, Carlo Naddeo, Luigi Vertuccio, Leila Bonnaud, Philippe Dubois, Wolfgang H Binder, Andrea Sorrentino and Liberata Guadagno (2020) **Multifunctionality of structural nanohybrids: the crucial role of carbon nanotube covalent and non-covalent functionalization in enabling high thermal, mechanical and self-healing performance**. Nanotechnology 31 225708
https://iopscience.iop.org/article/10.1088/1361-6528/ab7678
https://doi.org/10.1088/1361-6528/ab7678

Topic: Nanokomposite. Glasübergangstemperatur (Tg)

Abstract:
Diese Studie schlägt neue Arten von Funktionalisierungsverfahren vor, die in der Lage sind, spezifische Eigenschaften von Kohlenstoffnanoröhren (CNTs) zu erhalten und die Kompatibilität mit der Epoxidmatrix zu verbessern. Durch einen kovalenten Ansatz werden CNTs zum ersten Mal mit demselben Härter, 4,4'-Diaminodiphenylsulfon, funktionalisiert, der zur Verfestigung der Epoxidmatrix verwendet wird und in der Lage ist, die mechani-

schen Anforderungen industrieller Strukturharze zu erfüllen. Dieselben CNTs werden durch den Polymerumhüllungsmechanismus mit Benzoxazin (Bz)-terminiertem Polydimethylsiloxan (PDMS) nicht-kovalent modifiziert. Der Vergleich zwischen elektrischen und mechanischen Eigenschaften der Nanokomposite unterstreicht den Erfolg der nicht-kovalenten Funktionalisierung bei der Bestimmung einer Erhöhung der Glasübergangstemperatur (Tg) und bei der besseren Erhaltung der elektrischen Leitfähigkeit der unfunktionalisierten CNT. Außerdem wurde die Tunnelrasterkraftmikroskopie (TUNA), die leistungsstark ist, um ultraniedrige Ströme zu erfassen, verwendet, um die Morphologie auf Domänen im Nanomaßstab aufzudecken und die Leitfähigkeit an derselben Stelle von CNT/Epoxidharzen nachzuweisen. Für die TUNA-Analyse wurden keine elektrischen Kontakte zum Boden verwendet; ein Verfahren, das die Ergebnisse auf den Grenzflächendomänen nicht verändert, die Kontaktbereiche mit starken Unterschieden in ihren Eigenschaften erfahren. Die Wirksamkeit durchgeführter CNT-Funktionalisierungen als Weg, den Harzformulierungen eine Selbstheilungseffizienz zu verleihen, wurde ebenfalls nachgewiesen.

(129)
Ramaswamy, Bharath (Theses doctoral, UMD, Maryland; Advisor Shapiro, Benjamin) (2016) **TARGETING MAGNETIC NANOCARRIERS IN THE HEAD FOR DRUG DELIVERY AND BIOSENSING APPLICATIONS.** Nanotechnology 31 225708
https://drum.lib.umd.edu/handle/1903/19299
https://doi.org/10.13016/M2X57D

Topic: Magnetische Nanotransporter als wirksame Vehikel für den Transport von therapeutischen und diagnostischen Wirkstoffen im Körper. Manipulierung durch äußere Magneten. Bewegen magnetischer Nanoträger im Gehirngewebe. Spin-Transfer-Torque-Nanooszillatoren.

Abstract:
Magnetische Nanotransporter haben sich als wirksame Vehikel für den Transport von therapeutischen und diagnostischen Wirkstoffen im Körper erwiesen. Ihr Hauptvorteil ist ihre Fähigkeit, durch externe Magnete manipuliert zu werden, um sie zu bestimmten Zielen im Körper zu lenken. In dieser Dissertation studiere ich den Transport, die Sicherheit und die Wirksamkeit von sich bewegenden arzneimittelbeschichteten magnetischen Nanocarriern in verschiedenen Gewebearten. Die Bewegung magnetischer Nanocarrier mit Größen im Bereich von 100 nm bis 1 µm mit verschiedenen biokompatiblen Beschichtungen (Stärke, PEG, Lipid und Chitosan) wurde in verschiedenen Gewebetypen mit einem automatisierten Kryostatsystem quantifiziert. Die Sicherheit sich bewegender magnetischer Nanocarrier in Gehirngewebe von lebenden Nagetieren wurde mittels Elektrophysiologie, Kalzium-Bildgebung und Immunhistochemie bewertet. Das Bewegen magnetischer Nanoträger im Gehirngewebe hatte keinen signifikanten Einfluss auf die Feuerfähigkeit einzelner Neuronen, die synaptische Konnektivität und die Gesamtfunktion des Neuronennetzwerks. Im Rahmen von Wirksamkeitsstudien wurden Steroid freisetzende magnetische Nanopartikel mit externen Magneten gezielt auf das Innenohr von Mäusen gerichtet, um einem durch Cisplatin-Chemotherapeutika verursachten Hörverlust entgegenzuwirken. Diese gezielte Steroidabgabe an die Cochlea reduzierte die durch Cisplatin-Injektionen verursachte Änderung der Hörschwelle bei 32 KHz signifikant und schützte die Haarzellen vor erheblichen Schäden. Schließlich untersuche ich das Potenzial von Spin-Transfer-Torque-Nanooszillatoren, bei denen es sich um mehrschichtige ferromagnetische Nanoträger handelt, als hochauflösende drahtlose In-vivo-Biosensoren. Es wurde gezeigt, dass diese Nanoträger Aktionspotentiale von lateralen Riesenneuronen von Flusskrebsen erkennen und dass die magnetischen Mikrowellensignale von diesen Geräten drahtlos durch Nahfeldinduktion erkannt werden können.

(130)
Hamideh Ramezani; Tooba Khan; Ozgur B. Akan (2018) **Information Theoretical Analysis of Synaptic Communication for Nanonetworks**. Conferences IEEE INFOCOM 2018 - IEEE Conf.

https://ieeexplore.ieee.org/document/8486255
https://doi.org/10.1109/INFOCOM.2018.8486255

Topic: biokompatible Nanonetzwerke.

Abstract:
Die Kommunikation zwischen Neuronen ist das hochentwickelte und effiziente Kommunikationsparadigma im Nanomaßstab und damit die vielversprechendste Technik für biokompatible Nanonetzwerke. Dies erfordert das Verständnis der Neuro-Spike-Kommunikation aus informationstheoretischer Perspektive, um zu einem Referenzmodell für Nanonetzwerke zu gelangen. Dies würde auch zur Entwicklung IKT-gestützter Diagnoseverfahren für neurodegenerative Erkrankungen beitragen. Daher konzentrieren wir uns in diesem Artikel auf den grundlegenden Baustein der Neuro-Spike-Kommunikation, d. h. die Signalübertragung über eine Synapse, um ihre Informationsübertragungsrate zu bewerten. Unser Ziel ist es, ein realistisches synaptisches Kommunikationsmodell zu analysieren, das zum ersten Mal die Variation der Vesikelfreisetzungswahrscheinlichkeit mit der Zeit, die synaptische Geometrie und die Wiederaufnahme von Neurotransmittern durch das präsynaptische Terminal umfasst. Um dieses Ziel zu erreichen, formulieren wir die wechselseitige Information zwischen Eingang und Ausgang der Synapse. Da dieses Kommunikationsparadigma ein Gedächtnis hat, werten wir dann die durchschnittliche gegenseitige Information über mehrere Übertragungen aus, um ihre Gesamtkapazität zu finden. Wir leiten einen geschlossenen Ausdruck für die Kapazität der synaptischen Kommunikation ab und berechnen die Eingabewahrscheinlichkeitsverteilung für das Erreichen der Kapazität. Schließlich finden wir die Auswirkungen der Variation verschiedener synaptischer Parameter auf die Informationskapazität und beweisen, dass der Diffusionsprozess die Informationen, die eine neuronale Reaktion über den Stimulus in einem realen Szenario enthält, nicht verringert.

(131)
Rauti, R; Musto, M; Bosi, S; Prato, M; Ballerini, L (2019) **Properties and behavior of carbon nanomaterials when interfacing**

neuronal cells: How far have we come?. Carbon, Volume 143, March 2019, Pages 430-446
https://www.sciencedirect.com/science/article/pii/S0008622318310492

Topic: Review article mit Schwerpunkt In-vitro-Studien. Neuronale Schnittstellen. Verbindung des Nervensystems mit Geräten, die neuronale elektrische Aktivität aufzeichnen oder modulieren.Stabile elektrische Kopplung mit Neuronen.

Abstract:
In den letzten zwei Jahrzehnten haben immer mehr Studien die Verwendung von Komponenten auf der Basis von Kohlenstoff-(Nano-)Materialien bei der Entwicklung neuronaler Schnittstellen untersucht, um die Leistung aktueller Geräte nach dem Stand der Technik zu verbessern. Kohlenstoff ist ein äußerst vielseitiges Element, das aufgrund seiner sp-, sp2- oder sp3-Hybridisierung durch eine Vielzahl von Allotropen und Strukturen mit unterschiedlichen Eigenschaften gekennzeichnet ist. Unter den verschiedenen Kohlenstoff-Nanomaterialien sind Kohlenstoff-Nanoröhren und Graphen von Natur aus hervorragende elektrische Leiter und somit ideale Kandidaten für die Verbindung von elektrisch erregbaren Geweben. Darüber hinaus birgt ihr Dimensionsbereich das Potenzial, die Wechselwirkungen von Materialien mit Biosystemen zu verbessern. Eine erfolgreiche Verbindung des Nervensystems mit Geräten, die neuronale elektrische Aktivität aufzeichnen oder modulieren, erfordert ihre stabile elektrische Kopplung mit Neuronen. Die Effizienz dieser Kopplung kann durch die Verwendung von leitfähigen, ad hoc entworfenen Nanomaterialien erheblich verbessert werden. Hier geben wir einen Überblick über verschiedene kohlenstoffbasierte Nanomaterialien, die derzeit in der Grundlagen- und angewandten Neurowissenschaft untersucht werden, sowie über die jüngsten Entwicklungen auf diesem Forschungsgebiet, mit besonderem Schwerpunkt auf In-vitro-Studien.

(132)
Dayane Reis, Frank Sill Torres (2016) **A Defects Simulator for Robustness Analysis of QCA Circuits.** Journal of Integrated Circuits and Systems (2016) 11(2):86-96
https://www.researchgate.net/publication/316937221_A_Defects_S imulator_for_Robustness_Analysis_of_QCA_Circuits
DOI:10.29292/jics.v11i2.433

Topic:Review article mit Schwerpunkt In-vitro-Studien. Neuronale Schnittstellen. Verbindung des Nervensystems mit Geräten, die neuronale elektrische Aktivität aufzeichnen oder modulieren.Stabile elektrische Kopplung mit Neuronen.

Abstract:
Obwohl QCA (Quantum-dot Cellular Automata) eine vielversprechende Nanotechnologie ist, um CMOS (Complementary Metal-Oxide-Semiconductor) zu ersetzen, weist sie mehrere bekannte Zuverlässigkeitsprobleme auf. Folglich ist das Design robuster QCA-Strukturen ein zwingender Schritt zur Konsolidierung dieser neuen Technologie. Dieser Beitrag stellt eine neuartige Methodik zur Fehleranalyse von QCA-Strukturen vor, die auf deterministischem und zufälligem Einfügen möglicher Defekte entweder in die Zellen oder in die Phasenverschiebungen der Taktschaltung basiert. Weitere vorgestellte Merkmale sind eine Bewertung der Robustheit von Strukturen und die Identifizierung der Konstruktionselemente, die am anfälligsten für Mängel sind. Simulationsergebnisse aus dem implementierten QCA-Defektsimulator weisen auf die Machbarkeit der vorgeschlagenen Fehlerexplorationsmethodik hin und zeigen auch Ansatzpunkte für Robustheitsverbesserungen bekannter QCA-Strukturen auf. © 2016, Brasilianische Gesellschaft für Mikroelektronik. Alle Rechte vorbehalten.

(133)
Rikhtegar, Negar;| Javidan, Reza; Keshtgari, Manijeh (2017) **Mobility management in wireless nano-sensor networks using fuzzy logic.** Journal of Intelligent & Fuzzy Systems, vol. 32, no. 1, pp. 969-978, 2017

https://content.iospress.com/articles/journal-of-intelligent-and-fuzzy-systems/ifs161552
https://dx.doi.org/10.3233/JIFS-161552

Topic: Wireless Nano Sensor Network (WNSN)

Abstract:
Wireless Nano Sensor Network (WNSN) besteht aus Geräten im Nanomaßstab mit potenziellen Sensorfähigkeiten in fortgeschrittenen Anwendungen. Das bemerkenswerteste Merkmal dieser Netzwerke ist die Verwendung sehr hoher Betriebsfrequenzen (0,1–10 THz) für die Kommunikation zwischen Nanomaschinen. Darüber hinaus motivieren die extremen Einschränkungen von Nano-Geräten zur Entwicklung neuartiger und einfacher Protokolle zur Überwindung der Einschränkungen und zur Verbesserung der Netzwerkleistung. Dieses Dokument stellt eine auf Fuzzy-Logik basierende Mobilitätsverwaltungslösung (FLMM) für mobile clusterbasierte WNSNs vor, die auf dem TDMA-MAC-Protokoll basiert. Dieses Verfahren unterstützt mobile Nanosensorknoten bei der optimalen Übergabe zwischen statischen Ankerknoten namens Nanocontroller, sodass die Übergabeentscheidung auf der Grundlage einer Kombination aus drei wichtigen lokalen Parametern ausgelöst wird: „Entfernung vom Nanocontroller", „Restenergie von Nanocontrollern". Controller" und „Verkehrslast des Nanocontrollers". Das vorgeschlagene Modell wird im Vergleich zu einem ähnlichen nicht-fuzzy-entfernungsbasierten Mobilitätscontroller bewertet. Zu diesem Zweck wurden mehrere kritische Metriken wie Energieverbrauch, Paketverlustrate, Rate erfolgreicher Übergaben und durchschnittliche Ende-zu-Ende-Verzögerung unter Verwendung des NS-3-Simulators untersucht, und die Ergebnisse der Leistungsbewertung zeigen, dass ein auf Fuzzy-Logik basierender Mobilitätscontroller vorgeschlagen wurde bietet mehr Zuverlässigkeit, weniger Lieferverzögerung und geringeren Energieverbrauch in einer dynamischen Topologie mit begrenztem WNSN.

(134)
Julio A. Rodríguez-Manzo, Florian Banhart, Mauricio Terrones, and Dmitri Golberg (2009) **Heterojunctions between metals and carbon nanotubes as ultimate nanocontacts**. Applied Physical Sciences 2009, 106 (12) 4591-4595
https://www.pnas.org/doi/full/10.1073/pnas.0900960106
https://doi.org/10.1073/pnas.0900960106

Topic: Heteroübergänge zwischen Kohlenstoffnanoröhren und verschiedenen Metallnanokristallen (Fe, Co, Ni und FeCo).

Abstract:
Wir berichten über die kontrollierte Bildung und Charakterisierung von Heteroübergängen zwischen Kohlenstoffnanoröhren und verschiedenen Metallnanokristallen (Fe, Co, Ni und FeCo). Die Heteroübergänge werden aus metallgefüllten mehrwandigen Kohlenstoffnanoröhren (MWNTs) durch intensive Elektronenstrahlbestrahlung bei Temperaturen im Bereich von 450–700 °C gebildet und in situ in einem Transmissionselektronenmikroskop beobachtet. Unter Bestrahlung kommt es zur Segregation von Metall- und Kohlenstoffatomen, was zur Bildung von Heteroübergängen zwischen Metall und Graphit führt. Die metallische Leitfähigkeit der Metall-Nanoröhren-Übergänge wurde durch In-situ-Transportmessungen in einem Elektronenmikroskop bestimmt. Dichtefunktionalrechnungen zeigen, dass diese Strukturen mechanisch stark sind, die Bindung an der Grenzfläche kovalent ist und die elektronischen Zustände auf und um das Fermi-Niveau über das gesamte System delokalisiert sind. Diese Eigenschaften sind wesentlich für die Anwendung solcher Heteroübergänge als Kontakte in elektronischen Geräten und entscheidend für die Herstellung robuster Nanoröhren-Metall-Verbundmaterialien.

(135)
C. Roman; F. Ciontu; B. Courtois (2004) **Single molecule detection and macromolecular weighting using an all-carbon-nanotube nanoelectromechanical sensor**. 4th IEEE Conference on Nanotechnology, 2004.
https://ieeexplore.ieee.org/document/1392318

https://doi.org/10.1109/NANO.2004.1392318

Topic: Hochempfindlichen Kohlenstoff-Nanoröhrchen-Sensor

Abstract:
In dieser Studie schlagen und simulieren wir einen hochempfindlichen Kohlenstoff-Nanoröhrchen-Sensor, der in der Lage ist, die Protein-Ligand-Bindung oder allgemeiner die makromolekulare Erkennung in eine Frequenzvariation eines elektrischen Stroms umzuwandeln. In Verbindung mit kleinen Proteinen wie Streptavidin kann der Nanosensor die Empfindlichkeitsschwelle erreichen, d. h. die Bindung eines einzelnen Moleküls nachweisen. Bei schwereren Partikeln in Virusgröße kann dasselbe Gerät eine relativ genaue Messung ihrer Masse liefern. In einem ersten Schritt konzentrieren wir uns auf mechanische Fragestellungen und charakterisieren den Sensor unter mehreren Aspekten sowohl durch Molekulardynamik als auch durch kontinuierliche Schalentheorie. Der zweite Teil konzentriert sich auf die Umwandlung der Cantilever-Auslenkung in ein elektrisches Signal und wird durch eine Kombination von Green-Funktionen und räumlicher Domänenzerlegung erreicht. Im Zusammenhang mit der Konstruktion der Strom-Weg-Kennlinie wird auch der Einfluss thermischer Effekte auf die ordnungsgemäße Funktion des Sensors diskutiert.

(136)
Jose A. Roman, Tracy L. Niedzielko, Robert C. Haddon, Vladimir Parpura, and Candace L. Floyd (2011) **Single-Walled Carbon Nanotubes Chemically Functionalized with Polyethylene Glycol Promote Tissue Repair in a Rat Model of Spinal Cord Injury**. Journal of Neurotrauma, Vol. 28, No. 11 pages 2349-2362
https://www.liebertpub.com/doi/10.1089/neu.2010.1409
https://doi.org/10.1089/neu.2010.1409

Topic: axonale Reparatur und Regeneration nach SCI (traumatische Rückenmarksverletzung)

Abstract:
Eine traumatische Rückenmarksverletzung (SCI) induziert Gewebeschäden und führt zur Bildung eines Hohlraums, der das Nachwachsen der Axone hemmt. Das Füllen dieses Hohlraums mit einem wachstumsfördernden Substrat würde wahrscheinlich die Regeneration und Reparatur fördern. Es wurde gezeigt, dass einwandige Kohlenstoffnanoröhren, die mit Polyethylenglykol (SWNT-PEG) funktionalisiert sind, die Länge ausgewählter Neuriten in vitro erhöhen. Wir stellten die Hypothese auf, dass die Verabreichung von SWNT-PEG nach einer experimentellen SCI die Regeneration von Axonen in die Läsionshöhle und die funktionelle Wiederherstellung der Hinterbeine fördern wird. Um diese Hypothese zu bewerten, wurde bei erwachsenen weiblichen Ratten eine vollständige Querschnittslähmung auf der T9-Wirbelebene induziert. Eine Woche nach der Durchtrennung wurde das Epizentrum der Läsion mit 25 µl entweder Vehikel (Kochsalzlösung) oder 1 µg/ml, 10 µg/ml oder 100 µg/ml SWNT-PEG injiziert. Die Verhaltensanalyse wurde vor der Verletzung, vor der Behandlung und einmal alle 7 Tage für 28 Tage nach der Behandlung durchgeführt. 28 Tage nach der Injektion wurden die Ratten eingeschläfert und Rückenmarksgewebe entnommen. Immunhistochemie wurde verwendet, um den Bereich der Zyste, das Ausmaß der Glianarbe und die axonale Morphologie zu erkennen. Wir fanden heraus, dass die post-SCI-Verabreichung von SWNT-PEG das Läsionsvolumen verringerte, die Neurofilament-positiven Fasern und die kortikospinalen Traktfasern in der Läsion erhöhte und die reaktive Gliose nicht erhöhte. Zusätzlich induzierte die Post-SCI-Verabreichung von SWNT-PEG eine bescheidene Verbesserung der Bewegungserholung der Hinterbeine, ohne Hyperalgesie zu induzieren. Diese Daten deuten darauf hin, dass SWNT-PEG ein wirksames Material zur Förderung der axonalen Reparatur und Regeneration nach SCI sein kann.

(137)
Saavedra, Monica S. (2014) **Carbon nano-octopi: growth and characterisation**. University of Surrey (United Kingdom). https://ethos.bl.uk/OrderDetails.do?uin=uk.bl.ethos.616892

Topic: Kohlenstoff-Nano-Oktopi (CNO)-Strukturen

Abstract:
Diese Arbeit konzentriert sich auf die Bedingungen, unter denen mehrere Kohlenstoff-Nanofasern (CNFs) radial auf einem einzigen Metallkatalysator gezüchtet werden können, bekannt als Kohlenstoff-Nano-Oktopi (CNO)-Strukturen, und erweitert die Bewertung für diese Art des Wachstums, um erzeugen große Oberflächenbereiche bei den niedrigen Temperaturen, die mit einer großflächigen elektronischen Verarbeitung kompatibel sind. Es wurde festgestellt, dass das CNF-Wachstum durch die Verwendung eines Klebebandes gefördert wurde, das anfänglich verwendet wurde, um ein mit einem Nickelkatalysator beschichtetes Kohlenstoffgewebe auf einem Siliziumträger zu befestigen. Die Charakterisierung der Zusammensetzung des Katalysators unter Verwendung von Elektronenenergieverlustspektroskopie (EELS) zeigte Kupfer in der Masse des Nickelkatalysators und an einigen Oberflächenstellen in der Nähe der Katalysatorkanten. Eine Untersuchung des Wachstumsmechanismus war notwendig, um die CNO-Ausbeute zu erhöhen und ein homogenes großflächiges Wachstum zu erzeugen, und wurde durch die Kontrolle und Reduzierung der Anzahl experimenteller Parameter in den Wachstumsläufen erleichtert. Es wurde beobachtet, dass CNO-Wachstum in einem Bereich von Temperaturen und Kupfer-Nickel-Verhältnissen auftreten kann, das Wachstum führte jedoch zu einem einzelnen CNF pro Katalysator in Abwesenheit des Polymers, des Kupfermetalls und/oder im Fall eines großen Kupfers zu Nickel-Verhältnis auf der Katalysatoroberfläche. In Abwesenheit von Acetylen würde überhaupt kein Wachstum stattfinden. Es wurde der Schluss gezogen, dass sowohl das Kupfer als auch das Polymer des Klebstoffs eine Rolle beim Wachstumsmechanismus der CNOs spielten: Das Polymer ermöglichte die Facettierung des Katalysators, was die Bildung mehrerer Kohlenstoffschenkel ermöglichte, und die aktiven Nickelregionen auf der Oberfläche des Kupfernickels Katalysator diente dazu, die wachsenden Kohlenstoffschenkel zu trennen. Die Maximierung des spezifischen Ertrags und der Oberfläche von Kohlenstoff-Nanostrukturen kann dazu beitragen, die Effizienz einer Reihe von Geräten zu verbessern. CNO-Wälder mit höheren Erträgen und

höheren spezifischen Oberflächen wurden durch Optimierung von Wachstumsparametern wie Temperatur, Katalysatorglühzeit und Katalysatordicke erreicht. Es wurde festgestellt, dass das radiale Wachstum dünnerer, längerer CNOs mit mehr Beinen durch die Wahl der Größe der Katalysatoren, auf denen sie wachsen, gefördert wird. Es wurde auch festgestellt, dass der Durchmesser und die Länge der Nanofasern vom Katalysatordurchmesser abhängen, der durch Steuern der Temperzeit des Katalysators eingestellt werden kann. Die aus der Oktopus-Geometrie erzielbare Oberfläche wurde bei einer kritischen Katalysatorgröße von 125 nm durch Aufwachsen einer großen Anzahl von Oktopusbeinen optimiert. Kohlenstofffilme, die aus CNOs bestehen, führten zu einem relativ niedrigen elektrischen Widerstand, was die Möglichkeit ihrer Verwendung als elektrische Kontakte mit großer Oberfläche hervorhebt.

(138)
Mostafa Sadeghi, Keivan Navi & Mehdi Dolatshahi (2019) **Novel efficient full adder and full subtractor designs in quantum cellular automata**. The Journal of Supercomputing volume 76, pages 2191–2205 (2020)
https://link.springer.com/article/10.1007/s11227-019-03073-4
https://doi.org/10.1007/s11227-019-03073-4

Topic: Quantenpunktautomaten

Abstract:
In dieser Studie wurden zwei neue Designs von Volladdierern/Vollsubtrahierern basierend auf der Technologie von zellularen Quantenpunktautomaten vorgeschlagen. Mittels der vorgestellten Gleichung für SUMME- und SUBTRAKTION-Operationen wurden die neuen Hochgeschwindigkeits-, Niedrigleistungs- und kosteneffizienten Designs erreicht. Selbst wenn das dreistufige Design eine geringere Zellzahl hat, weniger Fläche einnimmt und mit einer höheren Geschwindigkeit arbeitet, ist das einschichtige Design weitaus praktikabler. Die Analyse der Temperatur und des Energieverbrauchs des vorgeschlagenen Designs

zeigt, dass die vorgeschlagenen Ansätze denen früherer Arbeiten überlegen sind.

(139)
Luiz H. B. Sardinha; Artur M. M. Costa; Omar P. Vilela Neto; Luiz F. M. Vieira; Marcos A. M. Vieira (2013) **NanoRouter: A Quantum-dot Cellular Automata Design. The Journal of Supercomputing. IEEE Journal on Selected Areas in Communications** (Volume: 31, Issue: 12, December 2013) 825 – 834
https://ieeexplore.ieee.org/document/6708563
https://doi.org/10.1109/JSAC.2013.SUP2.12130015

Topic: NanoRouter-Architektur, die als Quantenpunkt-Zellularautomat (QCA) implementiert ist.

Abstract:
Wir präsentieren NanoRouter, eine neue Router-Architektur, die als Quantenpunkt-Zellularautomat (QCA) implementiert ist. Ein Router ist eine Schlüsselkomponente im Kern des Internets. Es ermöglicht die Übertragung von Paketen im Internet. QCA ist eine vielversprechende Technologie im Nanomaßstab, bei der Komponenten eine Nanogröße, einen extrem niedrigen Stromverbrauch und eine Taktrate im Terahertz-Bereich haben könnten. In einem Bottom-up-Ansatz beschreiben wir zunächst die Bausteine, aus denen NanoRouter besteht, wie Crossbar, Demux und Parallel-zu-Seriell-Wandler, und beschreiben dann die vollständige Architektur. Wir demonstrieren die Funktionalität, testen und validieren die vorgeschlagene Architektur und stellen Leistungsbewertungen von NanoRouter bereit. Diese neue Router-Architektur kann die Geschwindigkeit des Internetkerns erhöhen.

140
Silviu "Silview" Costinescu: „**MAGNETOGENETICS, CO-FINANCED BY DARPA, GATES, ROCKEFELLERS, ZUCKERBERG! ISN'T THIS WHY VAXXERS TURN INTO FRIDGE DOORS AND MAGNETS STICK ON THEM?!**", May 12 2021

https://silview.media/2021/05/12/magnetogenetics-isnt-this-why-vaxxers-turn-into-fridge-doors-and-magnets-stick-on-them/

Video darin (National Library of Neducune):
"Manipulative magneticnanomedicine: the future of COVID-19 pandemic/endemic therapy"

Topic: PFIZER-IMPFSTOFF, MAGNETOGENETIK

Abstract:
UPDATE JULI 2021: GRAPHENEOXID ALS HAUPTINHALTSSTOFF (99 %) IM PFIZER-IMPFSTOFF BESTÄTIGT. UNTER ANDEREN VERÖFFENTLICHEN WIRKUNGEN: BLUTGERINNUNG und Covid-Symptome. WIE KOMMEN WIR ZU DIESER OFFENBARUNG? LESEN SIE DIE ERSTE UNTERSUCHUNG ZUR MAGNETOGENETIK ÜBERHAUPT!

(141)
Luiz H.B.Sardinha, Douglas S.Silva, Marcos A.M.Vieira, Luiz F.M.Vieira, Omar P.Vilela Neto (2015) **TCAM/CAM-QCA: (Ternary) Content Addressable Memory using Quantum-dot Cellular Automata**. The Journal of Supercomputing. IEEE Journal on Selected Areas in Communications. Microelectronics Journal Volume 46, Issue 7, July 2015, Pages 563-571
https://www.sciencedirect.com/science/article/abs/pii/S0026269215000798?via%3Dihub
https://doi.org/10.1016/j.mejo.2015.03.020

Topic: NanoRouter-Architektur. Inhaltsadressierbare Speicherarchitektur (CAM).

Abstract:
Dieses Papier beschreibt eine inhaltsadressierbare Speicherarchitektur (CAM) und ihre ternäre Variante namens Ternary Content Addressable Memory (TCAM) unter Verwendung von Quantum-Dot Cellular Automata (QCA). QCA ist eine Alternative zum aktuellen Paradigma integrierter Schaltkreise (CMOS), das auf den

Eigenschaften des Einschlusses und der gegenseitigen Abstoßung zwischen Elektronen basiert. Es wird erwartet, dass es mit hochfrequenten Taktgebern (in der Größenordnung von THz), im Nanometerbereich und mit sehr geringem Energieverbrauch betrieben wird. Zunächst stellt diese Arbeit die grundlegenden Bausteine (1-Bit-Speicherzelle, Array von Speicherzellen, ternäre Speicherleitung und Encoder) vor. Dann beschreiben wir die vollständigen TCAM- und CAM-Architekturen. Schließlich werden die vorgeschlagenen Architekturen mit dem QCADesigner-Simulator getestet und validiert, wobei ihre Funktionalität bestätigt wird. Wenn sich QCA als möglicher CMOS-Ersatz festigt, kann diese Studie das Design zukünftiger Komponenten beeinflussen, die TCAM und CAM verwenden, wie Router bzw. Switches.

(142)
„Überprüfung und Analyse wissenschaftlicher Artikel über experimentelle Verfahren und Methoden, die bei Cov-19-Impfstoffen verwendet werden: Beweise, Schäden, Hypothesen, Meinungen und Herausforderungen", September 02, 2021
@GrapheneAgenda
https://telegra.ph/%C3%9Cberpr%C3%BCfung-und-Analyse-wissenschaftlicher-Artikel-%C3%BCber-experimentelle-Verfahren-und-Methoden-die-bei-Cov-19-Impfstoffen-verwend-09-02

Topic: Graphen, Blutuntersuchungen bei Geimpften

Einleitung:
Identifizierung von Mustern im Blut von Geimpften: kristallisiertes Graphen: Im vorherigen Beitrag, konnte mit großer Wahrscheinlichkeit ein leicht gewundener bandförmiger Nanoroboter, auch Micronader genannt, identifiziert werden (Chen, XZ; Hoop, M.; Mushtaq, F.; Siringil, E.; Hu, C.; Nelson, BJ; Pané, S. 2017), vorhanden in der Mikroskopie eines deutschen Teams unabhängiger Forscher, die im Dokumentarfilm von (Tim Truth. 2021a) und im Programm 119 der Fünften Kolonne (Delgado, R.; Sevillano, JL 2021).

Dieser Fortschritt ist sehr relevant, da er ein erster grafischer Beweis für das Vorhandensein von Nanorobotern im Blut von Menschen ist, die mit dem c0r0n@v|rus-Impfstoff geimpft wurden. Es gibt jedoch noch mehr Bilder, die in der Dokumentation enthüllt wurden, die überprüft werden müssen, um die Wahrheit über die Verbindungen in Impfstoffen zu verstehen und vor allem zu erklären, und noch wichtiger: Gewissheit über ihre möglichen und realen Funktionen im menschlichen Körper erlangen....

(143)
Wenchuang Hu; K. Sarveswaran; M. Lieberman; G.H. Bernstein (2004) **High-resolution electron beam lithography and DNA nano-patterning for molecular QCA**. The Journal of Supercomputing. IEEE Transactions on Nanotechnology (Volume: 4, Issue: 3, May 2005)
https://ieeexplore.ieee.org/abstract/document/1430665

Topic: Elektronenstrahllithographie (EBL)-Strukturierung von Poly(methylmethacrylat) (PMMA). Molekulares Liftoff, um DNA-Flöße mit hoher Genauigkeit bei Linienbreiten von etwa 100 nm zu strukturieren. Strukturierung von zellulären Automaten mit Quantenpunkten.

Abstract:
Die Elektronenstrahllithographie (EBL)-Strukturierung von Poly(methylmethacrylat) (PMMA) ist ein vielseitiges Werkzeug zur Definition molekularer Strukturen im Sub-10-nm-Bereich. Wir demonstrieren eine lithographische Auflösung von etwa 5 nm unter Verwendung einer Kaltentwicklungstechnik. Das Abheben von Sub-10-nm-Au-Nanopartikeln und Metallleitungen beweist, dass die Kaltentwicklung die PMMA-Rückstände auf den belichteten Bereichen vollständig entfernt. Molekulares Liftoff wird durchgeführt, um DNA-Flöße mit hoher Genauigkeit bei Linienbreiten von etwa 100 nm zu strukturieren. Hochauflösende EBL und molekularer Liftoff können angewendet werden, um Creutz-Taube-Moleküle im Maßstab von wenigen Nanometern für zelluläre Automaten mit Quantenpunkten zu strukturieren.

(144)
Chanan Sessler, Zhengkai Huang, Xiao Wang and Jia Liu (2021) **Functional nanomaterial-enabled synthetic biology.** Nano Futures (2021) 5 022001 , PDF verfügbar (mit vielen Abbildungen)
https://iopscience.iop.org/article/10.1088/2399-1984/abfd97
https://doi.org/10.1088/2399-1984/abfd97

Topic: Synthetische Biologie. Funktionelle Nanomaterialien für grundlegende und neue biologische Funktionen in Organismen. Manipulieren / Verbessern der Biologie.

Abstract:
Biokompatible funktionelle Nanomaterialien haben, wenn sie in lebende Systeme integriert werden, das Potenzial, sowohl grundlegende biologische Funktionen zu erweitern als auch völlig neue Funktionen in Organismen einzuführen. Die Integration funktioneller Nanomaterialien mit einzigartigen physikalischen Eigenschaften in lebende Zellen hat ein neues Paradigma in der synthetischen Biologie geschaffen, das es Forschern ermöglicht, die Biologie auf eine Weise zu manipulieren und sogar zu verbessern, die mit herkömmlichen chemischen oder genetischen Modifikationen nicht möglich ist. In diesem Aufsatz betrachten wir zunächst die neuesten Entwicklungen bei der Verbindung synthetischer Nanomaterialien mit Organismen auf zellulärer Ebene und relevante Anwendungen, insbesondere zur Neuromodulation und verstärkten Photosynthese. Dann heben wir die Notwendigkeit hervor, Nanomaterialien auf spezifische Zellen oder subzelluläre Ziele innerhalb großer, vielzelliger Organismen zu richten, um eine präzise Kontrolle über diese Systeme auf biokompatible Weise zu erreichen. Insbesondere diskutieren wir die jüngsten Fortschritte in der In-vivo-Synthese von Nanomaterialien und wie sie verwendet werden können, um diese präzise Integration von Nanomaterialien zu erreichen. Schließlich führen wir genetisch zielgerichtete chemische Anordnungen für die In-situ-Synthese von Nanomaterialien als neues Werkzeug ein. Wir diskutieren die Perspektiven neuartiger zelltypspezifischer biologischer Manipulationen durch diese genetisch zielgerichteten Methoden.

(145)
Maheshwar Sharon & Madhuri Sharon (2006) **Carbon Nanomaterials and their Synthesis from Plant-Derived Precursors. Synthesis and Reactivity in inorganic, Metal-Organic and Nano-Metal Chemistry**, 36(3), pp.265-279
https://doi.org/10.1080/15533170600596048
https://taylorandfrancis.com/
https://taylorandfrancis.com/search-results/?query=Metal-Organic+and+Nano-Metal+Chemistry%2C+36%283%29%2C+pp.265-279&pg=1&sort=&tab=

Topic: Massenherstellung von Kohlenstoff-Nanomaterialien (CNM) durch chemische Gasphasenabscheidung (CVD).

Abstract:
Kohlenstoff-Nanomaterialien stehen kurz davor, ein wichtiges Material für verschiedene industrielle Anwendungen zu werden. Die größte Hürde bei der Herstellung von Carbon Nanomaterial (CNM) sind die Kosten des Rohmaterials. Es gibt zwei Komponenten bei der Herstellung des CNM, die Vorläufer und die Technik der Synthese. Es ist fast sicher, dass die Technik der chemischen Gasphasenabscheidung (CVD) für die Herstellung großer Mengen von CNM am besten geeignet wäre. Infolgedessen wird die CVD-Technik von vielen Forschungsgruppen für die Synthese von CNM erforscht. Die Verfügbarkeit von Vorläufern ist ein weiterer Faktor, der die Produktionskosten von Kohlenstoff-Nanomaterialien steuert. Für diesen Zweck wurden meistens aus fossilen Brennstoffen und Erdölprodukten gewonnene Vorläufer verwendet. Aber es besteht immer die Angst, dass sie erschöpft sind. Daher besteht die Notwendigkeit, nach neuen Quellen für Vorstufen zu suchen, die nicht auf fossilen Brennstoffen basieren. In dieser Übersicht werden Anstrengungen unternommen, um die Anwendung von Vorläufern hervorzuheben, die aus aus Pflanzen stammenden Materialien gewonnen werden, und es werden Anstrengungen unternommen, um darauf hinzuweisen, dass aus Pflanzen stammende Vorläufer CNM von ähnlicher und manchmal sogar besserer Qualität ergeben können, als man es normalerweise durch die Verwendung

von Material aus fossilen Brennstoffen erhalten würde und Produkte, die von Erdölprodukten abgeleitet sind. Der Vorteil der Verwendung pflanzlicher Vorstufen besteht darin, dass sie im Gegensatz zu fossilen Brennstoffen bei Bedarf in der erforderlichen Menge angebaut werden können und ihre Erschöpfung nicht zu befürchten ist.

(146)
Shityakov S, Salvador E, Pastorin G, Förster C (2015) **Blood–brain barrier transport studies, aggregation, and molecular dynamics simulation of multiwalled carbon nanotube functionalized with fluorescein isothiocyanate.** International Journal of Nanomedicine» Volume 10» Issue 1, pp.1703.
https://iopscience.iop.org/article/10.1088/2399-1984/abfd97
https://dx.doi.org/10.2147%2FIJN.S68429

Topic: Blut-Hirn-Schranke, mehrwandige Kohlenstoffnanoröhren, Fluoresceinisothiocyanat, Transwell®-System, Aggregation, Fluoreszenzmikroskopie, Molekulardynamik.

Abstract:
In dieser Studie wurde die Fähigkeit einer mehrwandigen Kohlenstoffnanoröhre, die mit Fluoresceinisothiocyanat (MWCNT-FITC) funktionalisiert ist, als potenzielles, auf das Zentralnervensystem ausgerichtetes Wirkstoffabgabesystem bewertet, die Blut-Hirn-Schranke zu durchdringen. Die Ergebnisse zeigten, dass das MWCNT-FITC-Konjugat in der Lage ist, mikrovaskuläre cerebrale Endothel-Monoschichten zu durchdringen; seine Konzentrationen im Transwell®-System waren nach 48 Stunden vollständig äquilibriert. Der Zellviabilitätstest zusammen mit Phasenkontrast- und Fluoreszenzmikroskopie ergab keine Anzeichen einer MWCNT-FITC-Toxizität auf den zerebralen Endothelzellen. Diese mikroskopischen Techniken enthüllten vermutlich auch die intrazelluläre Lokalisierung fluoreszierender MWCNT-FITCs, abgesehen von ihrer massiven nicht fluoreszierenden Akkumulation auf der Zelloberfläche aufgrund der lipophilen Eigenschaften von Nanoröhren. Darüber hinaus entdeckte die 1.000-ps-Molekulardynamiksimulation im Vakuum das Phänomen der Agg-

regation von Kohlenstoffnanoröhren, die durch Van-der-Waals-Kräfte über die schnelle MWCNT-FITC-Dissoziation als Zwischenphase angetrieben wird.

(147)
Anna A. Shvedova, Elena R. Kisin, Robert Mercer, Ashley R. Murray, Victor J. Johnson et al. (2005) **Unusual inflammatory and fibrogenic pulmonary responses to single-walled carbon nanotubes in mice**. American Journal of Physiology-Lung Cellular and Molecular Physiology Vol. 289, No. 5 , L698-L708 . PDF verfügbar
https://journals.physiology.org/doi/full/10.1152/ajplung.00084.2005
https://doi.org/10.1152/ajplung.00084.2005

Topic: Diese Lungenläsionen als Reaktion auf SWCNT waren dosisabhängig. Früh einsetzende, aber fortschreitende Fibrose und Granulomen.

Abstract:
Einwandige Kohlenstoff-Nanoröhren (SWCNT) sind neue Materialien von zunehmender technologischer Bedeutung. Da SWCNT in den Lebenszyklus kommerzieller Produkte eingeführt werden, sollten ihre Auswirkungen auf die menschliche Gesundheit und die Umwelt angegangen werden. Wir haben gezeigt, dass die pharyngeale Aspiration von SWCNT bei C57BL/6-Mäusen ungewöhnliche pulmonale Wirkungen hervorrief, die eine robuste, aber akute Entzündung mit früh einsetzender, aber fortschreitender Fibrose und Granulomen kombinierten. Ein dosisabhängiger Anstieg der Protein-, LDH- und γ-Glutamyltransferase-Aktivitäten in der bronchoalveolären Lavage wurde zusammen mit einer Akkumulation von 4-Hydroxynonenal (oxidativer Biomarker) und einer Glutathionverarmung in der Lunge gefunden. Eine frühe Akkumulation von Neutrophilen (Tag 1), gefolgt von einem Einstrom von Lymphozyten (Tag 3) und Makrophagen (Tag 7), wurde von einer frühen Erhöhung proinflammatorischer Zytokine (TNF-α, IL-1β; Tag 1) begleitet, gefolgt von fibrogenem transformierendem Wachstumsfaktor (TGF)-β1 (Spitze am Tag 7). Eine bei Mäusen

gefundene schnell fortschreitende Fibrose wies zwei unterschiedliche Morphologien auf: 1) SWCNT-induzierte Granulome, die hauptsächlich mit hypertrophierten Epithelzellen verbunden sind, die SWCNT-Aggregate umgeben, und 2) diffuse interstitielle Fibrose und Alveolarwandverdickung, die wahrscheinlich mit dispergiertem SWCNT verbunden ist. Die In-vitro-Exposition von murinen RAW 264.7-Makrophagen gegenüber SWCNT löste die TGF-β1-Produktion ähnlich wie Zymosan aus, erzeugte jedoch weniger TNF-α und IL-1β. SWCNT verursachte in RAW 264.7-Makrophagen keine Superoxid- oder NO-Produktion, aktive SWCNT-Verschlingung oder Apoptose. Bei Mäusen, die mit SWCNT behandelt wurden, wurden funktionelle Atmungsdefizite und eine verminderte bakterielle Clearance (Listeria monocytogenes) festgestellt. Gleiche Dosen von ultrafeinen Rußpartikeln oder feinkristallinem Siliziumdioxid (SiO2) induzierten keine Granulome oder eine Verdickung der Alveolarwand und verursachten eine signifikant schwächere Lungenentzündung und -schädigung.

Mit der Entwicklung von Nanomaterialien und Nanogeräten (22) wächst das Bewusstsein, dass ihre ungewöhnlichen physikalischchemischen Eigenschaften zu neuen Dilemmata bei der Entscheidungsfindung und dem Umgang mit potenziellen Umwelt- und Gesundheitsrisiken führen können (8, 9, 14, 16, 29). Die britische Regierung hat die Royal Society und die Royal Academy of Engineering beauftragt, eine Studie über Entwicklungen und Auswirkungen von Nanotechnologien durchzuführen. Der resultierende Bericht erkannte an, dass „... ihre Anwendung neue Herausforderungen in den Bereichen Sicherheit, Regulierung oder Ethik aufwerfen kann, die eine gesellschaftliche Debatte erfordern werden" (23). Der Bericht legte besonderen Wert auf die potenziellen Auswirkungen der Exposition gegenüber Nanopartikeln. Zum Zeitpunkt des Verfassens dieses Artikels wurden nur vier Berichte veröffentlicht, die die Lungentoxizität von einwandigen Kohlenstoffnanoröhren (SWCNT) oder Fullerenen dokumentieren (1, 14, 16, 29). In einer ganz aktuellen Studie haben Warheit et al. (29) setzten Ratten durch intratracheale Instillation SWCNT aus, die durch eine Laserablationstechnologie erhalten wurden, und berichteten von vorübergehenden entzündlichen und zellschädigenden Wirkungen sowie der Bildung von multifokalen Granulomen, die sich um SWCNT-Aggregate zentrieren. Die toxikologische Relevanz dieser Beobachtungen wurde von den Autoren aufgrund fehlender Dosiswirkung als fraglich beurteilt, während die Bildung von Granulomen als unspezifische Folge einer Bolusgabe von agglomerierten Nanoseil-förmigen SWCNT zugeschrieben wurde (29). In einer anderen Studie untersuchten Lam et al. (16) beobachteten, dass eine einmalige intratracheale Exposition von Mäusen gegenüber SWCNT persistierende epitheloide Granulome und interstitielle Entzündungen induzierte. Diese Lungenläsionen als Reaktion auf SWCNT waren dosisabhängig, und die Autoren kamen zu dem Schluss, dass SWCNT toxisch war. Angesichts dieser beiden Studien wird derzeit die Lungentoxizität von SWCNT diskutiert. Ein Ziel der vorliegenden Studie ist es, diesen Konflikt durch eine vollständige Bewertung der Dosisabhängigkeit und des Zeitverlaufs der pulmonalen Reaktionen von Mäusen auf die pharyngeale Aspiration von SWCNT zu lösen, das gereinigt worden war, um kontaminierende Metalle zu entfernen.

Partikelinduzierte Lungenfibrose wurde mit anhaltender Entzündung, oxidativem Stress und Mediatorfreisetzung in Verbindung gebracht (20, 27). Unsere Studie wurde entwickelt, um verschiedene Marker für entzündliche und fibrogene Lungenreaktionen sowie die Reaktion auf oxidativen Stress auf SWCNT zu bewerten. Eine solch umfassende Charakterisierung der SWCNT-Effekte wurde in keiner der früheren Studien durchgeführt und sollte einen ersten Schritt zur Aufklärung des/der an der Entzündungsreaktion auf SWCNT beteiligten Mechanismen darstellen. Um die Mechanismen weiter zu bewerten, führten wir In-vitro-Experimente durch, um die Wirkungen von SWCNT auf RAW 264.7-Makrophagen zu untersuchen. Die in dieser Studie bewerteten Parameter umfassten die Zytokinproduktion, die Stimulation reaktiver Oxidationsmittelarten und die Partikelaufnahme. Die vorliegende Studie führte auch eine morphologische Untersuchung der Ablagerung und des Verbleibs aspirierter SWCNT in der Lunge durch. Vorläufige Beweise werden vorgelegt, dass SWCNT in das interstitielle Gewebe eindringen kann. Eine solche Penetration erhöht die Möglichkeit einer weiteren Translokation in den systemischen Kreislauf, wie es früher für andere ultrafeine Partikel dokumentiert wurde (10, 19). Obwohl in dieser Studie nicht behandelt, ist die systemische Translokation ein besorgniserregendes Thema, das untersucht werden muss.

(148)
Laura Simonelli, Michela Fratini, Valerio Palmisano, Antonio Bianconi (2006) **Possible clean superconductivity in doped nanotube crystals.** Journal of Physics and Chemistry of Solids Volume 67, Issues 9–10, September–October 2006, Pages 2187-2191
https://www.sciencedirect.com/science/article/abs/pii/S0022369706003258?via%3Dihub
https://doi.org/10.1016/j.jpcs.2006.06.001

Topic: Elektronische Struktur (Theoretische Aspekte)

Abstract:
Wir diskutieren die Möglichkeit der Supraleitung im „sauberen Limit" in Supraleitern aus einem dotierten Übergitter von Nanoröhren. Die Gitterarchitektur bestimmt die Teilbänder der elektronischen Struktur. Die Disparität und die unterschiedlichen räumlichen Positionen der Wellenfunktionen von Elektronen in unterschiedlichen Teilbändern auf dem Fermi-Niveau unterdrücken die Streuung der Einzelelektronenverunreinigung zwischen den Bändern, was eine Mehrband-Supraleitung im sauberen Grenzbereich ergibt. Die Feshbach-Formresonanz erhöht die kritische Temperatur durch Einstellen des chemischen Potentials am elektronischen topologischen Lifshitz-Übergang, bei dem die Fermi-Oberfläche eines der Bänder von der eindimensionalen (1D) in die zweidimensionale (2D) Topologie wechselt.

(149)
Li Song, Alexander W. Holleitner, Huihong Qian, Achim Hartschuh, Markus Döblinger, Eva M. Weig, and Jörg P. Kotthaus (2008) **A Carbon Nanofilament-Bead Necklace.** Journal of Phys-

ics and Chemistry of Solids Volume 67, Issues 9–10, J. Phys. Chem. C 2008, 112, 26, 9644–9649
https://pubs.acs.org/doi/10.1021/jp8018588
https://doi.org/10.1021/jp8018588

Topic: Kohlenstoff-Nanofilament-Perlenkette

Abstract:
Kohlenstoff-Nanofilamente mit Kohlenstoffperlen, die auf ihren Oberflächen gewachsen sind, wurden erfolgreich reproduzierbar durch ein Floating-Catalysator-CVD-Verfahren synthetisiert. Die Nanofilamente, die die perlenartigen Strukturen beherbergen, weisen typischerweise einen durchschnittlichen Durchmesser von etwa 60 nm auf, der hauptsächlich aus niedergeordneten Graphitschichten besteht. Die Perlen mit einem Durchmesserbereich von 150 bis 450 nm bestehen aus Hunderten von zerknitterten und zufälligen Graphitschichten. Der Mechanismus für die Bildung dieser perlenförmigen Nanofilamente wird zwei Keimbildungsprozessen der pyrolytischen Kohlenstoffabscheidung zugeschrieben, die aus einem Temperaturgradienten zwischen verschiedenen Teilen der Reaktionskammer entstehen. Darüber hinaus wurden die Raman-Streueigenschaften der perlenförmigen Nanofilamente sowie ihre konfokalen Raman-G-Linien-Bilder gemessen. Die Raman-Spektren zeigen, dass die Stämme der Nanofilamente bessere graphitische Eigenschaften aufweisen als die Kügelchen, was mit der HRTEM-Analyse übereinstimmt. Es wird erwartet, dass die perlenförmigen Nanofilamente ein hohes Anwendungspotenzial in Verbundwerkstoffen haben, die sowohl partikel- als auch faserverstärkende Funktionen für die Wirtsmatrizen aufweisen sollten.

(150)
Dmitri B. Strukov, Gregory S. Snider, Duncan R. Stewart & R. Stanley Williams (2009) **The missing memristor found**. Nature volume 453, pages 80–83 (2008)
https://www.nature.com/articles/nature06932
https://doi.org/10.1038/nature06932

Topic: Aus Symmetriegründen sollte es 4 Grundelemente in el. Schaltungen geben: Widerstand, Kondensator, Induktivität und Memristor (kurz für Speicherwiderstand). Memristanz entsteht auf natürliche Weise in nanoskaligen Systemen, in denen Festkörperelektronik und Ionentransport unter einer externen Vorspannung gekoppelt sind.

Abstract:
Jeder, der schon einmal an einem Elektronikpraktikum teilgenommen hat, kennt die grundlegenden passiven Schaltungselemente: den Widerstand, den Kondensator und die Induktivität. 1971 argumentierte Leon Chua jedoch aus Symmetrie-Argumenten, dass es ein viertes Grundelement geben sollte, das er Memristor (kurz für Speicherwiderstand)[1] nannte. Obwohl er zeigte, dass ein solches Element viele interessante und wertvolle Schaltkreiseigenschaften hat, hat bis jetzt niemand ein brauchbares physikalisches Modell oder ein Beispiel eines Memristors vorgestellt. Hier zeigen wir anhand eines einfachen analytischen Beispiels, dass Memristanz auf natürliche Weise in nanoskaligen Systemen entsteht, in denen Festkörperelektronik und Ionentransport unter einer externen Vorspannung gekoppelt sind. Diese Ergebnisse dienen als Grundlage für das Verständnis eines breiten Spektrums von hysteretischem Strom-Spannungs-Verhalten, das in vielen elektronischen Bauelementen im Nanomaßstab beobachtet wird[2,3,4,5,6,7,8,9,10,11,12,13,14,15,16,17,18,19], die die Bewegung geladener atomarer oder molekularer Spezies beinhalten, insbesondere bestimmte Titandioxid-Kreuzpunktschalter.

(151)
Dmitri B. Strukov, Gregory S. Snider, Duncan R. Stewart & R. Stanley Williams (2016) **Nanomaterial Induced Immune Responses and Cytotoxicity.** J. Nanosci. Nanotechnol. 2016 Jan;16(1):40-57
https://www.ingentaconnect.com/content/asp/jnn/2016/00000016/00000001/art00003
https://pubmed.ncbi.nlm.nih.gov/27398432/
http://dx.doi.org/10.1166/jnn.2016.10885

Topic: Nanomaterials in pharmaceuticals, electronics, clothes and cosmetic products.

Abstract:
Nanomaterialien werden in einer Vielzahl von Endverbraucherprodukten wie Arzneimitteln, Elektronik, Kleidung und Kosmetikprodukten verwendet. Aufgrund ihrer Größe (< 100 nm) neigen Nanopartikel dazu, durch die Atemwege und die Haut einzudringen, was ihren Weg gefährlich macht und möglicherweise Schäden unterschiedlichen Schweregrades verursachen kann. Einmal im Körper angekommen, haben diese Partikel uneingeschränkten Zugang zu verschiedenen Geweben und Organen, einschließlich Gehirn, Leber und Niere. Infolgedessen können Nanomaterialien das Immunsystem stören und eine Entzündungsreaktion und Zytotoxizität hervorrufen. Diese potenzielle Rolle hängt von vielen Faktoren ab, wie z. B. den Eigenschaften der Nanomaterialien, dem Vorhandensein oder Nichtvorhandensein von Krankheiten und der genetischen Veranlagung. Kobalt- und Nickel-Nanopartikel haben beispielsweise entzündungsfördernde Eigenschaften, während Silber-Nanopartikel allergische Entzündungen reduzieren. Genauso wie Asbestfasern wurde gezeigt, dass Kohlenstoffnanoröhren Lungenschäden verursachen. In Tierversuchen wurde gezeigt, dass einige Nanomaterialien zu Zellschäden führen, die zur Bildung von präkanzerösen Läsionen führen. Diese Übersicht hebt die Auswirkungen von Nanomaterialien auf das Immunsystem und ihre Auswirkungen auf die menschliche Gesundheit unter Berücksichtigung der Toxizität hervor. Es empfiehlt die Entwicklung geeigneter Tiermodelle, um die Toxizität und Bioclearance von Nanomaterialien zu untersuchen und Sicherheitsrichtlinien vorzuschlagen.

(152)
Fangmiao Sun, Jingheng Zhou, Bing Dai, Tongrui Qian, Jianzhi Zeng, Xuelin Li, Yizhou Zhuo, Yajun Zhang, Yipan Wang, Cheng Qian, Ke Tan, Jiesi Feng, Hui Dong, Dayu Lin, Guohong Cui & Yulong Li (2020) **Next-generation GRAB sensors for monitoring dopaminergic activity in vivo**. Nature Methods volume 17, pages 1156–1166 (2020)
https://www.nature.com/articles/s41592-020-00981-9

https://doi.org/10.1038/s41592-020-00981-9

Topic: Sensorik. Dopamin (DA)

Abstract:
Dopamin (DA) spielt eine entscheidende Rolle im Gehirn, und die Fähigkeit, die dopaminerge Aktivität direkt zu messen, ist für das Verständnis seiner physiologischen Funktionen unerlässlich. Wir haben daher rot fluoreszierende G-Protein-gekoppelte Rezeptoraktivierungs-basierte DA (GRABDA)-Sensoren und optimierte Versionen von grün fluoreszierenden GRABDA-Sensoren entwickelt. Als Reaktion auf extrazelluläres DA zeigen sowohl der rote als auch der grüne GRABDA-Sensor einen starken Anstieg der Fluoreszenz mit subzellulärer Auflösung, Subsekunden-Kinetik und nanomolarer bis submikromolarer Affinität. Darüber hinaus lösen die GRABDA-Sensoren die evozierte DA-Freisetzung in Mäusegehirnschnitten auf, erkennen die evozierte kompartimentelle DA-Freisetzung aus einem einzelnen Neuron in lebenden Fliegen und melden die optogenetisch ausgelöste nigrostriatale DA-Freisetzung sowie die dopaminerge Aktivität von Mesoaccumbens während des Sexualverhaltens in frei verhaltenden Mäusen. Die Koexpression von rotem GRABDA mit entweder grünem GRABDA oder dem Calciumindikator GCaMP6s ermöglicht die Verfolgung der dopaminergen Signalübertragung und neuronalen Aktivität in unterschiedlichen Schaltkreisen in vivo.

(153)
Junichi Suzuki, Sasitharan Balasubramaniam, Sophie Pautot, Victor Didier Perez Meza & Yevgeni Koucheryavy (2014) **A Service-Oriented Architecture for Body Area NanoNetworks with Neuron-based Molecular Communication.** Mobile Networks and Applications volume 19, pages 707–717 (2014)
https://link.springer.com/article/10.1007/s11036-014-0549-0
https://doi.org/10.1007/s11036-014-0549-0

Topic: Molekulare Kommunikation bietet Kommunikations- und Netzwerkfähigkeiten für Nanomaschinen wie Biosensoren und Bioaktuatoren, um Body Area NanoNetworks (BANNs) zu bilden.

Abstract:
Molekulare Kommunikation bietet Kommunikations- und Netzwerkfähigkeiten für Nanomaschinen wie Biosensoren und Bioaktuatoren, um Body Area NanoNetworks (BANNs) zu bilden und zu ermöglichen. Dieses Papier befasst sich mit neuronenbasierter molekularer Kommunikation, die natürliche Neuronen als primäre Komponente zum Aufbau von BANNs verwendet, und schlägt eine End-to-End-Softwarearchitektur vor, um neuronenbasierte BANNs über eine Reihe von Softwarediensten zu verwalten und zu steuern. Diese Dienste helfen bei der Realisierung von Endbenutzeranwendungen im Gesundheitswesen, wie z. B. biomedizinische und Rehabilitationsanwendungen. In der vorgeschlagenen Architektur besteht ein neuronenbasiertes BANN aus einer Reihe von Nanomaschinen und einem Netzwerk von Neuronen, die künstlich zu einer bestimmten Topologie geformt werden. Dieses Papier untersucht zwei Mechanismen in der vorgeschlagenen Architektur: (1) eine künstliche Assemblierungsmethode, um Neuronen in spezifische dreidimensionale Topologiemuster zu formen, und (2) ein Kommunikationsprotokoll für neuronale Signalisierung basierend auf Time Division Multiple Access (TDMA), genannt Neuronal TDMA . Die Montagemethode verwendet Silikaperlen als Wachstumsoberfläche und Perlen-Perlen-Kontakte als geometrische Beschränkungen für die neuronale Konnektivität. Ein Web-Lab-Experiment verifiziert diese Methode mit neuronalen Hippocampus-Zellen. Neuronales TDMA nutzt einen evolutionären multiobjektiven Optimierungsalgorithmus (EMOA), um die Signalisierungspläne für Nanomaschinen zu optimieren. Simulationsergebnisse zeigen, dass das Neuronal TDMA effizient hochwertige Lösungen erhält.

(154)
Junichi Suzuki, Harry Budiman, Timothy A. Carr, Jane H. DeBlois (2013) **A Simulation Framework for Neuron-based Molecular Communication.** Procedia Computer Science, Volume 24, 2013, Pages 103-113
https://www.sciencedirect.com/science/article/pii/S1877050913011745?via%3Dihub
https://doi.org/10.1016/j.procs.2013.10.032

Topic: Neuronenbasierte molekulare Kommunikation.
Elektrochemische Signale durch neuronale Netzwerke.

Abstract:
Molekulare Kommunikation ist ein Kommunikationsparadigma im Nanomaßstab, das Moleküle als Kommunikationsmedium zwischen Geräten im Nanomaßstab nutzt. Die Entwicklung und Verfügbarkeit von Simulatoren ist in diesem aufstrebenden Forschungsgebiet von entscheidender Bedeutung, da die Forschung zur molekularen Kommunikation stark von Simulationen als einzigem Mittel zur Bewertung analytischer Modelle und Protokolle abhängt. Dieses Papier schlägt einen Simulationsrahmen für neuronenbasierte molekulare Kommunikation vor, der elektrochemische Signale durch neuronale Netzwerke nutzt. Das vorgeschlagene Framework ist darauf ausgelegt, verschiedene Simulationskomponenten wie Visualizer und Editoren für neuronale Netze, Media Access Controller zu neuronalen Netzen und Kommunikationsplaner für neuronale Signalübertragungen zu integrieren. Dieses Papier beschreibt die wichtigsten Simulationskomponenten im vorgeschlagenen Framework und validiert sie mit einer Fallstudie, die ein TDMA-basiertes Signalisierungsprotokoll in einem simulierten neuronalen Netzwerk implementiert und seine Leistungsmerkmale mit evolutionären Mehrziel-Optimierungsalgorithmen untersucht.

(155)
Julia M. Tan, Palanisamy Arulselvan, Sharida Fakurazi, Hairuszah Ithnin, and Mohd Zobir Hussein (2013) **A Review on Characterizations and Biocompatibility of Functionalized Carbon Nanotubes in Drug Delivery Design.** Journal of Nanomaterials, 2014
https://www.hindawi.com/journals/jnm/2014/917024/
https://doi.org/10.1155/2014/917024

Topic: Arzneimittelabgabe auf der Grundlage von funktionalisierter Kohlenstoffnanoröhren (f-CNTs) .

Abstract:
Die revolutionäre Entwicklung funktionalisierter Kohlenstoffnanoröhren (f-CNTs) für Anwendungen in der Nanomedizin hat sich zu einem der interessantesten Gebiete entwickelt, das in den letzten Jahren exponentiell zugenommen hat. Dies liegt an ihren ansprechenden physikalischen und chemischen Eigenschaften sowie an ihrer einzigartigen Architektur. Nach einer kurzen Einführung in die physikalisch-chemischen Eigenschaften von Kohlenstoffnanoröhren (CNTs) haben wir mehrere Funktionalisierungsmethoden zur Oberflächenmodifikation von CNTs beschrieben, mit dem Ziel, ihre Löslichkeit in physiologischer wässriger Umgebung zu erleichtern. Diese Übersicht konzentriert sich auf die jüngsten Fortschritte im Design der Arzneimittelabgabe auf der Grundlage von f-CNTs, wobei der Schwerpunkt auf der Bestimmung verschiedener beteiligter Parameter und Charakterisierungsmethoden liegt, die verwendet werden, um eine höhere therapeutische Wirksamkeit der gezielten Arzneimittelabgabe zu erreichen. Insbesondere werden wir eine Vielzahl unterschiedlicher Analysetechniken hervorheben, die zur Charakterisierung der elementaren Zusammensetzung, der chemischen Struktur und der nach der Oberflächenmodifikation in die CNTs eingeführten funktionellen Gruppen verwendet werden können. Wir überprüfen auch den aktuellen Fortschritt verfügbarer In-vitro-Biokompatibilitätstests auf der Grundlage von f-CNTs und diskutieren dann ihr toxikologisches Profil und ihre Bioverteilung für eine fortschrittliche Arzneimittelabgabe.

(156)
Furong Tian, Daxiang Cui, Heinz Schwarz, Giovani Gomez Estrada, , Hisatashi Kobayashi (2006) **Cytotoxicity of single-wall carbon nanotubes on human fibroblasts.** Toxicology in Vitro Volume 20, Issue 7, October 2006, Pages 1202-1212
https://www.sciencedirect.com/science/article/abs/pii/S088723330 6000713?via%3Dihub
https://doi.org/10.1016/j.tiv.2006.03.008

Topic:. toxikologische Bewertung von fünf Kohlenstoff-Nanomaterialien

Abstract:
Wir präsentieren eine toxikologische Bewertung von fünf Kohlenstoff-Nanomaterialien an menschlichen Fibroblastenzellen in vitro. Wir korrelieren die physikalisch-chemischen Eigenschaften dieser Nanomaterialien mit ihrer toxischen Wirkung per se, d. h. ohne katalytische Übergangsmetalle. Zellüberlebens- und Anheftungsassays wurden mit verschiedenen Konzentrationen von raffiniertem bewertet: (i) einwandige Kohlenstoffnanoröhren (SWCNTs), (ii) Aktivkohle, (iii) Ruß, (iv) mehrwandige Kohlenstoffnanoröhren und (v) Kohlenstoff-Graphit. Das veredelte Nanomaterial mit der stärksten toxischen Wirkung wurde anschließend mit seiner unveredelten Version verglichen. Wir haben daher eine breite Palette von Variablen abgedeckt, wie z. B.: physikalische Abmessungen, Oberflächen, Dosierungen, Seitenverhältnisse und Oberflächenchemie. Unsere Ergebnisse sind zweigeteilt. Erstens stellen wir fest, dass die Oberfläche die Variable ist, die die potenzielle Toxizität dieser raffinierten Kohlenstoff-Nanomaterialien am besten vorhersagt, bei denen SWCNTs die stärkste zelluläre Apoptose/Nekrose induzierten. Zweitens haben wir festgestellt, dass raffinierte SWCNTs toxischer sind als ihre nicht raffinierten Gegenstücke. Bei vergleichbar kleinen Oberflächen zeigen dispergierte Kohlenstoff-Nanomaterialien aufgrund einer Änderung der Oberflächenchemie morphologische Veränderungen und Zellablösung und daraufhin Apoptose/Nekrose. Schließlich schlagen wir einen Wirkmechanismus vor, der die höhere Toxizität von dispergierten, hydrophoben Nanomaterialien mit kleiner Oberfläche aufklärt.

(157)
Alessandro Tredicucci, Miriam S. Vitiello, Marco Polini, Vittorio Pellegrini (2014) **THz detection in graphene nanotransistors**. Proceedings Volume 8984, Ultrafast Phenomena and Nanophotonics XVIII; 898410 (2014)
https://www.spiedigitallibrary.org/conference-proceedings-of-spie/8984/1/THz-detection-in-graphene-nanotransistors/10.1117/12.2041462.short?SSO=1
https://doi.org/10.1117/12.2041462

Topic: Nanotransistoren. Halbleiter-Nanodrähte. Graphen mit seiner rekordhohen Mobilität bei Raumtemperatur. Graphen-Detektoren als Monoschicht- als auch in Doppelschicht-Feldeffektgeräten.

Abstract:
Nanotransistoren bieten große Aussichten für die Entwicklung innovativer THz-Detektoren, die auf der Nichtlinearität von Transporteigenschaften basieren. Halbleiter-Nanodrähte bestechen durch ihre eindimensionale Natur und die intrinsisch niedrige Kapazität der Geräte, während Graphen mit seiner rekordhohen Mobilität bei Raumtemperatur das Potenzial hat, Plasmawellenresonanzen im Transistorkanal zu nutzen, um eine hohe Empfindlichkeit und Abstimmbarkeit zu erreichen Erkennung. Erste Graphen-Detektoren wurden kürzlich sowohl in Monoschicht- als auch in Doppelschicht-Feldeffektgeräten demonstriert, deren Leistung bereits für erste Bildgebungsanwendungen geeignet ist. Hier werden die Physik und Technologie dieser Geräte, ihre Funktionsweise sowie erste Beispiele für bildgebende Anwendungen besprochen.

(158)
Ageliki Tsioliaridou, Christos Liaskos, Sotiris Ioannidis, Andreas Pitsillides (2015) **CORONA: A Coordinate and Routing system for Nanonetworks**. NANOCOM' 15: Proceedings of the Second Annual International Conference on Nanoscale Computing and Communication, September 2015, Article No.: 18 Pages 1–6
https://dl.acm.org/doi/10.1145/2800795.2800809
https://doi.org/10.1145/2800795.2800809

Topic: CORONA = Gemeinsames Koordinaten- und Routingsystem

Abstract:
Das vorliegende Papier stellt ein gemeinsames Koordinaten- und Routingsystem (CORONA) vor, das dynamisch auf einem 2D-Ad-hoc-Nanonetzwerk eingesetzt werden kann. Vom Benutzer ausgewählte Knoten werden in der Einrichtungsphase als Ankerpunkte verwendet. Alle Knoten messen dann ihre Entfernungen in Anzahl

von Sprüngen von diesen Ankern, um ein Gefühl der Geolokalisierung zu erhalten. In der Betriebsphase verwendet das Routing die geeignete Teilmenge von Ankern, die vom Absender eines Pakets ausgewählt werden. CORONA erfordert nur minimalen Einrichtungsaufwand und einfache ganzzahlbasierte Berechnungen, was nur begrenzte Anforderungen an einen vertrauenswürdigen Betrieb stellt. Nach der Bereitstellung arbeitet es effizient und liefert eine sehr niedrige Paketwiederholungs- und Paketverlustrate, was die Energieeffizienz und die mittlere Multiplexität fördert.

(159)
 Ageliki Tsioliaridou; Christos Liaskos; Lefteris Pachis; Sotiris Ioannidis; Andreas Pitsillides (2016) **N3: Addressing and routing in 3D nanonetworks**. 2016 23rd International Conference on Telecommunications (ICT)
https://ieeexplore.ieee.org/document/7500372
https://doi.org/10.1109/ICT.2016.7500372

Topic: Drahtlose Kommunikation im Nanomaßstab. 3D-Multi-Hop-Netzwerke

Abstract:
Die drahtlose Kommunikation im Nanomaßstab steht vor einzigartigen Herausforderungen, die sich aus geringen Hardwarekapazitäten, begrenzter Stromversorgung und unzuverlässigen Kanalbedingungen ergeben. Das vorliegende Papier schlägt ein Netzwerkschema vor, das unter solchen physikalischen Beschränkungen effizient arbeiten kann. Das neuartige Schema, das 3D-Multi-Hop-Netzwerke untersucht, bietet skalierbare, auf Trilateration basierende Knotenadressierung und Paket-Routing-Mechanismen mit geringer Komplexität. Die Analyse wird verwendet, um einen Routing-Prozess zu entwerfen, der die Pfadvielfalt für eine robuste Datenlieferung und die Minimierung redundanter Übertragungen ausgleicht. Umfangreiche Simulationen führen zu einer erhöhten Widerstandsfähigkeit gegenüber schwierigen Netzwerkbedingungen.

(160)
Zaka Ullah, Gunawan Witjaksono, Illani Nawi, Nelson Tansu, Muhammad Irfan Khattak and Muhammad Junaid (2020) **A Review on the Development of Tunable Graphene Nanoantennas for Terahertz Optoelectronic and Plasmonic Applications**. Sensors 2020, 20(5), 1401
https://www.mdpi.com/1424-8220/20/5/1401
https://doi.org/10.3390/s20051401

Topic: graphene antenna; graphene tunable antenna; graphene detectors; optoelectronics; plasmonics; terahertz
Abstract:
Bei der Entwicklung optischer Nanoantennen aus Graphen wurden außergewöhnliche Fortschritte erzielt. Sie werden in optoelektronische Geräte für plasmonische Anwendungen integriert und sind weltweit ein aktives Forschungsgebiet. Das Interesse an Graphen-Plasmonikgeräten wird durch die verschiedenen Anwendungen getrieben, die sie ermöglicht haben, wie z. B. ultraschnelle Nanogeräte, Fotodetektion, Energiegewinnung, Biosensorik, biomedizinische Bildgebung und Hochgeschwindigkeits-Terahertz-Kommunikation. Ziel dieses Artikels ist es, einen detaillierten Überblick über die wesentliche Erklärung hinter den experimentellen Beweisen von Graphen-Nanoantennen für die Entwicklung von plasmonischen Antennen auf Graphenbasis zu geben, die eine verbesserte Licht-Materie-Wechselwirkung durch Ausnutzung der Leitfähigkeit und der optischen Eigenschaften von Graphenmaterial erreichen. Zunächst werden die grundlegenden Graphen-Nanoantennen und ihr abstimmbares Resonanzverhalten über THz-Frequenzen zusammengefasst. Darüber hinaus kann die Integration von Graphen-Metall-Hybridantennen mit optoelektronischen Geräten die Anerkennung von Multiplattformen für die Photonik vorantreiben. Interessanterweise werden verschiedene technische Methoden zur Frequenzabstimmung und aktiven Modulation optischer Eigenschaften durch In-situ-Modulationen durch Anlegen eines externen elektrischen Felds kritisch untersucht. Zweitens werden die verschiedenen Methoden zur Strahlabtastung und Strahlrekonfigurierbarkeit durch Reflektarray- und Leckwellen-Graphenantennen diskutiert. Insbe-

sondere werden zahlreiche Graphenantennen-Photodetektoren und Graphenrectennas für die Energiegewinnung untersucht, indem eine kritische Bewertung der Antennenleistung, der verbesserten Photodetektion, der Energieumwandlungseffizienz und der noch zu lösenden erheblichen Probleme vorgenommen wird. Abschließend werden mögliche Entwicklungen bei der Synthese von Graphenmaterial und technologische Methoden zur Herstellung von Graphen-Metall-Nanoantennen diskutiert.

(161)
Vassiliou, Vasos (2011) Nano-Network Applications. **Security issues in nanoscale communication networks.** 3rd NaNoNetworking Summit, p.1-53 .
http://www.n3cat.upc.edu/n3summit2011/presentations/Security_Issues_in_Nanoscale_Communication_Networks.pdf

(162)
Apostolos K. Vavouris; Foteini D. Dervisi; Vasilis K. Papanikolaou; George K. Karagiannidis (2018) **An energy efficient modulation scheme for body-centric nanocommunications in the THz band.** 7th International Conference on Modern Circuits and Systems Technologies (MOCAST) 2018
https://ieeexplore.ieee.org/document/8376563
https://doi.org/10.1109/MOCAST.2018.8376563

Topic: Body-centric terahertz (THz) nanonetwork, TS-OOK

Abstract:
Bei der körperzentrierten Kommunikation ist die Energieeffizienz der kritischste Parameter, während die maximal erreichbare Datenrate nicht im Vordergrund steht. In diesem Artikel stellen wir ein neuartiges Modulationsschema vor, das effizient in körperzentrierten Terahertz (THz)-Nanonetzwerken eingesetzt werden kann. Dieses Schema ist eine Kombination aus der zeitgespreizten Ein-Aus-Tastung (TS-OOK) und der Pulspositionsmodulation (PPM). Das neue Modulationsschema bietet einen niedrigeren Energieverbrauch bei geringen Kosten für die erreichbare Datenrate. Außerdem besteht ein weiterer wichtiger Aspekt darin, dass aufgrund der

Natur des Rauschens bei der THz-Kommunikation die vorgeschlagene Modulation in viel geringerem Maße durch das Rauschen beeinflusst wird. Abschließend präsentieren wir Analyse- und Simulationsergebnisse, um das neue Schema mit TS-OOK zu vergleichen.

(163)
Flavia Vitale, Samantha R. Summerson, Behnaam Aazhang, Caleb Kemere, and Matteo Pasquali (2015) **Neural Stimulation and Recording with Bidirectional, Soft Carbon Nanotube Fiber Microelectrodes**. ACS Nano 2015, 9, 4, 4465–4474
https://pubs.acs.org/doi/10.1021/acsnano.5b01060
https://doi.org/10.1021/acsnano.5b01060

Topic: Gehirn-Maschine-Schnittstellen, Stimulierung neuronaler Aktivität durch Mikroelektroden. Neuronale Aufzeichnung und Stimulation mit Kohlenstoff-Nanoröhren (CNT)-Faserelektroden. Aufzeichnung der Aktivität einzelner Neuronen.

Abstract:
Die Entwicklung von Mikroelektroden, die in der Lage sind, neuronale Aktivität sicher zu stimulieren und aufzuzeichnen, ist ein entscheidender Schritt bei der Entwicklung vieler prothetischer Geräte, Gehirn-Maschine-Schnittstellen und Therapien für neurologische oder durch das Nervensystem vermittelte Störungen. Metallelektroden sind aufgrund ihrer schlechten elektrochemischen Eigenschaften, ihrer hohen Steifigkeit und ihrer Ausfallneigung aufgrund von Biegeermüdung keine geeigneten Perspektiven für die Miniaturisierung, die erforderlich ist, um eine Stimulation und Aufzeichnung im neuronalen Maßstab zu erreichen. Hier demonstrieren wir die neuronale Aufzeichnung und Stimulation mit Kohlenstoff-Nanoröhren (CNT)-Faserelektroden. Die In-vitro-Charakterisierung zeigt, dass die Gewebekontaktimpedanz von CNT-Fasern bemerkenswert niedriger ist als die von hochmodernen Metallelektroden, wodurch sie sich für die Aufzeichnung der Aktivität einzelner Neuronen ohne zusätzliche Oberflächenbehandlungen eignen. Chronische In-vivo-Studien an Parkinson-Nagetieren zeigen, dass CNT-Faser-Mikroelektroden Neuronen

genauso effektiv stimulieren wie Metallelektroden mit einer 10-mal größeren Oberfläche, während sie eine signifikant reduzierte Entzündungsreaktion hervorrufen. Dieselben CNT-Faser-Mikroelektroden können wochenlang neuronale Aktivität aufzeichnen und damit den Weg für die Entwicklung neuartiger multifunktionaler und dynamischer neuronaler Schnittstellen mit Langzeitstabilität ebnen.

(164)
Christopher M Voge and Jan P Stegemann (2011) **Carbon nanotubes in neural interfacing applications**. 2011 J. Neural Eng. 8 011001
https://iopscience.iop.org/article/10.1088/1741-2560/8/1/011001
https://doi.org/10.1088/1741-2560/8/1/011001

Topic: Drahtlose NanoSensornetzwerke (WNSNs). Fortschrittliche Gesundheitsüberwachungssysteme oder Überwachungsnetzwerke zur Verhinderung chemischer und biologischer Angriffe. Entwicklung von MAC-Protokollen für WNSNs.

Abstract:
Kohlenstoffnanoröhren (CNT) sind bemerkenswerte Materialien mit einer einfachen und inerten Molekularstruktur, die zu einer Reihe potenziell wertvoller physikalischer und elektronischer Eigenschaften führt, darunter ein hohes Seitenverhältnis, eine hohe mechanische Festigkeit und eine hervorragende elektrische Leitfähigkeit. Diese Übersicht fasst die jüngsten Forschungsergebnisse zur Anwendung von CNT-basierten Materialien zur Untersuchung und Kontrolle von Zellen des Nervensystems zusammen. Es umfasst die Verwendung von CNT als Zellkultursubstrat, um gemusterte Oberflächen zu erzeugen und Zell-Matrix-Wechselwirkungen zu untersuchen. Es fasst auch neuere Untersuchungen zur CNT-Toxizität zusammen, insbesondere in Bezug auf neurale Zellen. Die Anwendung von CNT-basierten Materialien zur Lenkung der Differenzierung von Vorläufer- und Stammzellen in Richtung neuraler Abstammungslinien wird ebenfalls diskutiert. Der Schwerpunkt liegt darauf, wie CNT-Oberflächenchemie und Nanotopographie verändert werden können und wie solche Veränderun-

gen die Funktion neuraler Zellen beeinflussen können. Dieses Wissen kann zur Schaffung verbesserter neuronaler Schnittstellen und Geräte sowie zur Bereitstellung neuer Ansätze für die Züchtung und Regeneration neuraler Gewebe angewendet werden.

(165)
Jian Wang, Mingyu Zhu, Zhongshan Chen, Yuantao Chen, Tasawar Hayat, Ahmed Alsaedi, Xiangke Wang (2019) Polyacrylamide modified molybdenum disulfide composites for efficient removal of graphene oxide from aqueous solutions. Chemical Engineering Journal Volume 361, 1 April 2019, Pages 651-659
https://www.sciencedirect.com/science/article/abs/pii/S1385894718326093?via%3Dihub
https://doi.org/10.1016/j.cej.2018.12.123

Topic: Entsorgung von Graphenoxid

Abstract:
Mit der schnellen Entwicklung von Graphenoxid (GO) und seinen verwandten Produkten kann GO in die natürliche Umwelt abgegeben werden und verschiedene Umweltprobleme verursachen. Hierin wurde das mit Polyacrylamid modifizierte Molybdändisulfid (CPAM/MoS2) synthetisiert, um GO zu entfernen. Die Ergebnisse zeigten, dass die Sorption von GO auf CPAM/MoS2 auf dem pH-Wert der Lösung beruhte und eine höhere NaCl-Konzentration für die GO-Entfernung hilfreich war. Die Sorption von GO auf den Verbundstoffen erreichte 81,8 mg/g bei 298 K. Auf der Grundlage der Charakterisierungsanalyse und zusammen mit den Ergebnissen der Sorptionsexperimente wird angenommen, dass die Sorption von GO auf CPAM/MoS2 durch elektrostatische Anziehung kontrolliert wurde. Darüber hinaus förderten die Amidgruppen von CPAM/MoS2 stark das Einfangen von GO durch Wasserstoffbrückenbindungen. Diese Studie trug wesentlich zur Eliminierung von GO aus der aquatischen Umwelt bei und lieferte mehr Botschaften für die GO-Eliminierung in ihrem Verschmutzungsmanagement.

(166)
Ke Wang, Harvey A. Fishman, Hongjie Dai, and James S. Harris (2006) **Neural Stimulation with a Carbon Nanotube Microelectrode Array.** Nano Lett. 2006, 6, 9, 2043–2048
https://pubs.acs.org/doi/10.1021/nl061241t
https://doi.org/10.1021/nl061241t

Topic: Neuronale Schnittstelle mit vertikal ausgerichteten mehrwandigen Kohlenstoff-Nanoröhren (CNT)-Säulen als Mikroelektroden. Nervenprothesen

Abstract:
Wir präsentieren einen neuartigen Prototyp einer neuronalen Schnittstelle mit vertikal ausgerichteten mehrwandigen Kohlenstoff-Nanoröhren (CNT)-Säulen als Mikroelektroden. Funktionalisierte hydrophile CNT-Mikroelektroden bieten eine hohe Ladungsinjektionsgrenze (1–1,6 mC/cm2) ohne faradische Reaktionen. Die erste wiederholte In-vitro-Stimulation von Hippocampus-Neuronen mit CNT-Elektroden wird demonstriert. Diese Ergebnisse deuten darauf hin, dass CNTs in der Lage sind, weitaus sicherere und wirksamere Lösungen für Nervenprothesen bereitzustellen als frühere Ansätze mit Metallelektroden.

(167)
Pu Wang, Josep Miquel Jornet, M.G.Abbas Malik, Nadine Akkari, Ian F.Akyildiz (2013) **Energy and spectrum-aware MAC protocol for perpetual wireless nanosensor networks in the Terahertz Band.** Ad Hoc Networks. Volume 11, Issue 8, November 2013, Pages 2541-2555
https://www.sciencedirect.com/science/article/abs/pii/S157087051300139X?via%3Dihub
https://doi.org/10.1016/j.adhoc.2013.07.002

Topic: Nano-Netzwerke; Energiegewinnung; Selbstzuweisung; MAC-Protokoll; Terahertz-Kommunikation

Abstract:

Nanonetzwerke bestehen aus miteinander verbundenen Nanoknoten und können beispiellose Anwendungen in verschiedenen Bereichen ermöglichen. Aufgrund der Besonderheiten von Nanonetzwerken, wie z. B. hohe Dichte, extrem begrenzte Energie und Rechenressourcen, sind herkömmliche MAC-Protokolle (Media Access Control), die auf Trägererkennung basieren, für Nanonetzwerke nicht geeignet. In diesem Artikel wird ein auf Slot Self-Allocation basierendes MAC-Protokoll (SSA-MAC) für Energy-Harvesting-Nanonetzwerke vorgeschlagen. Es werden jeweils zwei Übertragungsschemata für zentralisierte und verteilte Nanonetzwerke entworfen. In zentralisierten Nano-Netzwerken können Nano-Knoten nur Pakete an den Nano-Controller in ihren Self-Allocation Slots (SASs) senden, während Nano-Knoten in verteilten Nano-Netzwerken nur Pakete von umgebenden Nano-Knoten in ihren empfangen können SASs. Umfangreiche Simulationen wurden durchgeführt, um den vorgeschlagenen SSA-MAC mit PHysical LAyer-aware MAC (PHLAME), Receiver-Initiated Harvesting-aware MAC (RIH-MAC) und Energy Efficient Wireless NanoSensor Network MAC (EEWNSN) zu vergleichen. Aus den Ergebnissen kann geschlossen werden, dass der vorgeschlagene SSA-MAC eine bessere Leistung erzielt und die Kollisionswahrscheinlichkeit verringern kann, während er die Energieeffizienz von Nanonetzwerken verbessert.

(168)
Wan-Liang Wang, Chao-Chao Wang and Xin-Wei Yao (2019)
Slot Self-Allocation Based MAC Protocol for Energy Harvesting Nano-Networks. Sensors 2019, 19(21), 4646
https://www.mdpi.com/1424-8220/19/21/4646/htm
https://doi.org/10.3390/s19214646

Topic: Nano-Netzwerke; Energiegewinnung; Selbstzuweisung; MAC-Protokoll; Terahertz-Kommunikation

Abstract:
Nanonetzwerke bestehen aus miteinander verbundenen Nanoknoten und können beispiellose Anwendungen in verschiedenen Bereichen ermöglichen. Aufgrund der Besonderheiten von Nano-

netzwerken, wie z. B. hohe Dichte, extrem begrenzte Energie und Rechenressourcen, sind herkömmliche MAC-Protokolle (Media Access Control), die auf Trägererkennung basieren, für Nanonetzwerke nicht geeignet. In diesem Artikel wird ein auf Slot Self-Allocation basierendes MAC-Protokoll (SSA-MAC) für Energy-Harvesting-Nanonetzwerke vorgeschlagen. Es werden jeweils zwei Übertragungsschemata für zentralisierte und verteilte Nanonetzwerke entworfen. In zentralisierten Nano-Netzwerken können Nano-Knoten nur Pakete an den Nano-Controller in ihren Self-Allocation Slots (SASs) senden, während Nano-Knoten in verteilten Nano-Netzwerken nur Pakete von umgebenden Nano-Knoten in ihren empfangen können SASs. Umfangreiche Simulationen wurden durchgeführt, um den vorgeschlagenen SSA-MAC mit PHysical LAyer-aware MAC (PHLAME), Receiver-Initiated Harvesting-aware MAC (RIH-MAC) und Energy Efficient Wireless NanoSensor Network MAC (EEWNSN) zu vergleichen. Aus den Ergebnissen kann geschlossen werden, dass der vorgeschlagene SSA-MAC eine bessere Leistung erzielt und die Kollisionswahrscheinlichkeit verringern kann, während er die Energieeffizienz von Nanonetzwerken verbessert.

(169)
Xiayang Wang; Matthew D. Higgins; Mark S. Leeson (2015)
Relay Analysis in Molecular Communications With Time-Dependent Concentration. IEEE Communications Letters (Volume: 19, Issue: 11, November 2015)
https://ieeexplore.ieee.org/document/7265013
https://doi.org/10.1109/LCOMM.2015.2478780

Topic: Molecular communications, nano-machines communications

Abstract:
Molekulare Kommunikation (MC) ist ein vielversprechendes Paradigma, das es Nanomaschinen ermöglicht, miteinander zu kommunizieren. Aufgrund der starken Dämpfung der Molekülkonzentrationen treten tendenziell mehr Fehler auf, wenn der Empfänger weiter vom Sender entfernt ist. Um dieses Problem zu lösen, müssen

Weiterleitungsschemata implementiert werden, um eine zuverlässige Kommunikation zu erreichen. In diesem Brief werden zeitabhängige Molekülkonzentrationen als Informationsträger verwendet, die durch Rauschen und Kanalgedächtnis beeinflusst werden. Auch der Emissionsvorgang wird berücksichtigt. Der Relaisknoten (RN) kann Nachrichten entschlüsseln und weiterleiten, indem er entweder die gleiche oder eine andere Art von Molekülen wie der Sender sendet. Die Leistungsbewertung erfolgt durch Ableitung theoretischer Ausdrücke sowie durch Simulationen. Die Ergebnisse zeigen, dass das Weiterleitungsschema erhebliche Vorteile für die Kommunikationszuverlässigkeit bringt.

(170)
Yue Wang, Qun Wu, Wei Shi, Xunjun He, Xiaofang Sun & Tailong Gui (2008) **Radiation Properties of Carbon Nanotubes Antenna at Terahertz/Infrared Range.** IEEE Communications Letters (Volume: 19, Issue: 11, November 2015)
https://link.springer.com/article/10.1007/s10762-007-9306-9
https://doi.org/10.1007/s10762-007-9306-9

Topic: Carbon Nanotubes Antenna at Terahertz/Infrared Range

Abstract:
Die geometrische Struktur und die Terahertz/Infrarot-Strahlungseigenschaften von Kohlenstoffnanoröhren-Dipolantennenarrays wurden vom CST MICROWAVE STUDIO auf der Grundlage von Finite-Integral-Methoden untersucht. Im Terahertz- und Infrarot-Frequenzbereich werden die Antenneneigenschaften wie elektrische Feldverteilungen, Streuparameter, Stehwellenverhältnis, Verstärkung und zweidimensionale Richtcharakteristiken diskutiert. Unsere Ergebnisse zeigen, dass $N \times N$-Antennenarrays eine höhere Strahlungseffizienz aufweisen als einzelne Kohlenstoff-Nanoröhren-Dipolantennen.

[1] Paul Schreyer: „Chronik einer angekündigten Krise – Wie ein Virus die Welt verändern konnte", Westend Verlag GmbH, Frankfurt/Main 2020, 5. Auflage; www.kla.tv/18099 , (s. auch Vortrag von Paul Schreyer: *„Pandemie-Planspiele – Vorbereitung einer neuen Ära?"*, 10.02.21)
[2] *Materials* 2021, **14**, 5529. https://doi.org/10.3390/ma14195529
[3] https://www.plattform-i40.de/IP/Navigation/DE/Industrie40/WasIndustrie40/was-ist-industrie-40.html , abgerufen am 22.12.22
[4] https://ohmeiei.de/homepage/der-wahnsinn *„Der Wahnsinn ... hat Methode. DAS UNVORSTELLBARE SOLL WAHR WERDEN!"*
[5] https://uncutnews.ch/wie-man-graphen-das-von-den-covid-geimpften-auf-die-ungeimpften-uebertragen-wird-aus-seinem-koerper-entfernt/ uncut-news.ch, *„ Wie man Graphen, das von den COVID-Geimpften auf die Ungeimpften übertragen wird, aus seinem Körper entfernt"*, 13.03.2023
[6] Gerhard Wisnewski,"2023 – Das andere Jahrbuch. Verheimlicht – vertuscht – vergessen", Kopp-Verlag, 1. Auflage, Seiten 21-29
[7] https://www.facebook.com/AnonymousCologneInsidenews2.0/videos/632289024870299 Anonymous Legion Cologne Insidenews 2.0 , 17.08.2022
[8] Gerhard Wisnewski,"2023 – Das andere Jahrbuch. Verheimlicht – vertuscht – vergessen", Kopp-Verlag, 1. Auflage, Seite 26
[9] https://www.facebook.com/tanja.bosebeck/videos/1316596255841529
[10] https://www.futura-sciences.com/de/transhumanismus-was-ist-das-definition_10409/
[11] https://mms-seminar.com/graphenoxid-der-wahre-grund-fuer-covid19/ MMS-Seminar.com: *„Graphenoxid - der wahre Grund für COVID 19?"*. Für weitere Informationen s. www.laquintacolumna.net oder Telegram-Kanal La Quinta Columna.
[12] https://auf1.tv/stefan-magnet-auf1/toedliche-agenda-der-plan-ist-durchschaut/?mc_cid=90fea6a9ae&mc_eid=6f7573b929 , Stefan Magnet AUF1: *„Tödliche Agenda: Der Plan ist durchschaut!"*, 12.11.22
[13] https://auf1.tv/stefan-magnet-auf1/toedliche-agenda-der-plan-ist-durchschaut/?mc_cid=90fea6a9ae&mc_eid=6f7573b929 , Stefan Magnet AUF1: *„Tödliche Agenda: Der Plan ist durchschaut!"*, 12.11.22
[14] Ebenda, Minute 22:40
[15] Ebenda, Minute 21:30
[16] https://www.facebook.com/tanja.bosebeck/videos/1316596255841529
[17] https://www.youtube.com/watch?v=ks17Q6FwSJQ , *„Transhumanismus, KI und christliches Menschenbild - Dr. Alexander Fink | Begründet-glauben 2020"*
[18] https://de.technocracy.news/world-economic-forums-techno-totalitarian-roadmap/ Jacob Nordangård: „Techno-totalitäre Roadmap des Weltwirtschaftsforums"; 10.09.2020
[19] https://auf1.tv/stefan-magnet-auf1/toedliche-agenda-der-plan-ist-durchschaut/?mc_cid=90fea6a9ae&mc_eid=6f7573b929 , Stefan Magnet AUF1: *„Tödliche Agenda: Der Plan ist durchschaut!"*, 12.11.22, Min. 22:40

[20] Kanal LaTiKa „DieFrontNews" auf Telegram, 17.12.22
[21] https://twitter.com/wef/status/1400905194200657920?s=20 , *"Take a walk into the future... Explore how technology could shape the world in the years to come"*, Minute 1:16, 04.06.2021
[22] https://www.deutschlandfunkkultur.de/dolly-und-die-entwicklung-des-klonens-es-begann-mit-einem.976.de.html?dram:article_id=417065 , Michael Lange: „Dolly und die Entwicklung des Klonens Es begann mit einem Schaf", 03.05.2018
[23] https://www.facebook.com/100064892722713/videos/117850383721385 , Minute 3:40
[24] https://www.facebook.com/tanja.bosebeck/videos/1316596255841529 https://t.me/EvaHermanOffiziell, Min.2
[25] Ebenda, Minute 1
[26] Ebenda, Minute 0:32
[27] https://mms-seminar.com/graphenoxid-der-wahre-grund-fuer-covid19/ , *„Graphenoxid - der wahre Grund für COVID 19?"*. Für weitere Informationen s. www.laquintacolumna.net oder Telegram-Kanal La Quinta Columna.
[28] https://www.pravda-tv.com/2022/08/tote-und-lebende-geimpfte-senden-bluetooth-signal-aus-video/ „Tote und lebende Geimpfte senden Bluetooth Signal aus (Video)", 02.08.2022
[29] https://uncutnews.ch/dr-luis-de-benito-stellt-einen-vorabbericht-ueber-das-phaenomen-der-mac-adresse-bei-geimpften-personen-vor/ , 01.12.2021
[30] https://www.facebook.com/AnonymousCologneInsidenews2.0/videos/632289024870299 Anonymous Legion Cologne Insidenews 2.0 , 17.08.2022
[31] https://uncutnews.ch/dr-luis-de-benito-stellt-einen-vorabbericht-ueber-das-phaenomen-der-mac-adresse-bei-geimpften-personen-vor/ , 01.12.2021
[32] https://www.pravda-tv.com/2022/08/tote-und-lebende-geimpfte-senden-bluetooth-signal-aus-video/ „Tote und lebende Geimpfte senden Bluetooth Signal aus (Video)", 02.08.2022
[33] https://uncutnews.ch/dr-luis-de-benito-stellt-einen-vorabbericht-ueber-das-phaenomen-der-mac-adresse-bei-geimpften-personen-vor/ , 01.12.2021
[34] http://www.timeloopsolution.de/morgellons.html , *„Kriegstreiberei - Harald Kautz-Vella spricht Klartext | Lebenskraft.TV"*, „Harald Kautz-Vella im Gespräch mit Patrick Schönerstedt über Kriegstreiberei und geheime Waffengattungen und Waffensysteme der Gegenwart und Zukunft...", 16.2.2015, Minute 7
[35] https://report24.news/uebersterblichkeit-in-europa-nimmt-weiter-zu-island-bereits-auf-plus-55-prozent/?feed_id=22411 , *„Übersterblichkeit in Europa nimmt weiter zu, Island bereits auf plus 55 Prozent!"*, 28.09.2022
[36] Ebenda
[37] https://www.welt.de/politik/deutschland/plus241872489/Deutschland-Uebersterblichkeit-steuert-auf-Rekordwerte-zu.html , Matthias von Herrath: "Übersterblichkeit mit Ansage", 31.10.2022
[38] https://afdbundestag.de/datenauswertung-von-impffolgen/

[39] https://www.facebook.com/AnonymousCologneInsidenews2.0/videos/632289024870299 Anonymous Legion Cologne Insidenews 2.0 , 17.08.2022
[40] Ebenda, Minute 7:40
[41] Ebenda, Minute 9:40
[42] Ebenda, Minute 15:40
[43] https://www.facebook.com/tanja.bosebeck/videos/1316596255841529
[44] https://www.facebook.com/AnonymousCologneInsidenews2.0/videos/632289024870299 Anonymous Legion Cologne Insidenews 2.0 , 17.08.2022 , Minute 19:40
[45] https://mms-seminar.com/graphenoxid-der-wahre-grund-fuer-covid19/ MMS-Seminar.com: „Graphenoxid - der wahre Grund für COVID 19?". Für weitere Informationen s. www.laquintacolumna.net oder Telegram-Kanal La Quinta Columna.
[46] https://www.n-tv.de/panorama/Massenpanik-in-Seoul-Zwei-Drittel-der-Todesopfer-sind-Frauen-article23684503.html , " 'Menschen haben sich gestapelt' Zwei Drittel der Todesopfer in Seoul sind Frauen", 31.10.2022
[47] https://www.corona-in-zahlen.de/weltweit/korea,%20s%C3%BCd/ , „Corona-Zahlen für Korea, Süd", Aktualisiert am 2. November 2022
[48] https://traugott-ickeroth.com/liveticker/ Beitrag vom 01.11.2022
[49] t.me/DieFrontNews, Vortrag des Arztes Dr. McCullough
[50] *„Werner Altnickel, Lebenswerk",* Kanal „Verschwörungen" auf telegram, 28.08.2022

ISBN 9783756862900

Taschenbuch, 352 S., 5. aktualisierte und erweiterte Auflage, 11/2022
BoD Verlag Norderstedt   17,- €

Dieses Buch ist Teil III der Trilogie „2025"

„Corona" & „Klima" sind der Schlüssel für den „GREAT RESET", der Einstieg in die Neue Weltordnung (NWO), die globale Diktatur der Elite, die mittels Künstlicher Intelligenz (KI), Geoengineering (Wetterdesign), Biotechnology (Gentechnische Veränderung von Pflanze, Tier und Mensch), Human Enhancement (Eugenik), Genom Engineering (industrielle Menschenherstellung), Neuroscience (Manipulation unseres Gehirns, unseres Geistes), dem Internet der Dinge (IoT) sowie synthetischen Lebensmitteln (GVO), die vollständige Kontrolle, Versklavung und eine starke Reduzierung der Menschheit durchsetzen will.
 (Die 1. Auflage war 08/2020 erschienen: ISBN 9783753498829)

ISBN 9783751936330
Taschenbuch, 291 S., 3. aktualisierte und erweiterte Auflage, 08/2020
BoD Verlag Norderstedt   12,99 €

Dieses Buch ist Teil II der Trilogie „2025"

Teil II beschreibt das Waffenarsenal des Tiefen Staates, entwickelt und in Stellung gebracht gegen die Menschheit: Künstliche Intelligenz, Transhumanismus, Geo-Engineering, Nanotechnologie, Gentechnik, Massenpsychologie, Bewusstseinsmanipulation, Biowaffen und 5G. Diese Waffen dienen der Kontrolle und Manipulation der Bevölkerung sowie der Durchsetzung des geplanten GREAT RESET, der Zerstörung der Weltwirtschaft. Die damit verbundene weltweite Krise wird zur Errichtung der NWO genutzt. Die 'Corona-Grippe' ist nur der Vorhang, um diesen Prozess zu verschleiern und um Angst und Panik in der Bevölkerung zu verbreiten, damit diese den massiven Abbau der Freiheitsrechte akzeptiert.
(Die 1. Auflage war 10/2019 erschienen: ISBN 9783749486465)

ISBN 9783752686166
Taschenbuch, 244 S., 2. aktualisierte und erweiterte Auflage, 12/2020
BoD Verlag Norderstedt   12,99 €

Dieses Buch ist Teil I der Trilogie „2025"

Teil I analysiert den schleichenden Prozess der Globalisierung (in dem wir uns gerade befinden), der die globale Machtübernahme durch die Elite vorbereiten soll. Die mit aller Gewalt vorangetriebene Globalisierung, die Pflicht zum Gutmenschentum, repressive Maßnahmen gegen politisch Andersdenkende und die von den Medien unaufhaltsame Gehirnwäsche *„Deutschland ist bunt"*, sind nur Nebelkerzen. Es soll vernebeln, worum es eigentlich geht: Der gläserne Mensch, dessen Enteignung, komplette Kontrolle und die totale Unterwerfung unter die Herrschaft der Finanzelite – die Neue Weltordnung (NWO).
(Die 1. Auflage war 04/2019 erschienen: ISBN 9783945794937)

ISBN 9783744809542

Taschenbuch, 229 Seiten, 2. erweiterte Auflage, 09/2017
BoD Verlag Norderstedt   9,99 €

Aus einer Rezension auf amazon.de: „*In diesem Buch wird der Leser über Tatsachen/Fakten und Vorgänge informiert, die wirklich beängstigend sind. Schonungslos, aufklärend und vor allem aufschlussreich wird dem Leser erklärt, warum unsere sogenannten 'Volksparteien' unsere Kultur und unsere Werte schon lange nicht mehr vertreten! Der Autor benennt viele Ursachen, warum Deutschland mit Vollgas gegen die Wand gefahren wird und warum. Das Buch ist eine bittere Pille und nichts für schwache Nerven, sorgt aber für die nötige Aufklärung.*" … Das was Anfang 2020 (genauer: am 18. Oktober 2019 mit dem Event 201) weltweit gestartet wurde, war in diesem Buch vorhergesagt worden: Freisetzung von Biowaffen und Verbreitung künstlicher Seuchen (auf Seite 190 in diesem Buch, Punkt 10). Heute haben wir die künstliche Seuche "Corona", und die Biowaffen heissen heute Covid-19, mRNA-Impfstoff, Vektorimpfstoff, Graphenoxid und 5G.